쉬워도 너무 쉬운

비주얼 베이직
프로그래밍

노창배, 한정아, 강현선, 문송철, 나원식 공저

YoungJin.com Y.
영진닷컴

쉬워도 너무 쉬운
비주얼 베이직 프로그래밍

Copyright © 2015 by Youngjin.com Inc.
10F. Daeryung Techno Town 13th. 24, Gasan digital 1-ro, Geumchen-gu, Seoul 153-803, Korea.
All rights reserved. First published by Youngjin.com Inc in 2013. Printed in Korea.

저작권법에 의하여 한국 내에서 보호를 받는 저작물이므로 무단 전재와 무단 복제를 금합니다.

이 책에서 언급된 모든 상표는 각 회사의 등록 상표입니다.
또한 인용된 사이트의 저작권은 해당 사이트에 있음을 밝힙니다.

독자님의 의견을 받습니다
이 책을 구입한 독자님은 영진닷컴의 가장 중요한 비평가이자 조언가입니다. 저희 책의 장점과 문제점이 무엇인지, 어떤 책이 출판되기를 바라는지, 책을 더욱 알차게 꾸밀 수 있는 아이디어가 있으면 이메일, 또는 우편으로 연락주시기 바랍니다. 의견을 주실 때에는 책 제목 및 독자님의 성함과 연락처(전화번호나 이메일)를 꼭 남겨주시기 바랍니다. 독자님의 의견에 대해 바로 답변을 드리고, 또 독자님의 의견을 다음 책에 충분히 반영하도록 늘 노력하겠습니다.

주　소　(우)153-803 서울특별시 금천구 가산디지털1로 24 대륭테크노타운 13차 10층 영진닷컴 기획1팀
등　록　2007. 4. 27. 제16-4189호
이 메 일　support@youngjin.com

ISBN　978-89-314-4362-2

저자 노창배, 한정아, 강현선, 문송철, 나원식 | **총괄** 김태경 | **진행** 조충래
본문 편집 이경숙 | **표지 디자인** 지화경

PREFACE

프로그램 언어를 처음 접하는 학생들이 가장 어려워하는 부분이 바로 문법이다. 그러다 문법을 좀 익히면 실무에서는 어떻게 사용해야할지 모르는 경우가 흔히 있다. 본 교재에서는 예제를 통해 조금은 프로그램에 대한 개념을 익힐 수 있도록 도움을 주고자 한다.

비주얼 베이직 언어를 처음 배우는 독자라면 처음부터 필요한 부분만을 다루었기 때문에 하나하나 예제를 실습해 보고, 문제를 풀어보면 자신도 모르게 비주얼 베이직 언어에 대한 기본적인 개념은 익힐 수 있을 것이다. 처음에는 문제를 푸는 것이 어렵고, 힘들겠지만 시간이 지나면서 문제를 풀어가는 재미가 쏠쏠할 것이다.

많은 교재들이 비주얼 베이직에 대한 각각의 특징을 부각하면서 다루고 있다. 이 교재 역시 비주얼 베이직을 배우는 책으로 막연하게 설명 위주로 진행하는 것이 아니라, 기초가 부족한 학생들이 많은 퀴즈를 풀어봄으로써 어떻게 하면 프로그래밍을 할 수 있는지에 대해 알리고 싶다.

본 교재에서는 컴퓨터를 전공한 전공자이거나 전공자가 아니거나 상관없이 비주얼 베이직에 대한 어려움을 조금이나마 해소하기 위해 쉽고 간단한 예제부터 난이도가 있는 예제까지 다루었다. 이 한 권의 교재로 모든 것을 얻을 수는 없지만, 프로그래머로 가기 위한 한발을 내딛을 수 있었으면 좋겠다.

모든 일에는 목표가 있어야 한다. 그 목표가 정해지면 목표를 이루기 위해 한발한발 다가가길 바란다.

– 저자 일동

C.O.N.T.E.N.T.S.

Chapter 01 기초 프로그래밍

1. 비주얼 베이직 시작하기 012
   - 비주얼 베이직 창 012
   - 비주얼 베이직 창 조작법 013
   - 창 제거하기 014
   - 창 표시하기 014
   - 창 크기 변경하기 015

2. 비주얼 베이직 화면 구성 015
   - 메뉴 바(Menu Bar) 016
   - 툴 바(Tool Bar) 017
   - 툴 박스(Tool Box) 018
   - 폼 창(Form Window) 018
   - 속성 창(Property Window) 019
   - 프로젝트 창(Project Window) 019

3. 코딩 시작하기 020
   - 레이블과 글자 속성 020
   - 버튼과 글자 출력 024

4. 실행 파일 만들기 032

5. Print 메소드 033

연습문제 037

Chapter 02 기본 컨트롤

1. 컨트롤 객체 040
   - 도구 상자와 컨트롤 040

2. 기본 컨트롤 프로그래밍 041
   - PictureBox 컨트롤 041

Label 컨트롤	044
TextBox 컨트롤	046
Frame 컨트롤	048
CommandButton 컨트롤	049
CheckBox 컨트롤	051
Option 컨트롤	053
ComboBox 컨트롤	056
ListBox 컨트롤	058
HScrollBar와 VScrollBar 컨트롤	062
Timer 컨트롤	065
DriveListBox, DirListBox, FileListBox 컨트롤	068
Shape 컨트롤	071
Line 컨트롤	072
Image 컨트롤	072
OLE 컨트롤	073
연습문제	074

Chapter 03 문법 기초 다지기

1. 상수(Constant)	076
상수의 자료형 내정 값	076
상수의 자료형 선언	077
10진 · 16진 · 8진 상수	077
기호 상수(Symbolic Constant)	077
2. 변수(Variable)	079
변수 선언하기	079
Integer 형과 Long 형	080
Single, Double 형(실수형)	081
Boolean 형(논리형)	081

String 형(문자열)	081
Variant 형(가변형)	081
Global 변수(전역 변수)	081
Static 변수(정적 변수)	085

3. 자료형(Data Type) — 087

4. 연산자(Operator) — 087

    산술 연산자 — 088

    비교 연산자 — 092

    논리 연산자 — 094

연습문제 — 097

Chapter 04 프로그램 흐름제어1

1. If ... Then 문 — 098

2. If ... Then ... Else ... End If 문 — 100

3. Select ... Case 문 — 103

4. For ... Next 문 — 107

5. Do While ... Loop 문 — 110

연습문제 — 112

Chapter 05 프로그램 흐름제어2

1. Do Until ... Loop 문 — 116

2. While ... Wend 문 — 118

3. Exit 문 119

4. End 문 120

5. On Error GoTo 문 122

6. 배열(Array) 122
   배열의 첨자 제한 125
   다차원 배열 127

연습문제 130

Chapter 06 프로시저와 대화상자

1. 프로시저(Procedure) 134
   프로시저와 함수 134
   Form_Click( ) 프로시저 136
   Form_Load( ) 프로시저 137
   main( ) 프로시저 139
   사용자 정의 프로시저 142
   인자 전달 방식 146
   사용자 정의 함수 148

2. 대화상자 처리하기 152
   InputBox 함수 152
   MsgBox 함수 154

연습문제 158

C.O.N.T.E.N.T.S.

Chapter 07 수행문과 함수

1. 수행문 이해하기   162
- 수행문과 메소드   162
- Print 메소드   163
- Print Spc( )과 Tab( )   164
- 수행문의 종류   165
- 수행문과 제어문, 선언문   166
- 디렉토리와 드라이브 처리 수행문   166
- 파일 입출력 처리 수행문   169
- 파일 처리 수행문   180

2. 함수(Function)   183
- 수학 함수   183
- 문자열 처리 함수   187
- 파일 관련 함수   190
- 색상 함수   191
- 에러 관련 함수   195
- 날짜/시간 함수   197
- Format( ) 함수   198

연습문제   202

Chapter 08 속성과 메소드

1. 속성(Property)   204
- 개체와 크기와 위치 속성   204
- 객체의 색과 무늬 속성   206

객체의 표시 및 선택 속성	208
글자 모양과 크기 속성	212
DrawMode 속성	213
2. 메소드(Method)	**216**
그래픽 메소드(Circle, Line, PSet)	216
연습문제	**232**

Chapter 09 이벤트 처리

1. 마우스 이벤트 처리	**234**
마우스 이벤트의 종류	234
MouseDown, MouseUp, MouseMove 이벤트	234
마우스 드래그	235
DragOver 이벤트와 DragDown 이벤트	239
2. 키보드 이벤트 처리	**240**
키보드 이벤트의 종류	240
KeyPress 이벤트	240
KeyDown과 KeyUp 이벤트	242
3. 기타 이벤트 처리	**248**
기타 이벤트의 종류	248
GotFocus 이벤트와 LostFocus 이벤트	248
Scroll 이벤트	250
Resize 이벤트	252
연습문제	**254**

Chapter 10 윈도우 프로그래밍

1. 멀티미디어 플레이어	256
2. 계산기 만들기	263
3. 애니메이션 프로그래밍	268
구성요소 추가와 폼 디자인하기	268
애니메이션 프로그래밍	272
애니메이션 실행 파일 만들기	274
4. 하늘에서 눈 내리는 효과 구현하기	276
폼 디자인하기	276
하늘에서 눈 내리기 프로그래밍	281
하늘에서 눈 내리기 실행하기	286
연습문제	289

Chapter 11 테트리스 게임 만들기

1. 테트리스 이야기	290
2. 테트리스 프로그래밍 기초	291
3. 테트리스 프로그래밍과 배열	292
4. 테트리스 게임 폼 디자인하기	293
5. 테트리스 게임의 변수 선언하기	301
6. 테트리스 게임 코딩하기	303
7. 테트리스 게임 실행하기	321
연습문제	325

Chapter 12 파일 처리

1. 파일 처리 이해하기   326
    순차 파일의 장점   326
    순차 파일의 단점   326
    순차 파일의 생성, 검색, 갱신   327
    색인 순차 파일   327

2. 파일 입출력 명령과 함수   328
    Open 문   328
    Print 문   329
    Input 문   329
    Close 문과 EOF( ) 함수   330

3. 순차 파일 프로그래밍   336
    파일 열기   336
    파일 닫기   336
    순차 파일 읽기   336
    순차 파일 쓰기   337

4. 랜덤 파일 처리 프로그래밍   348
    레코드 자료형 선언하기   348
    랜덤 파일 열기   348
    랜덤 파일의 입출력   348
    랜덤 파일 삭제   349

연습문제   354

Chapter 01 기초 프로그래밍

1. 비주얼 베이직 시작하기

비주얼 베이직 창의 구성과 창을 조작하는 방법에 대해 알아보자.

비주얼 베이직 창

[시작]→[프로그램]→[Microsoft Visual Basic 6.0]→[Visual Basic 6.0] 메뉴를 선택하면 다음과 같은 대화 상자가 표시된다.

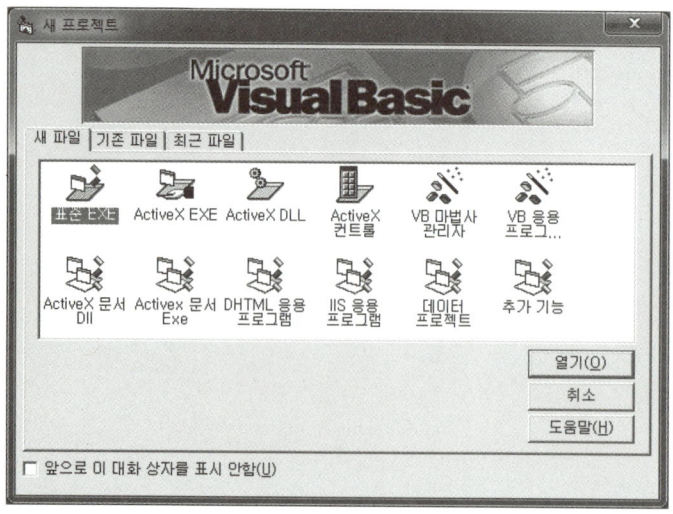

> **Tip** '앞으로 이 대화 상자를 표시 안함' 체크 박스를 마우스로 클릭해 체크한 상태로 설정한 후 [열기] 버튼을 클릭하면 이후로는 대화 상자가 표시되지 않는다.

위 대화 상자에서 [열기] 버튼을 클릭하면 "표준 EXE"가 선택되고 다음과 같은 비주얼 베이직 창이 표시된다.

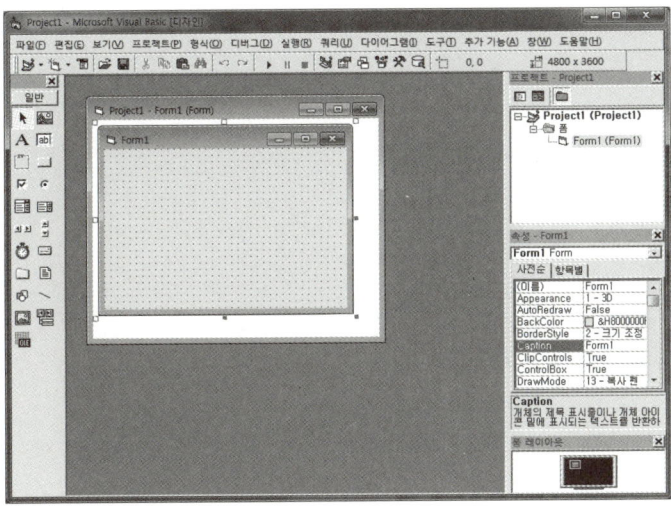

비주얼 베이직 창 조작법

프로젝트 창을 『창 형태』로 표시, 이동하기 위한 방법을 알아보자. 예를 들어 『폼 레이아웃』창이 비주얼 베이직 창 오른쪽 아랫 부분에 붙어 있는데 이를 창 형태로 나타내려면 다음과 같다.

1) 프로젝트 창 제목줄을 마우스로 클릭한 채 원하는 방향으로 이동시킨다.

2) 원하는 위치까지 이동시켰으면 마우스 버튼에서 손을 뗀다.

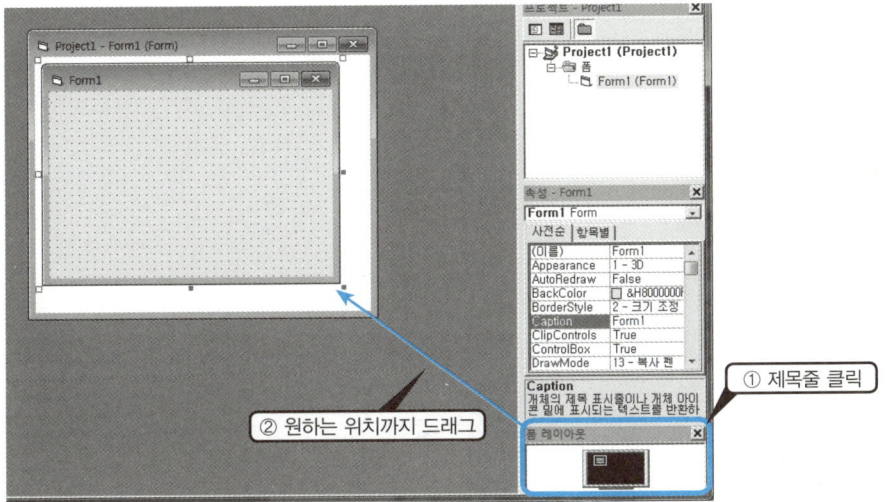

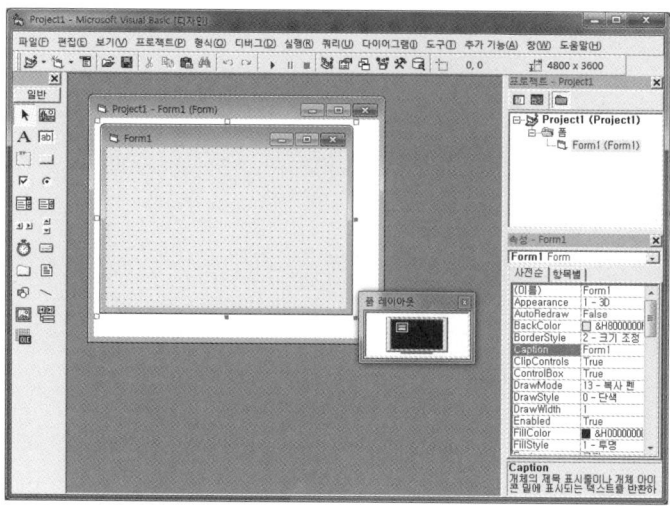

이제 『폼 레이아웃』 창 제목줄을 마우스로 클릭한 채 비주얼 베이직 창 오른쪽 변으로 이동시키면 다시 오른쪽 변에 붙어 표시된다.

창 제거하기

『프로젝트』, 『속성』, 『폼 레이아웃』 창을 제거하려면 제목줄 오른쪽에 있는 ❌를 마우스로 클릭하면 된다.

참고로 『폼 레이아웃』은 화면에서 폼이 어떠한 크기로 배치되는가를 표시해 주는 창으로 비주얼 베이직을 배우는 단계에서는 거의 사용되지 않는다.

창 표시하기

『프로젝트』, 『속성』, 『폼 레이아웃』 창이 화면에서 제거되었을 때 다시 표시하려면 다음 메뉴를 선택하면 된다.

- 프로젝트 창 : [보기]→[프로젝트 탐색기]
- 속성 창 : [보기]→[속성 창]
- 폼 배치 창 : [보기]→[폼 레이아웃 창]
- 도구 상자 : [보기]→[도구 상자]

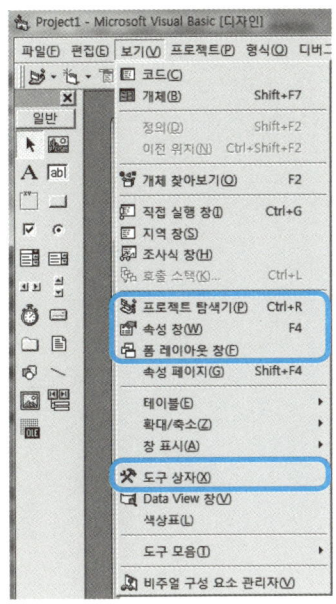

창 크기 변경하기

『프로젝트』,『속성』창이 비주얼 베이직 창 오른쪽 변에 붙어 있을 때 창의 폭을 변경하려면 창 왼쪽 모서리 부분을 마우스로 좌·우로 드래그하면 된다.

2. 비주얼 베이직 화면 구성

처음으로 비주얼 베이직을 실행하면 다음과 같이 「새 프로젝트」창이 열린다.

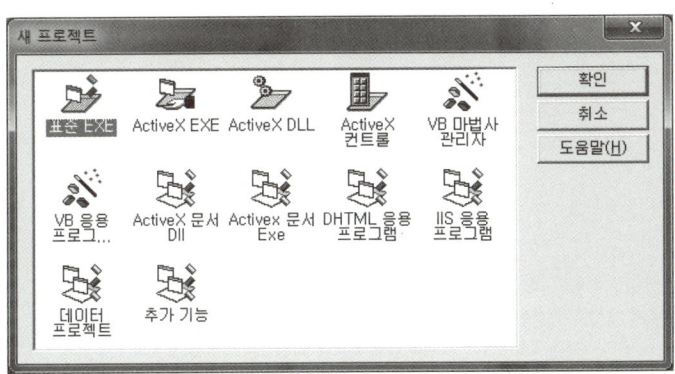

여기서 「표준 EXE」를 선택하면 다음과 같은 화면이 나타난다.

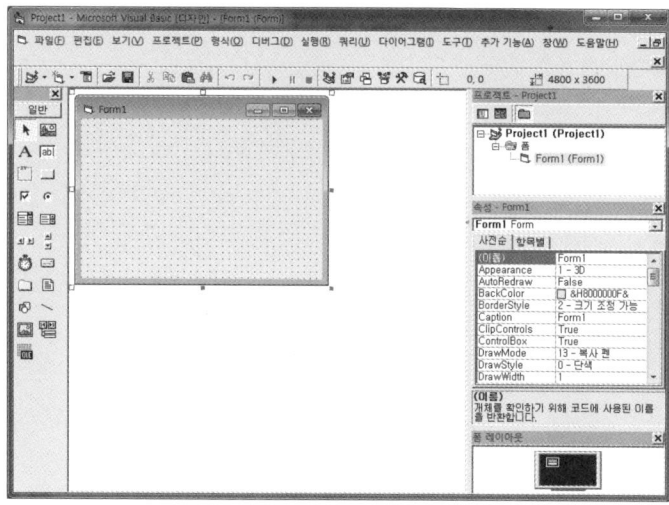

비주얼 베이직의 실행 화면은 위 그림에서 보는 바와 같이 메뉴 바, 툴 바, 폼 창, 프로젝트 창, 속성 창, 툴 박스로 구성된다. 아래에서 이들 각각의 구성 요소에 대하여 살펴보기로 한다.

메뉴 바(Menu Bar)

프로그램을 작성할 때 필요한 여러 가지 환경에 대한 옵션을 제공하며 윈도우의 애플리케이션에서 일반적으로 사용되고 있는 내용을 서브 메뉴로 가지고 있다. 마우스나 단축 키를 이용하여 원하는 메뉴를 실행할 수 있으며, 그 기능은 다음과 같다.

- 파일(F)

프로젝트, 폼 파일 등의 생성, 저장과 삭제 등을 할 수 있고 인쇄 설정이나 실행 파일을 만들 수 있다.

- 편집(E)

프로그램의 코드나 문장 등의 편집을 하게 해주고 찾기 등의 기능이 있다.

- 보기(V)

여러 가지 창이나 도구 상자 등을 보여 준다.

- **프로젝트(P)**

폼, 미디 폼, 모듈, 클래스 모듈이나 사용자 정의 컨트롤 등을 추가할 수 있다.

- **서식(O)**

프로그램의 코드나 폼 위의 여러 가지 컨트롤의 위치를 변경시킬 때 사용한다.

- **디버그(D)**

프로그램의 실행을 감시하여 오류나 에러 등을 감지하여 수정할 수 있다.

- **실행(R)**

프로그램의 실행에 관련된 서브 메뉴를 제공한다.

- **도구(T)**

프로시저의 추가, 특성, 메뉴 편집기, 옵션 등에 접근할 수 있다.

- **추가 기능(A)**

비주얼 베이직 외에 별도의 프로그램 형태를 사용할 수 있다.

- **창(W)**

폼 윈도우와 프로젝트 윈도우의 여러 가지 배열과 아이콘을 정렬한다.

- **도움말(H)**

프로그래밍을 하는 데 있어서 도움을 받을 수 있다. 해당되는 곳에서 F1 키를 누르면 도움말을 볼 수 있다.

툴 바(Tool Bar)

툴 바는 메뉴를 사용하지 않고 직접 빠르게 실행할 수 있도록 아이콘(icon)의 형태로 표현되어 있어 간단하게 명령을 실행하게 해 준다.

툴 박스(Tool Box)

툴 박스는 폼에서 제어용 컨트롤(control)들을 디자인할 때 사용되는 기본 도구들을 모아 놓은 것이다. 여기서 박스 안의 각 항목들을 컨트롤이라고 부른다.

폼 창(Form Window)

윈도우를 이용하는 프로그램의 장점은 사용자들이 공통적인 인터페이스를 통하여 편리하게 일을 처리할 수 있는 비주얼한 환경을 제공하는 데 있다. 폼 창은 사용자가 애플리케이션을 작성할 때 사용하는 작업 영역으로서 툴 박스의 여러 가지 컨트롤을 이용하여 윈도우를 디자인함으로써 원하는 프로그램을 만들 수 있도록 도와준다.

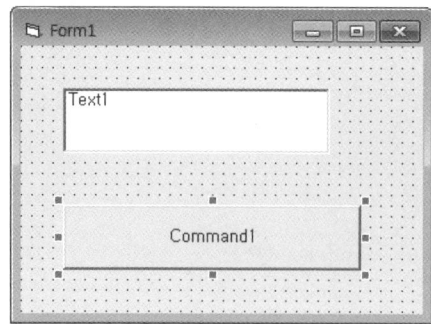

속성 창(Property Window)

속성 창은 하나의 컨트롤 버튼을 선택하고 폼 창에 적용하여 설계하였을 때, 설계된 오브젝트(컨트롤)가 가질 수 있는 컨트롤의 모양이나 성질 등의 속성들을 정할 수 있도록 한다.

하나의 컨트롤이 가질 수 있는 기본적인 속성을 디폴트 속성(default properties)이라고 하며, 속성 창에 나타나는 속성 리스트의 각 항목들은 사용자가 원하는 값으로 수정할 수 있다.

프로젝트 창(Project Window)

프로젝트 창은 프로젝트 파일들을 생성, 추가, 삭제할 수 있는 기능을 가지며, 현재의 프로젝트에서 사용할 수 있는 프로젝트 파일들의 목록을 보여준다. 이 목록 안에 있는 파일들 중에서 확장자가 frm인 파일은 폼 윈도우에 관련된 사항을 가지며, 확장자가 vbx인 파일들은 커스텀 컨트롤(custom control) 파일들이다. 이 커스텀 컨트롤 파일들을 제거하면 해당 파일에 대한 툴 박스의 버튼이 삭제되며, 추가하면 새로운 컨트롤 버튼이 추가된다.

디폴트 프로젝트는 처음 비주얼 베이직을 시작하면 자동적으로 로드되며, '코드 보기', '개체 보기', '폴더 설정/해제'의 세 가지 버튼을 가지고 있다. '개체 보기'는 폼이 설계된 모양을 보여주고, '코드 보기'는 프로젝트 윈도우 내의 파일에 대한 프로그램 코드를 보여준다. 그리고 '폴더 설정/해제'는 프로젝트 파일을 폴더 형태로 관리할 수 있도록 해 준다.

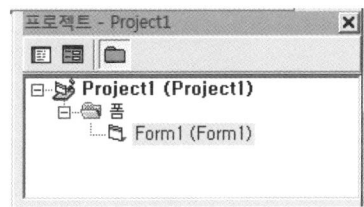

3. 코딩 시작하기

일반적으로 비주얼 베이직으로 프로그램을 작성할 때에는 다음과 같은 순서에 따라 작성하게 된다.

- **폼 설계**

프로그램을 실행하였을 때 보여주는 부분을 디자인하며, 사용할 컨트롤들을 배치하게 된다. 이를 위하여 원하는 컨트롤을 툴 박스에서 선택하여 원하는 위치에 옮겨 놓고 적당히 마우스를 드래그(drag)하면서 크기를 조절하면 된다.

- **컨트롤에 속성 부여**

폼 위에 작성된 컨트롤들에 대한 속성을 지정하여 준다. 각 컨트롤에 대한 속성은 속성 윈도우를 통하여 쉽고 편리하게 지정해 줄 수 있다. 비주얼 베이직에서는 폼을 설계하고 속성을 지정해 주는 것만으로도 간단한 프로그램을 작성할 수가 있다.

- **코드 작성**

해당 컨트롤의 이벤트가 발생했을 때 이를 처리하는 코드를 작성한다. 코드를 작성할 때에는 무작정 처음부터 차례로 코드를 작성하는 것이 아니라, 원하는 이벤트를 선택하여 작성해주면 된다.

레이블과 글자 속성

프로그램을 작성하기 위하여 필요한 것들을 알았으므로 간단한 프로그램을 작성해 보기로 하자. 이 프로그램은 비주얼 베이직을 처음 접하는 사람을 위해 레이블(label)을 이용한 간단한 프로그램이다.

- **폼 설계**

새로운 폼에 먼저 레이블(label)을 만들어 보자. 툴 박스의 레이블 컨트롤(label control)을 마우스로 선택하여 한 번 클릭한다.

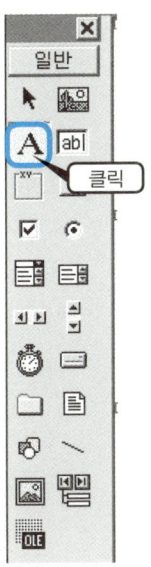

레이블 컨트롤을 선택한 다음 커서를 폼 창의 적절한 위치에 옮겨 클릭한 후에 드래그하여 다음 그림과 같이 레이블을 그려준다. 레이블에는 Label1이라는 이름이 붙는다.

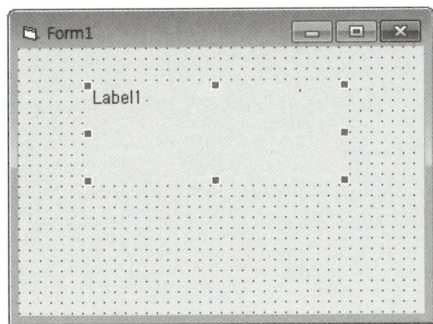

■ 속성 설정

레이블이 선택되어 있는 상태에서 속성 창을 선택하면 지금 선택되어 있는 레이블에 대한 속성들을 보여준다.

레이블의 속성 창에서 Caption 속성을 선택한 다음 label1이라고 씌여 있는 부분을 지운 후에 다음 그림과 같이 "Visual Basic Programming"이라고 쓴다.

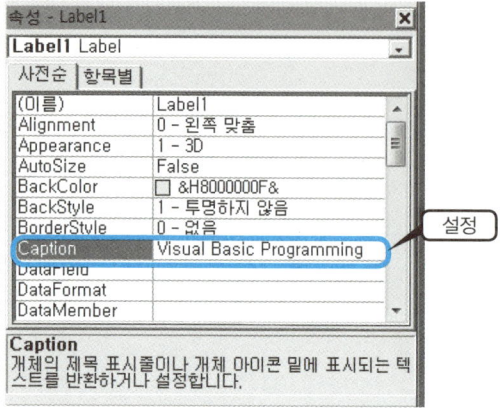

그러면 처음에 "Label1"이라고 씌여 있던 곳이 "Visual Basic Programming"로 바뀐 것을 볼 수 있을 것이다.

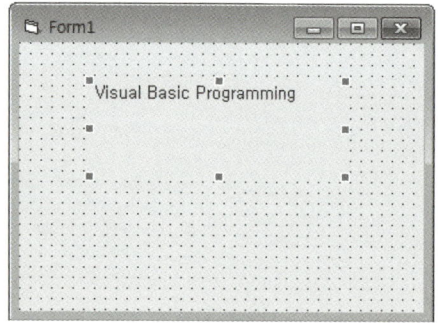

글자가 작다면 Font 속성을 이용해 글자의 모양이나 글자 크기 등을 변경할 수 있다.

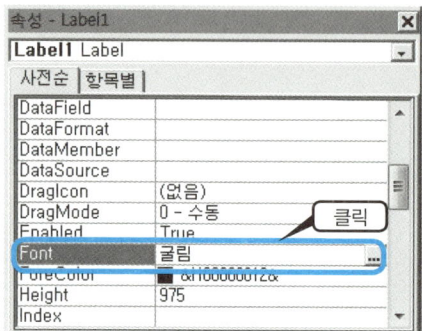

속성 창에서 Font 속성을 찾아 "..." 버튼을 클릭한다. 그러면 아래의 왼쪽 그림과 같은 font 변경을 지원하는 글꼴 창이 나타난다. 이 창에서 필요한 적절한 크기를 선택하면 그림과 같이 글씨의 크기를 바꿀 수 있다.

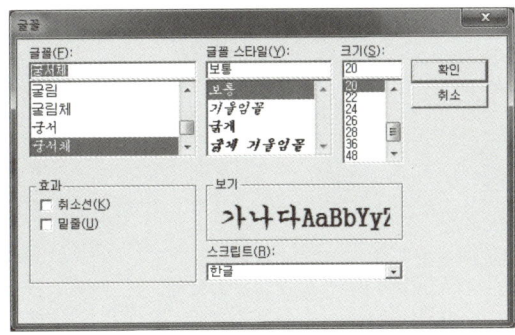 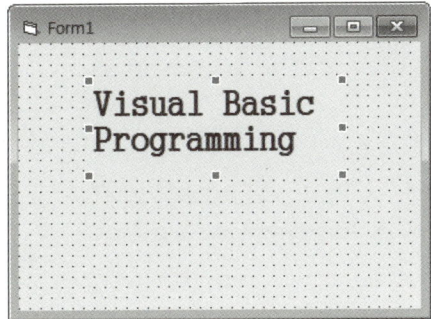

■ **코드 작성**

이 프로그램은 화면에 글자를 출력하는 단순한 프로그램으로 화면 설계와 속성만 설정하면 되므로 코드는 작성할 필요가 없다.

■ **프로그램의 실행**

프로그램을 실행하는 방법은 두 가지 방법이 있다. 하나는 메뉴에서 실행하는 방법이고 다른 하나는 툴 바에서 실행하는 방법이다.

먼저 메뉴에서 실행 시키는 방법은 다음 그림과 같이 [실행]→[시작] 메뉴를 클릭하면 된다.

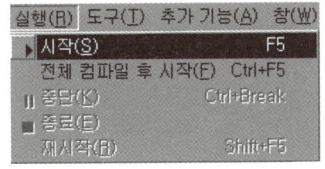

그리고 툴 바에서 실행 시키는 방법은 다음과 같이 [시작] 버튼을 클릭하면 된다.

실행한 결과는 그림과 같이 나타난다.

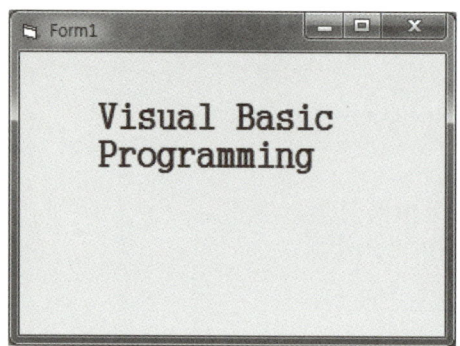

■ 프로그램의 종료

실행되고 있는 프로그램을 종료시키려면 프로그램 윈도우의 오른쪽 상단의 ☒ 아이콘을 클릭하거나 그림과 같이 툴 바의 [종료] 버튼을 클릭한다.

버튼과 글자 출력

이번에는 커맨드 버튼(command button)을 사용하는 프로그램을 작성해 보기로 한다. [Show]라는 버튼을 누르면 "hello! 비주얼 베이직"이라는 글자가 나타나고, [Exit] 버튼을 누르면 종료되는 프로그램("Button_Print.vbp")을 작성해 보기로 하자.

■ 폼의 설계

먼저 레이블을 폼에 위치시킨다. 앞에서 했던 것 처럼 레이블을 생성한 후 커맨드 버튼을 추가해 보자.

다음과 같이 툴 박스에서 커맨드 버튼을 클릭한 후 폼에서 적당한 위치에 대각선으로 드래그를 하면 버튼이 추가된다.

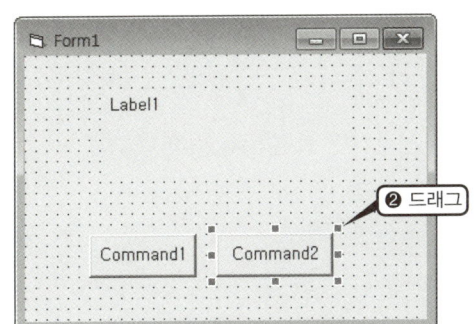

■ **속성 설정**

앞 실습에서 Caption 속성과 Font 속성을 부여하는 것을 배웠다. 이제 각 컨트롤에 이름을 붙여 보자. 여기서 Name 속성과 Caption 속성을 혼동해서는 안 된다. Name 속성은 프로그램에서 인식되는 컨트롤의 이름이며, Caption 속성은 화면의 컨트롤 위에 나타나는 제목이다.

먼저 레이블에 이름을 부여해 보자. 이름을 부여하는 방법은 (이름) 항목에 원하는 이름을 입력하면 된다.

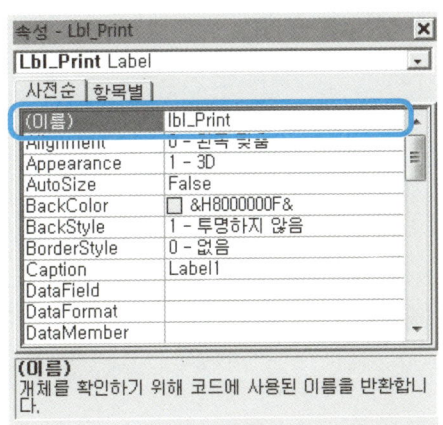

여기서 이름을 "lbl_Print"라고 하였다. "lbl"이라고 접두어를 붙인 이유는 레이블이라는 것을 알게 하기 위해 붙이는 비주얼 베이직에서의 일종의 약속이라 할 수 있다. 다른 컨트롤의 경우도 마찬가지이다. 예를 들어 보면 커맨드 버튼은 cmd, form, 윈도우는 frm 등이다.

레이블에 이름을 붙였으니 이제 커맨드 버튼에 이름을 붙여보자. 방식은 레이블과 같다.

	(이름)	Caption
Form1	Form1	글자 출력하기
Label1	lblhello	" "(공백)
Command1	cmdshow	글자출력
Command2	cmdexit	종료

위의 표와 같이 속성을 변경시키면 그림과 같은 화면을 볼 수 있다.

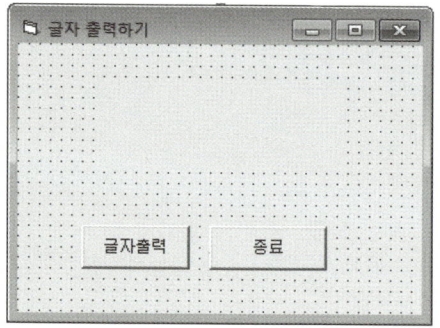

■ 코드 작성

코드 작성이야말로 진정한 프로그래밍일 것이다. 처음에는 코드 작성에 어려움이 많겠지만 하나하나 착실히 실습하면서 이해하다 보면 무리없이 비주얼 베이직을 마칠 수 있을 것이다.

코드를 입력하는 창을 "코드 창"라고 하며, 메뉴 바에서 "보기"의 "코드"를 클릭하면 나타난다. 다른 방법으로는 각 컨트롤을 더블 클릭하면 된다.

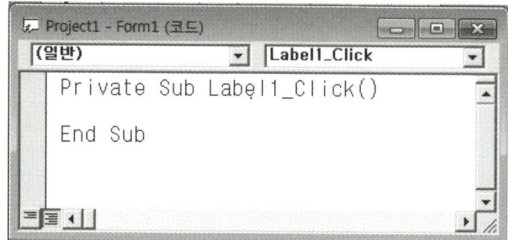

이 프로그램에서 우리는 버튼을 클릭함으로써 일을 수행시키므로 먼저 [글자출력] 버튼을 더블 클릭해 보자. 그러면 [글자출력] 버튼에 대한 코드 창이 나타날 것이다. 여기에 우리는 [글자출력] 버튼을 클릭하게 되면 일어나는 일에 대한 코드를 입력할 것이다.

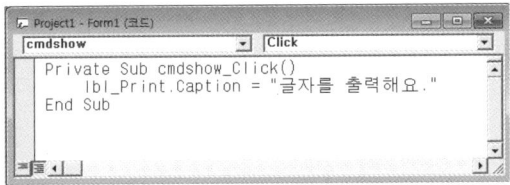

위 코드는 [글자출력] 버튼을 클릭하면 레이블에 "글자를 출력해요"라는 문자가 나타나게 하는 코드이다. 같은 방식으로 [종료] 버튼을 클릭하면 프로그램을 종료하는 코드를 입력하자.

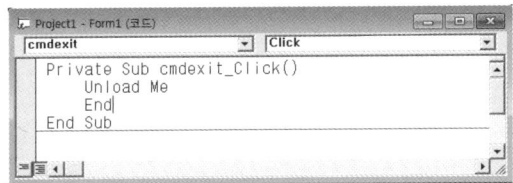

■ **프로그램의 실행 및 종료**

실행을 하기 위해서는 앞의 예제와 동일하게 메뉴 바나 툴 바를 이용하면 된다.
실행을 시키면 다음과 같은 화면이 뜨게 된다.

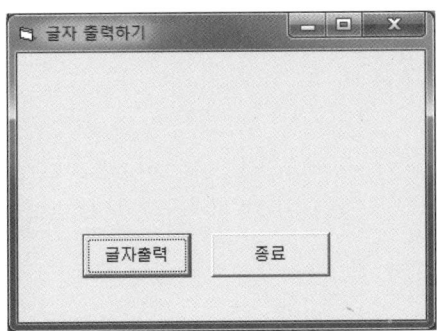

여기서 [글자출력] 버튼을 클릭하면 다음 그림과 같이 "글자를 출력해요." 라는 문장이 출력된 모습을 볼 수 있고 [종료] 버튼을 클릭하면 프로그램을 종료시킬 수 있다.

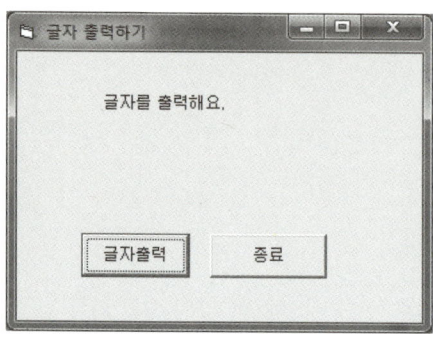

● 실습하기 (예제 소스 : String_Print.vbp)

Command 컨트롤을 클릭하면 Label 컨트롤에 글자가 출력되도록 하자. 그리고 작성한 프로그램을 저장해 보자.

■ 속성

컨트롤명	속성명	값
Form1	Caption	문자열 출력 예제
Label1	Caption	""
Command1	Caption	글자 출력하기

① 버튼을 클릭했을 때 레이블에 글자를 출력해 보여주기 위한 폼 디자인을 완성한다.

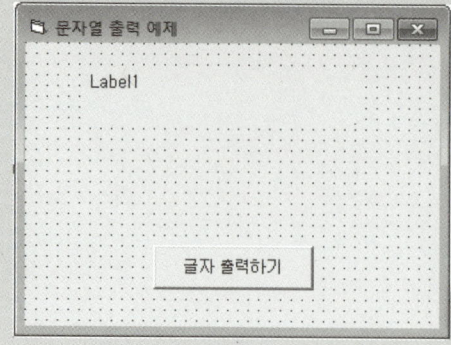

② Command1 컨트롤에 Click 이벤트가 발생했을 때 Label1 컨트롤에 "비주얼 베이직"이라는 글자를 출력한다.

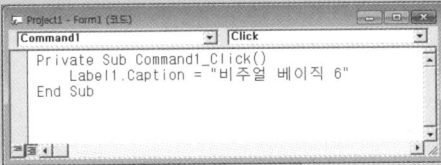

③ 작성한 프로그램을 실행하기 위해 메뉴에서 [실행(R)] – [시작(S)] 메뉴를 클릭한다.

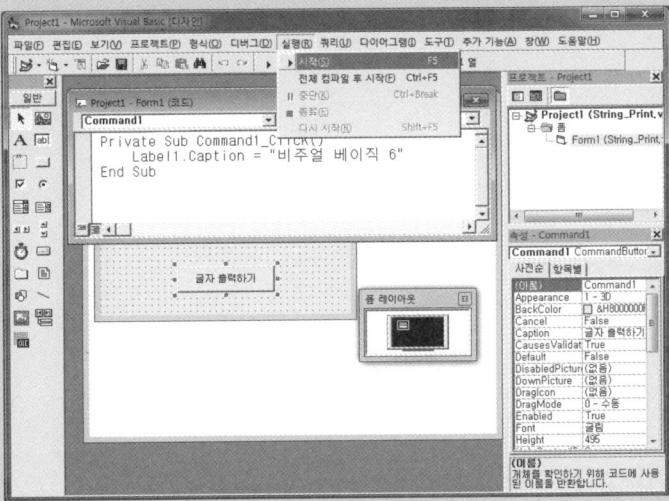

④ [글자 출력하기] 버튼을 클릭했을 때 Label 컨트롤에 글자를 출력하기 위한 프로그램 실행 초기 화면이 나타난다.

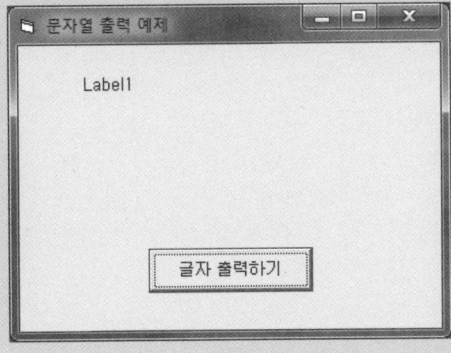

⑤ [글자 출력하기] 버튼을 클릭하면 Label 컨트롤에 "비주얼 베이직"이라는 글자가 출력된다.

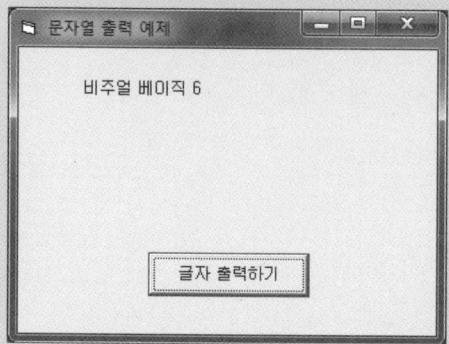

⑥ 작성한 프로그램을 저장하려면 메뉴에서 [파일(F)]→[프로젝트 저장(V)]를 클릭한다. 또는 [파일(F)] → [프로젝트를 다른 이름으로 저장(E)]를 클릭한다.

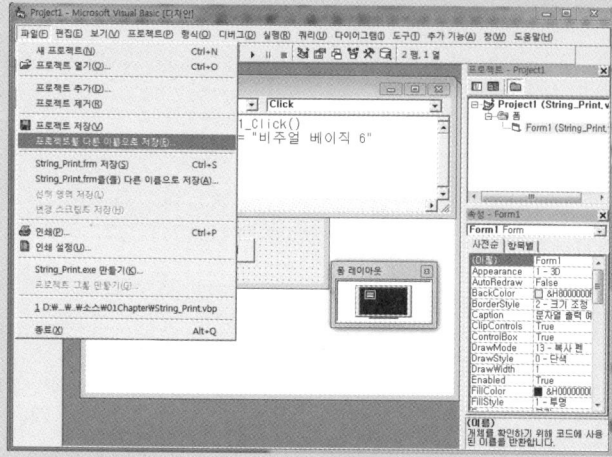

⑦ 프로젝트를 다른 이름으로 저장하기 위한 창이 나타나면 저장할 경로를 지정하고, 파일명은 "String_Print"이라고 입력한 후 [저장] 버튼을 클릭한다.

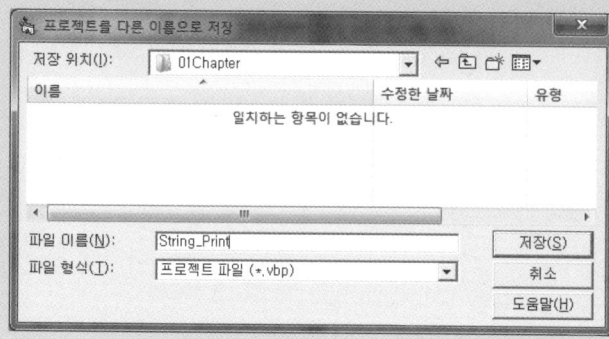

⑧ 프로젝트 창에 지금까지 저장한 프로그램의 파일명과 프로젝트명이 나타난다.

Tip 코드 창에서 커서 이동하기

① 마우스

마우스 포인터로 원하는 곳을 누르기만 하면 된다.

② 키보드

키	기능
↑ ↓ ← →	커서를 상하좌우로 이동
Home End	해당 줄의 시작/끝으로 이동
Ctrl + ←	이전 단어로 이동
Ctrl + →	다음 단어로 이동
Ctrl + Home	해당 부분의 시작 위치로 이동
Ctrl + End	해당 부분의 끝 위치로 이동

복사 · 이동 · 삭제에 사용되는 키/메뉴

키	메뉴	기능
Shift +이동 키		글자 / 단어 / 줄을 선택하고 커서를 이동
Ctrl + C	[편집] – [복사]	선택된 부분을 클립보드에 수록
Ctrl + X	[편집] – [잘라내기]	선택된 부분을 지우고 클립보드에 수록
Ctrl + V	[편집] – [붙여넣기]	클립보드의 내용을 커서 위치에 복사
Ctrl + Y		커서 위치의 한줄을 삭제하고 클립보드에 수록

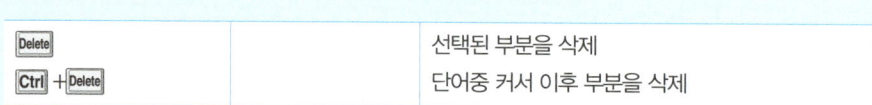

		선택된 부분을 삭제
		단어중 커서 이후 부분을 삭제

비주얼 베이직 6 프로그램과 확장자

1) *.frm : 비주얼 베이직 6으로 작성한 프로그램에 대한 폼 디자인 관련 정보가 저장된다.

2) *.vbp : 비주얼 베이직 6은 프로젝트 형태로 만들어진 프로그램이다.

4. 실행 파일 만들기

비주얼 베이직으로 만든 프로그램을 실행 파일로 만들면 다른 컴퓨터에서 바로 실행할 수 있다. 이것은 비주얼 베이직의 장점이다. 이번에는 비주얼 베이직으로 만든 코드를 실행 파일로 만들어 보도록 하자.

● **실습하기 (String_Print.exe)**

앞에서 실습한 String_Print 예제를 실행 파일로 만들어 보자.

① 비주얼 베이직으로 만든 프로그램을 실행 파일로 만들고자 한다면 메뉴에서 [파일(F)] – [String_Print.exe 만들기(K)]를 클릭한다.

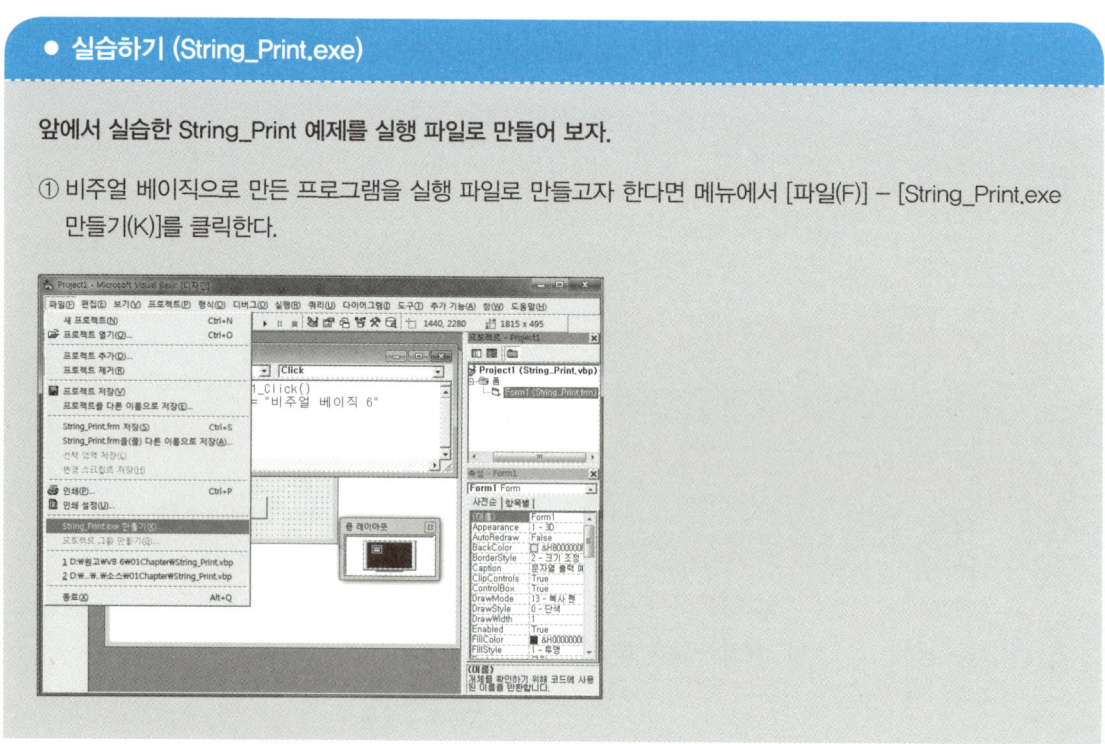

② 프로젝트 만들기 창이 나타나면 저장할 경로를 지정하고, 파일명은 "String_Print"로 입력한 후 [확인] 버튼을 클릭한다.

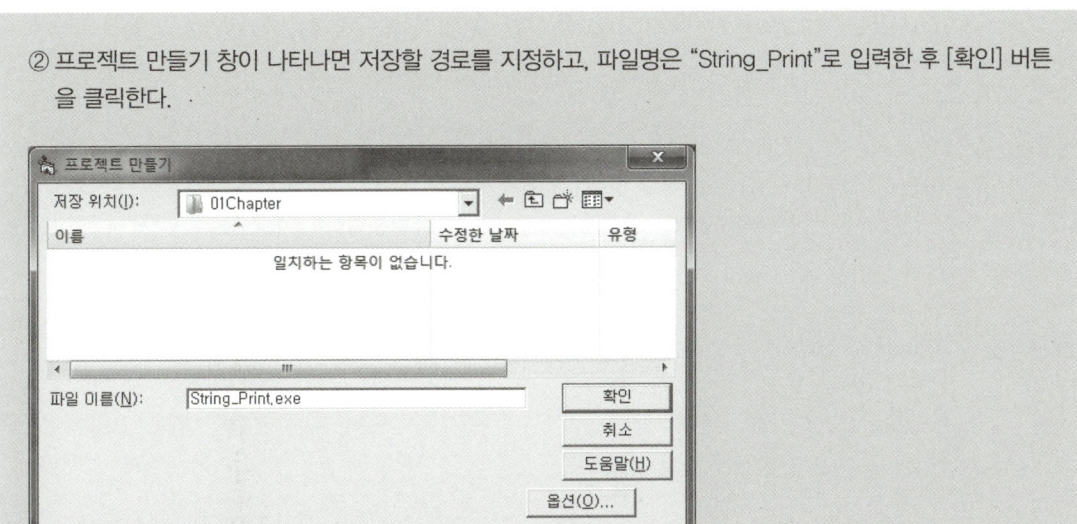

③ [내 컴퓨터]를 이용해 생성한 실행 파일을 확인한다. 여기서 생성된 실행 파일을 이용해 프로그램을 실행할 수도 있다.

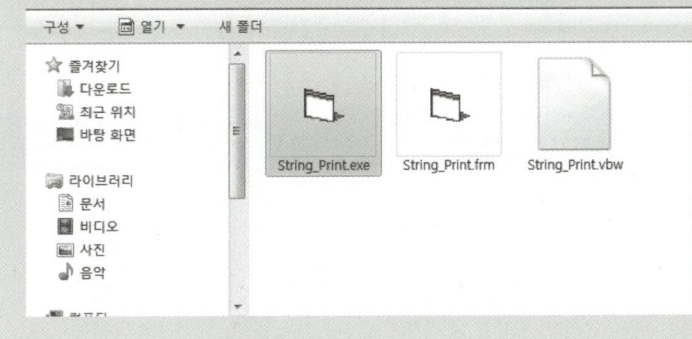

5. Print 메소드

비주얼 베이직의 입출력에 관한 사항 중에서 중요한 몇 가지에 대해서만 설명하도록 하겠다.

비주얼 베이직에서 자료를 출력하는 가장 손쉬운 방법은 Print 메소드(Method)를 사용하는 방법이다. 몇 가지 예를 들면 다음과 같다.

```
Print 10, -20, 30
```

10, -20, 30을 14열 간격으로 표시한다. 30을 표시한 후 커서(보이지 않는다)는 다음 줄로 이동한다. Print 대신 물음표(?)로 입력해도 된다. 자동적으로 Print로 바뀐다.

```
Print 1 ; -2 ; 3 ;
```

이와 같이 세미콜론(;)를 사용하면 양수는 2칸, 음수는 한 칸 띄워서 표시한다. 표시 후 커서는 다음 줄로 이동하지 않는다. 만일 3 다음에 있는 세미콜론을 지우면 다음 줄로 이동한다.

```
Print "Visual" ; "Basic"
```

수치의 경우 세미콜론은 각 자료 사이에 공란을 띄우나 문자열의 경우에는 공란을 띄우지 않는다. 즉, "VisualBasic"이라는 글자로 화면에 출력된다.

> **Tip** Print 메소드
>
> 그냥 "Print"만 입력했다면 아무런 내용도 출력하지 않고 커서를 다음 줄로 이동시킨다. 즉, 공란의 줄을 한 칸 띄운다.

● 실습하기

Print 메소드를 이용해 1부터 100까지의 합을 폼 창에 출력하자.

① 1부터 100까지의 합을 구하기 위한 폼 창의 제목 표시줄에 출력할 글자를 지정하기 위해 Caption 속성에 "합 구하기"라고 입력한다.

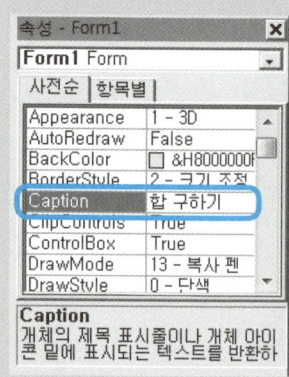

CHAPTER 01 기초 프로그래밍

② 과정 ①에서 입력한 글자가 폼 창의 제목 표시줄에 나타난 것을 확인한 후, 폼 창을 마우스 포인터로 더블 클릭한다. 이때, 폼 창이 Load 되었을 때에 대한 코드가 자동으로 나타난다.

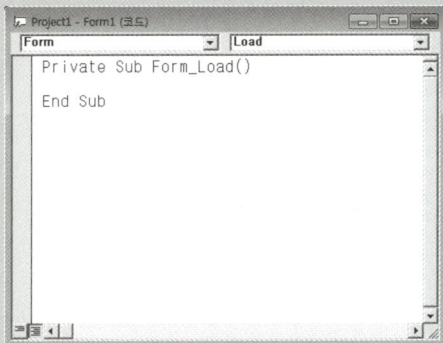

③ 폼 창에 클릭(Click) 이벤트가 발생했을 때에 대한 코드로 변경하기 위해 "Click" 이벤트를 선택한다.

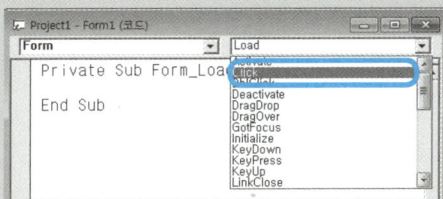

④ 과정 ③에서 선택한 이벤트 부분이 코드 창이 나타난다.

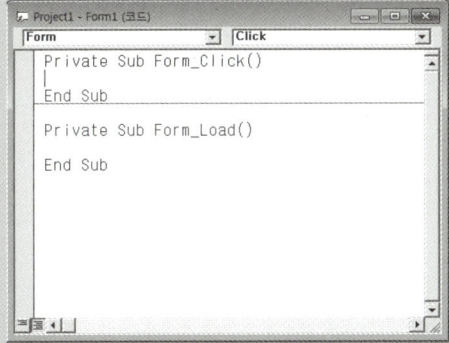

035

⑤ 폼 창을 클릭했을 때 1부터 100까지의 합을 구하기 위한 코드를 작성한 후 [F5]키를 눌러 예제를 실행한다.

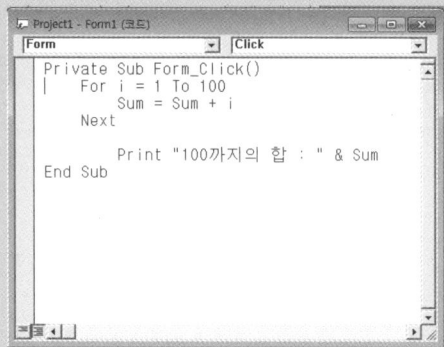

여기서 작성한 코드에 대한 의미는 생각하지 말고, 입력만 하도록 한다. 작성한 반복문은 이 책의 Chapter 04에서 다루기로 한다.

⑥ 1부터 100까지의 합을 구하기 위한 예제가 실행된다. 처음에는 아무 글자도 나타나지 않는다.

⑦ 폼 창을 클릭(Clcik) 했을 때 1부터 100까지의 합이 출력된다.

연습문제

[퀴즈1] 다음 프로그램을 완성하시오.(저장 파일명 : 초기화.frm, 초기화.vbp)

● 결과 화면

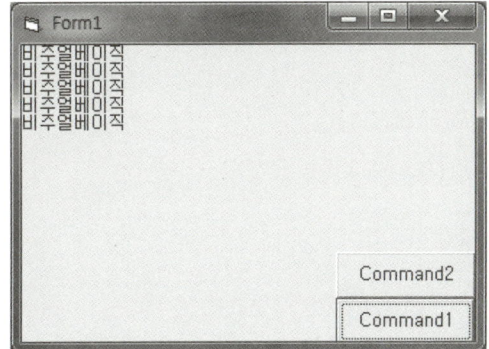 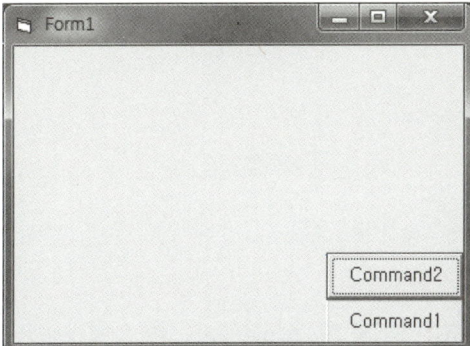

● 조건

  – [Command1] 버튼을 클릭하면 화면에 "비주얼베이직"이라는 글자를 출력한다.

  – [Command2] 버튼을 클릭하면 화면에 출력한 글자를 지운다.

[퀴즈2] 다음 프로그램을 완성하시오.(저장 파일명 : 3의배수합.frm, 3의배수합.vbp)

● 결과 화면

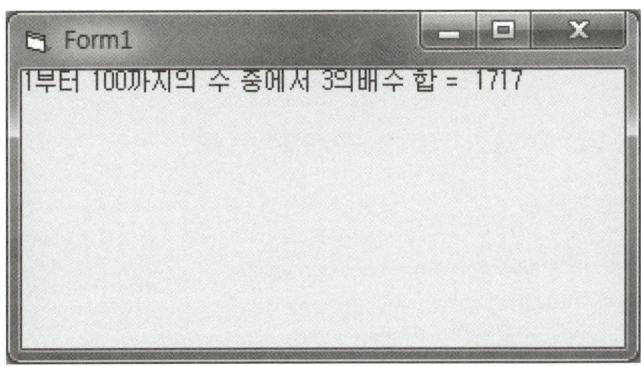

Visual Basic

- ● 조건
    - 1부터 100까지의 수를 반복문으로 돌린다.
    - 반복되는 수 중에서 3의 배수를 찾는다.
    - 찾은 3의 배수들의 합을 구한다.

- ● 활용 예
    - 두 개의 수와 연산자(+, -, *, /)를 입력받아 사칙연산을 계산한다.
    - 1부터 100까지의 수 중에서 3의 배수만 빼고 출력한다.

[문제1] 다음 중 이벤트(event)에 관해 알맞게 설명한 것은?

가. 윈도우가 행한 어떤 동작인데 타이머를 설정하거나 어떤 변화를 알려 주는 것이다.

나. 사용자가 키보드를 누르는 것과 같은 어떤 동작을 행하는 것을 말한다.

다. 다른 프로그램이 어떤 메시지를 전송하는 것과 같은 일이 발생한 것을 말한다.

[문제 2] 다음 중 오브젝트 즉 개체를 나타내는 것은?

가. 마우스

나. 커서

다. 명령버튼

[문제 3] 비주얼 베이직 응용 프로그램을 생성하는 세 가지 단계를 포함하고 있는 것은?

가. 코드작성, 코드 디버깅, GUI 프로그래밍

나. 프로그램 생성, 프로그램 디버깅, 프로그램 판매

다. 프로그램 계획, 인터페이스 설계, 코드 작성 및 테스트

[문제 4] 비주얼 베이직 응용 프로그램을 구성하는 세 가지 요소는 다음 어느 것인가?

가. 프로시저, 데이터, 스크린

나. 폼, 컨트롤 오브젝트, 프로시저

다. EXE파일, 소스파일, DLL파일

[문제 5] 프로그램 내부적으로 오브젝트를 구별하기 위해 사용되는 속성은?

가. Caption 속성

나. Name 속성

다. Variable 속성

Chapter 02 기본 컨트롤

1. 컨트롤 객체

비주얼 베이직은 객체를 중심으로 프로그램을 작성(객체 지향 프로그래밍)할 수 있게 만들어진 프로그래밍 언어이나 지금까지의 설명은 대부분의 프로그래밍 언어에 공통적인 일반 사항이었으며, 객체 지향 프로그래밍과는 다소 무관한 내용이었다.

도구 상자와 컨트롤

비주얼 베이직을 이용해 프로그래밍을 할 때 중요한 도구 상자와 컨트롤에 대해 알아보자.

■ 도구 상자(Toolbox)

비주얼 베이직 화면 왼쪽에는 다음 그림과 같이 도구 상자가 표시되어 있다. 표시되어 있지 않을 때에는 [보기]→[도구 상자] 메뉴를 선택하면 표시된다.

▲ 도구 상자

도구 상자에는 여러 컨트롤(Control)들이 버튼 형태로 나열되어 있다. 각 컨트롤은 개별적인 객체로 처리된다.

■ **속성 상자(Property Box)**

폼에서 작업하던 중 F4 키(또는 [보기] → [속성] 메뉴)를 누르면 다음과 같은 현재 선택된 컨트롤 또는 폼의 속성을 설정하는 속성 상자가 표시된다.

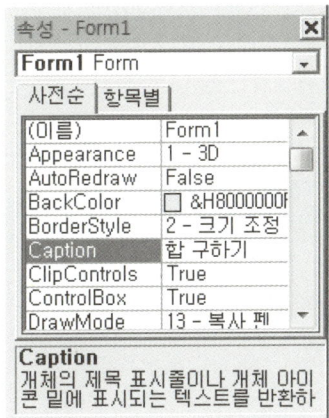

▲ 속성 상자

2. 기본 컨트롤 프로그래밍

비주얼 베이직을 공부할 때 맨 처음 접하게 되는 것이 바로 기본 컨트롤이다. 이번 단원에서는 비주얼 베이직에서 제공하는 20개의 기본 컨트롤에 대해 공부해 보자.

PictureBox 컨트롤

Print, Circle(원), Line(선), Point(점)...등의 메소드로 글자·그림을 출력하거나, 디스크에 저장된 도형 파일(*.bmp, *.pcx, *.ico...)을 읽어들여 표시하는 컨트롤이다.

ScaleMode 속성은 좌표 단위를 설정하고, 폼, 그림 상자(PictureBox), 프린터(Printer)에 대해서만 사용할 수 있다. 설정 가능한 주요 값은 다음과 같다.

기호 상수	실제 값	좌표 단위
vbTwips	1	트윕. 내정값
vbPixels	3	화소 단위 · 모니터 · 프린터 해상도의 최소 단위
vbCharacters	4	문자
vbMillimeters	6	밀리미터(mm)
vbCentimeters	7	센티미터(cm)

PictureBox 컨트롤에서는 그림 파일의 이미지를 출력할 수도 있고(Picture 속성), Cls, Print, Line, … 등의 메소드를 사용하여 글자를 출력하거나 그림을 그릴수도 있다. 이는 폼의 경우에 있어서도 마찬가지이다.

● **실습하기**(PictureBox.vbp)

폼 창을 클릭했을 때 PictureBox 컨트롤에 이미지를 보여주자.

① 도구 상자에서 PictureBox 컨트롤( )을 선택한 후 폼 창에 디자인한다.

② PictureBox 컨트롤에 이미지를 보여주기 위해 Picture 속성에서 […] 버튼을 클릭한다.

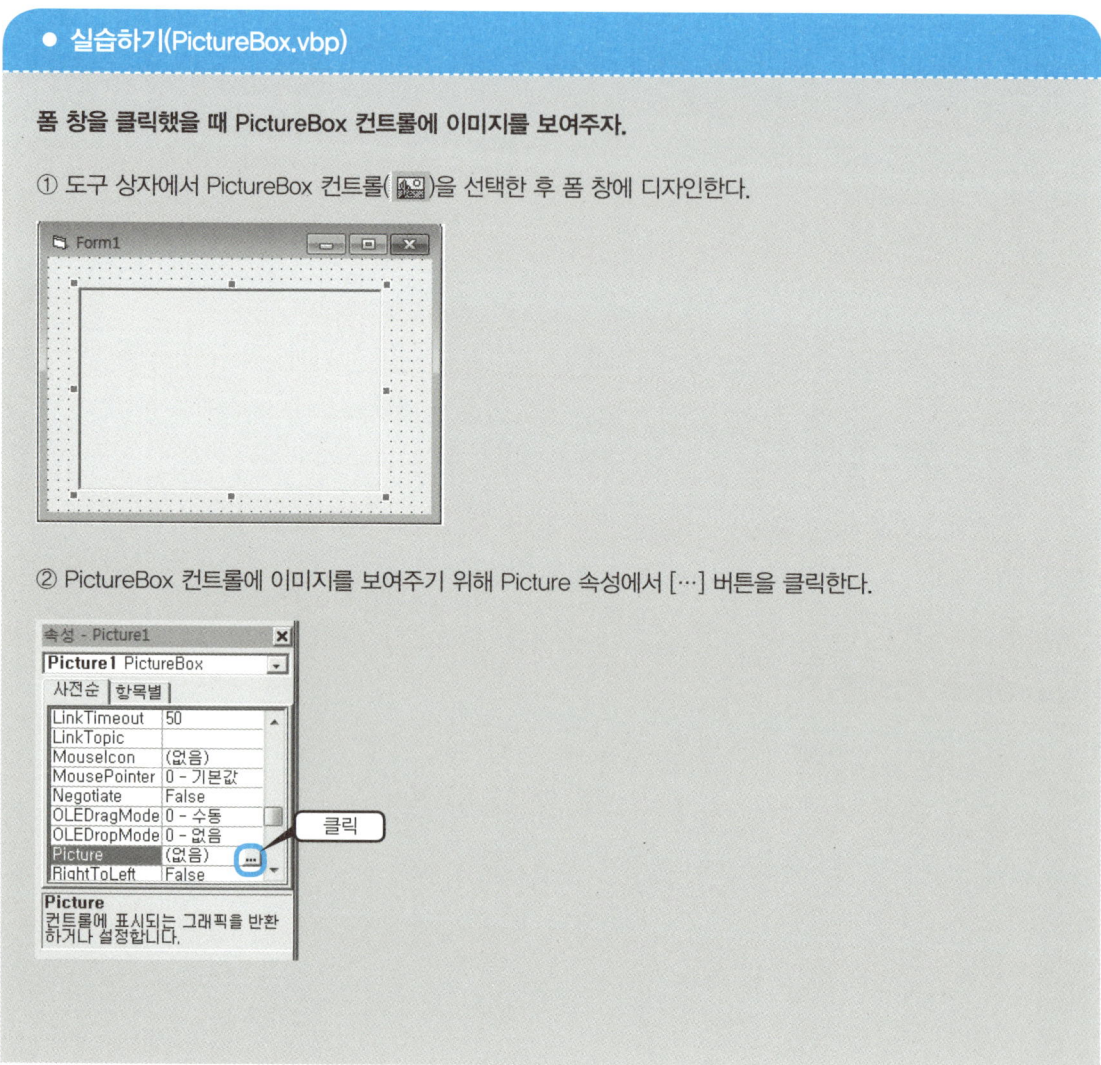

③ 그림 로드 창이 나타나면 PictureBox 컨트롤에 삽입할 이미지를 선택한 후 [열기] 버튼을 클릭한다.

④ 과정 ③에서 선택한 이미지가 PictureBox 컨트롤에 삽입된 것을 확인할 수 있다.

⑤ 과정 ④에서 폼 창을 더블 클릭하면 소스 코드를 입력하기 위한 창이 나타난다.

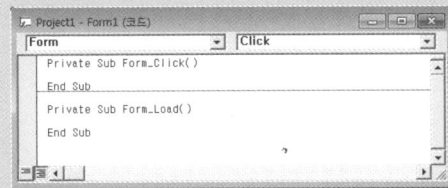

⑥ 예제가 실행됨과 동시에 PictureBox 컨트롤을 보여주지 않기 위한 코드를 다음과 같이 입력한다. 여기서 Visible 속성은 해당 컨트롤을 화면에 보여줄지의 여부를 지정할 때 사용하는 것으로 "False"로 설정하면 PictureBox 컨트롤에 삽입한 이미지가 나타나지 않는다.

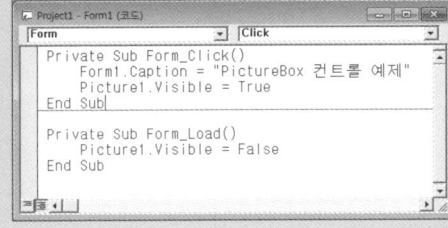

⑦ 예제를 실행하기 위해 메뉴에서 [실행(R)]→[시작(S)]를 클릭한다. 예제가 실행되면 폼 창에 어떠한 화면도 나타나지 않는다.

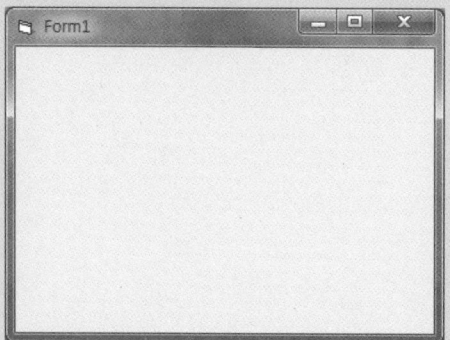

⑧ 과정 ⑦에서 폼 창을 클릭하자마자 PictureBox 컨트롤에 이미지가 나타난다.

⑨ 작성한 예제를 "PictureBox.vbp"로 저장한다.

Label 컨트롤

폼에 문자열을 출력할 때 사용되는 컨트롤이다. 이때 문자열의 값은 Caption 속성으로 지정한다. 레이블 컨트롤은 폼에서 설정한 속성값 그대로 사용하기도 하고, 프로그램 중에서 각 속성의 값을 바꿀 수도 있다.

● 실습하기 (Label.vbp)

Label 컨트롤에 입력된 글자가 입력된 글자의 길이에 따라 자동 조절해 보자.

① 도구 상자에서 Label 컨트롤(A)을 선택한 후 폼 창에 디자인한다. Label 컨트롤에서 보여줄 문자열을 지정하기 위해 Caption 속성에 "안녕하세요!!. Label 컨트롤 입니다."라고 입력한다.

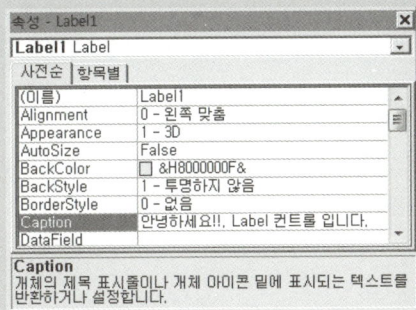

② 과정 ①에서 입력한 글자가 Label 컨트롤에 나타난다.

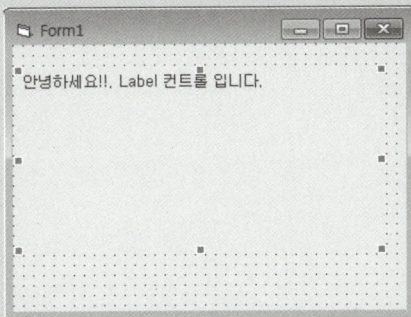

③ Label에 입력된 글자가 입력된 글자의 길이에 따라 자동 조절하기 위한 소스 코드를 입력한 후 "Label. vbp"로 저장한다.

```
Private Sub Form_Load( )
    Form1.Caption = "Label 컨트롤 예제"
    Label1.AutoSize = True
End Sub
```

④ 예제를 실행하기 위해 메뉴에서 [실행(R)]→[시작(S)]를 선택하거나 툴 바에 있는 실행(▶) 버튼을 클릭한다.

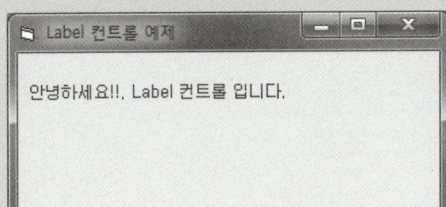

TextBox 컨트롤

문자열을 출력하거나 입력받거나 수정할 때 사용되는 컨트롤로 간이 텍스트 에디터의 기능을 갖추고 있다. 이 컨트롤을 사용하면 간단한 문장을 입력받을 수 있고, 데이터베이스에 저장되어 있는 값을 보여줄 수도 있다.

● 실습하기 (TextBox.vbp)

TextBox 컨트롤을 클릭했을 때 메시지를 보여주고, 폼 창을 클릭할 경우에는 TextBox 컨트롤에 "궁서체"와 "진하게" 속성을 설정해 보자.

① 도구 상자에서 TextBox 컨트롤(abl)을 선택한 후 폼 창에 디자인한 후 TextBox 컨트롤의 Text 속성에 빈 공백 문자를 입력한다.

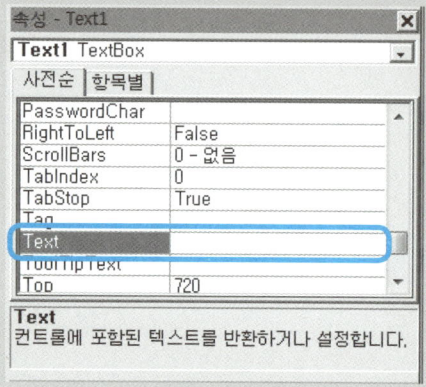

② TextBox 컨트롤을 클릭했을 때 메시지를 보여주고, 폼 창을 클릭할 경우에는 TextBox 컨트롤에 "궁서체"와 "진하게" 속성을 설정하기 위한 소스 코드를 다음과 같이 입력한 후 'TextBox.vbp'로 저장한다.

```
Private Sub Form_Click()
    Text1.Font = "궁서체"
    Text1.FontBold = True
End Sub

Private Sub Text1_Click()
    Text1.SelText = True
    MsgBox ("Text 컨트롤이 선택되었군요!!")
End Sub
```

③ 예제를 실행하면 TextBox 컨트롤에 아무런 메시지도 나타나지 않는다.

④ 과정 ③에서 TextBox 컨트롤을 클릭하면 화면과 같이 "Text 컨트롤이 선택되었군요!!"라는 메시지를 화면에 출력한다.

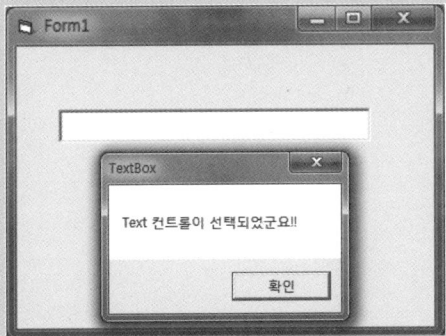

⑤ 폼 창을 클릭하면 TextBox 컨트롤의 글자가 "궁서체", "진하게" 나타난다.

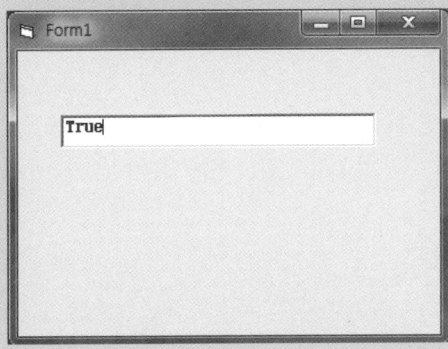

Frame 컨트롤

폼에서 여러 컨트롤을 그룹지을 때 사용하는 것으로 프레임 내에 속한 컨트롤들은 해당 프레임과 함께 이동, 삭제된다. 주로 폼 작성 시 설정 단추(CheckBox), 선택 버튼(OptionButton)을 그룹으로 설정할 때 사용한다.

● 실습하기 (Frame_OptionButton.vbp)

Frame 컨트롤과 OptionButton 컨트롤을 이용해 사용자가 성별을 선택하면 선택된 성별을 보여주는 프로그램을 작성해 보자.

① 사용자의 성별을 입력하기 위한 컨트롤(OptionButton)을 그룹화하기 위해 도구 상자에서 Frame 컨트롤( )을 선택한 후 폼 창에 디자인한다. 그리고 사용자의 성별을 선택할 수 있는 OptionButton 컨트롤( )을 선택한 후 폼 창에 디자인한다.

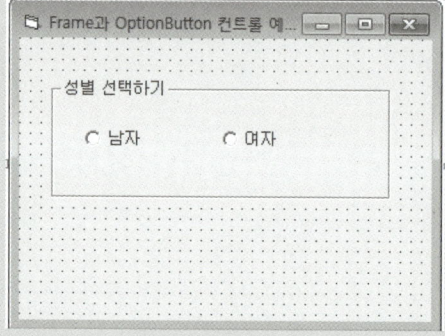

② 폼 창의 제목 표시줄에 보여줄 문자열을 입력하기 위해 Caption 속성에 "Frame과 OptionButton 컨트롤 예제"라고 입력한다. 그리고, OptionButton 컨트롤의 Caption 속성에 "남자"와 "여자"라고 입력한다.

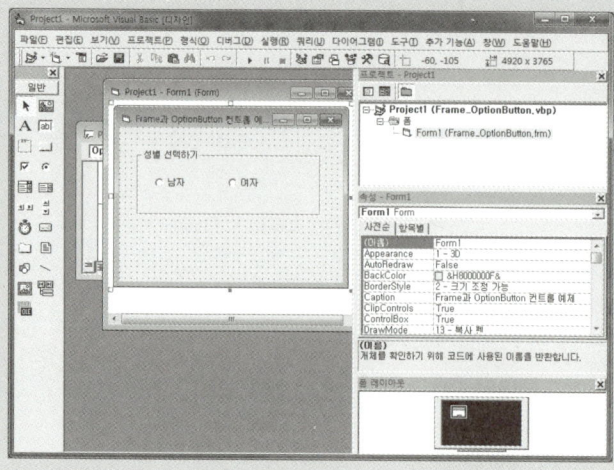

③ Frame 컨트롤과 OptionButton 컨트롤을 이용해 사용자의 성별을 보여주기 위한 소스 코드를 입력한 후 "Frame_OptionButton.vbp"로 저장한다.

```
Private Sub Option1_Click()
    MsgBox "당신은 남자군요!!"
End Sub

Private Sub Option2_Click()
    MsgBox "당신은 여자군요!!"
End Sub
```

④ 예제를 실행한 후 성별을 선택하면 "당신은 남자군요!!"라는 메시지와 "당신은 여자군요!!"라는 메시지가 나타난다.

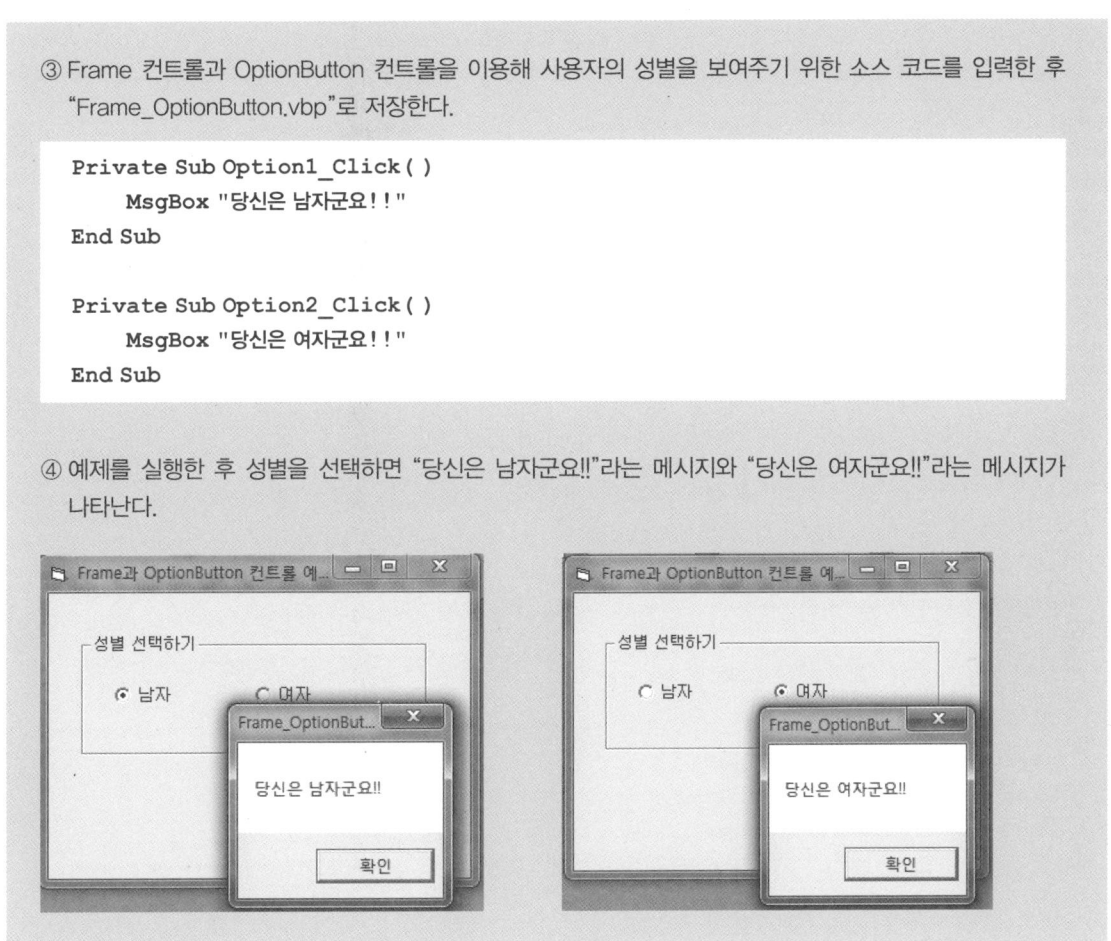

CommandButton 컨트롤

특정 처리를 수행시키는 명령 버튼 컨트롤을 작성할 때 사용된다. 이 컨트롤을 사용하면 프로그램에서 사용되는 모든 명령을 수행할 수 있다. 여기서 만들고자 하는 예제에서는 버튼을 클릭함과 동시에 실행 중이던 프로그램을 종료한다. 이때, "End"라는 문이 사용된다.

● 실습하기 (Button.vbp)

CommandButton 컨트롤을 이용해 버튼을 클릭함과 동시에 프로그램을 종료하는 프로그램을 작성해 보자.

① 도구 상자에서 CommandButton 컨트롤(▭)을 선택한 후, 폼 창에 디자인한다. Form1 컨트롤과 CommandButton 컨트롤의 Caption 속성을 각각 "Button 컨트롤 예제"와 "종료하자!!"라고 입력한다.

② [종료하자!!] 버튼을 클릭했을 때 프로그램을 종료하기 위한 소스 코드를 입력한 후 "Button.vbp"로 저장한다.

```
Private Sub Command1_Click( )
End
End Sub
```

③ 예제를 실행한 후 [종료하자!!] 버튼을 클릭하면 프로그램이 종료된다.

Tip Enabled 속성

대부분의 컨트롤은 Enabled 속성을 가지고 있다. 이의 내정 값은 True로 마우스로 해당 객체를 누르면 초점이 해당 객체로 이동되고, 해당 객체를 선택할 수 있으나, Enabled의 값이 False로 되면 해당 객체로는 초점이 이동되지 않는다.

CheckBox 컨트롤

체크 박스가 ☑으로 설정되면 특정 값을 설정하고, □로 체크 상태를 해제하면 특정 값을 해제하는 컨트롤이다. 이 컨트롤의 Value 속성값은 다음과 같다. 프로그램 실행 시 마우스로 이 컨트롤을 클릭하면 클릭할 때마다 자동적으로 □ ↔ ☑로 전환된다.

- □ : 0(해제 상태)
- ☑ : 1(설정 상태)
- ■ : 2(상태를 알 수 없음)

● 실습하기 (CheckBox.vbp)

Label 컨트롤의 FontBold, FontItalic, FontUnderline 속성을 사용해 "비주얼 베이직"이라는 문장의 서체를 변경하는 프로그램을 작성해 보자.

– 변경된 속성

객체	속성	설정 값	비고
Frame	Caption	라벨의 글자 모양	프레임을 먼저 작성한 후 프레임 내에서 설정 버튼들을 작성 (마우스로 드래그)
☑ 강조(CheckBox)	Name Caption Value	Check1 강조 1–선택함	
□ 기울임	Name Caption	Check2 기울임	
□ 밑줄	Name Caption	Check3 밑줄	
Label	Name AutoSize Caption	Label1 True 비주얼 베이직	기본 값 그대로 컨트롤 크기 자동 조절

① 예제의 폼을 다음과 같이 디자인을 한다.

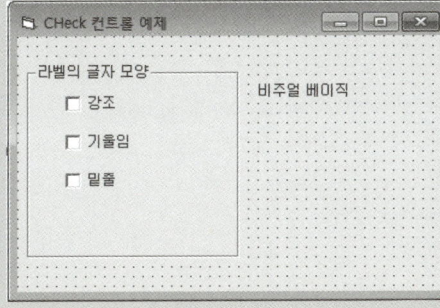

② 체크 박스의 설정 상태에 따라 Label 컨트롤의 FontBold, FontItalic, FontUnderline 속성값을 1 또는 0으로 설정하기 위한 소스 코드를 입력한 후 "CheckBox.vbp"로 저장한다.

```
Private Sub Check1_Click( )
    If Check1.Value = 1 Then
    Label1.FontBold = True
    Else
        Label1.FontBold = False
    End If
End Sub

Private Sub Check2_Click( )
    If Check2.Value = 1 Then
    Label1.FontItalic = True
    Else
        Label1.FontItalic = False
    End If
End Sub

Private Sub Check3_Click( )
    If Check3.Value = 1 Then
        Label1.FontUnderline = True
    Else
        Label1.FontUnderline = False
    End If
End Sub
```

③ 예제를 실행한다.

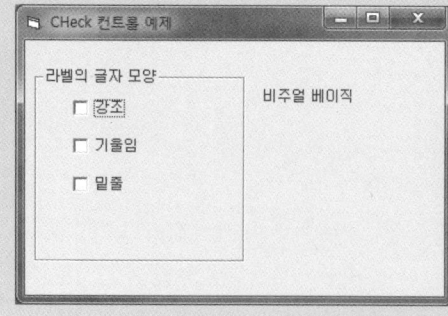

④ CheckBox 컨트롤의 모든 체크 박스를 선택하면 화면과 같이 Label 컨트롤의 글자가 바뀐다.

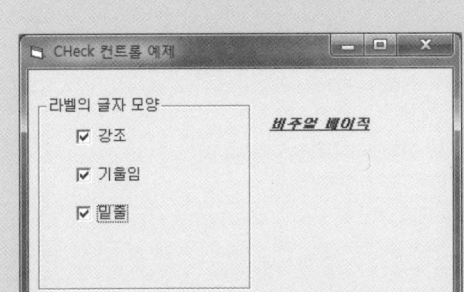

체크된 상태에서는 Value 속성의 값은 1이므로 Label1.FontBold = True가 실행되어 Label1은 굵은 글씨로 표시된다.

체크된 상태에서 마우스로 클릭하면 체크 상태가 해제되면서(Value=0이 된다) 위 프로시저의 Label1.FontBold=False에 의해 Label1은 굵은 글씨가 아닌 보통의 글씨로 표시된다.

Option 컨트롤

항상 두 개 이상의 선택 버튼 컨트롤을 제시하고 어느 하나만을 선택하게 하는 컨트롤이다. 이 컨트롤의 Value 속성값에 의해 컨트롤의 표시 상태가 결정된다.

```
Value = True일 때 : ◉
Value = False일 때 : ○
```

예를 들어 폼에 5개의 선택단추가 존재하는 경우, 두 번째 선택 버튼을 마우스로 클릭하면 자동으로 ◉로 설정되고(Value = True) 나머지 4개의 선택 버튼은 ○로 해제된다(Value = False). 즉 어느 하나만 ◉로 설정되는 것이다. 단 프레임 내에 있는 선택 버튼은 프레임별로 어느 하나만 ◉로 설정된다.

예제에서 사용할 Image 컨트롤의 Move 메소드 사용 형식은 다음과 같다.

```
객체.Move x, y [, 폭] [, 높이]
```

이 메소드는 객체의 시작 위치를 (x, y)로 하고 폭과 높이를 지정한 값으로 변경한다.

LoadPicture( ) 함수는 인자로 지정한 그림 파일의 이미지를 이미지 객체로서 구한다. 예를 들면 다음과 같다.

```
Set b = LoadPicture("D:\baby.gif")
```

baby.gif 이미지를 구하여 변수 b에 대입한다. 여기서 LoadPicture( ) 함수는 객체의 Picture 속성값으로 사용된다.

SavePicture 수행문은 그림 상자나 폼 등의 이미지를 디스크 상에 도형 파일로 출력시킬 때 사용한다(AutoRedraw = True일 때에만 이미지가 출력된다).

```
SavePicture Picture1.Image, "D:\baby.gif"
```

Set 문은 객체 변수를 정의할 때 사용하는 것으로 객체 변수(배열 요소)로 정의한다. 예제에서 Set를 지우면 "실행 시 객체가 필요합니다."라는 오류를 발생시킨다. 이는 Picture 속성의 값으로는 이미지 객체만 지정할 수 있기 때문이다.

● 실습하기 (RadioButton.vbp)

OptionButton 컨트롤을 이용해 하드디스크에 저장되어 있는 이미지를 불러와 Image 컨트롤에 보여주는 프로그램을 작성해 보자.

– 변경된 속성

객체	속성	설정 값	비고
(Image)	Name	Image1	위치·크기는 적당히 해도 된다.
			프로그램 실행 시 창 크기로 확대된다.
	Stretch	True	컨트롤 크기에 따라 이미지 크기 자동 조절
폼의 바탕그림 (Frame)	Appearance	0-평면	컨트롤(프레임) 바탕색→하양
○ 아기 (OptionButton)	Name Appearance	Option1 0-평면	프레임을 먼저 만든 후 프레임 내에서 마우스로 드래그하면서 작성
○ 펭귄	Name Appearance	Option2 0-평면	
○ 자동차	Name Appearance	Option3 0-평면	

① OptionButton 컨트롤을 이용해 하드디스크에 저장되어 있는 이미지를 불러와 Image 컨트롤에 보여주기 위한 폼을 다음과 같이 디자인한다.

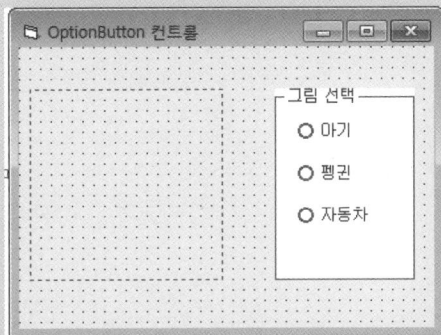

② OptionButton 컨트롤을 이용해 하드디스크에 저장되어 있는 이미지를 불러와 Image 컨트롤에 보여주기 위한 소스 코드를 입력한 후 "RadioButton.vbp"로 저장한다. 여기서 이미지는 D 드라이브에 저장하였다.

```
Dim b, p, c
Private Sub Form_Load()
Image1.Move 0, 0, ScaleWidth, ScaleHeight

    Set b = LoadPicture("D:\자동차.jpg")
    Set p = LoadPicture("D:\펭귄.jpg")
Set c = LoadPicture("D:\자동차.jpg")
End Sub


Private Sub Option1_Click()
    Image1.Picture = b
End Sub


Private Sub Option2_Click()
    Image1.Picture = p
End Sub


Private Sub Option3_Click()
    Image1.Picture = c
End Sub
```

③ 예제를 실행한다.

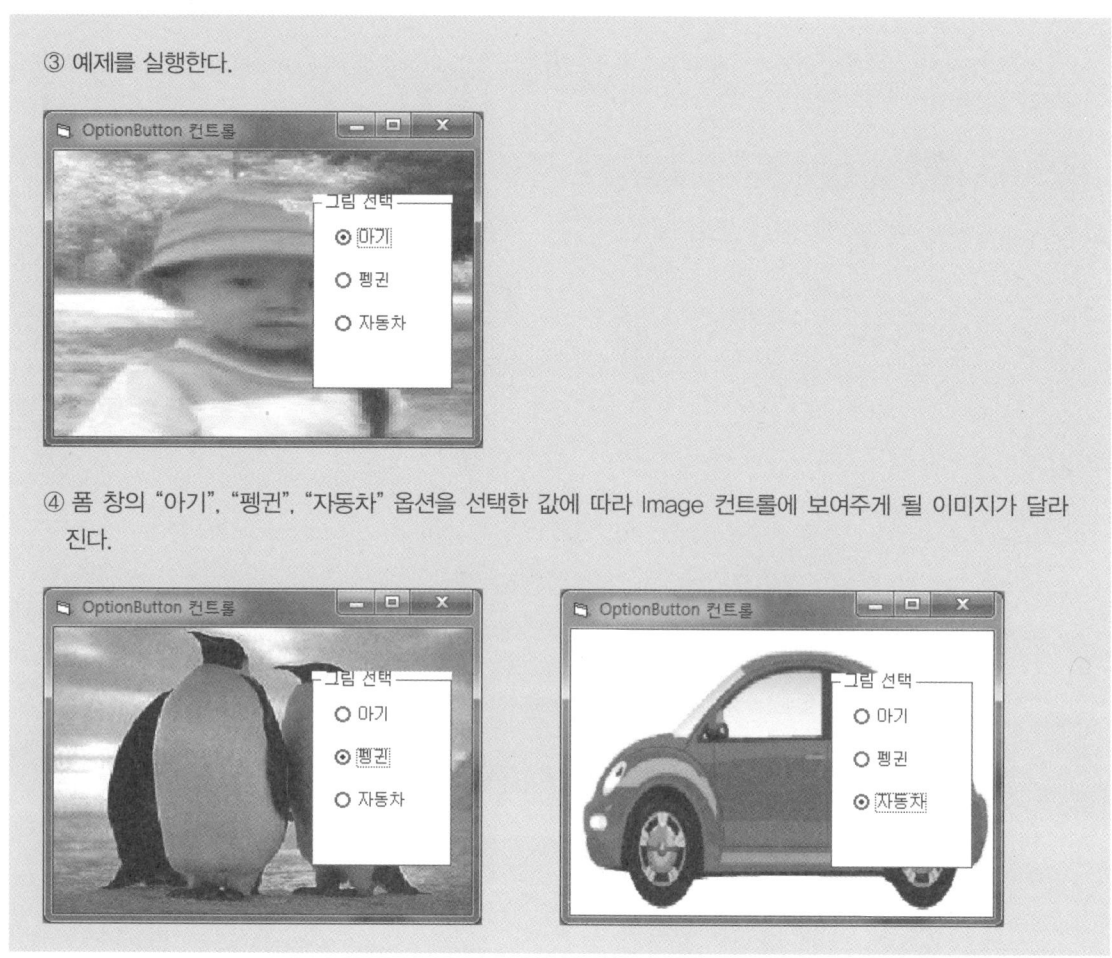

④ 폼 창의 "아기", "펭귄", "자동차" 옵션을 선택한 값에 따라 Image 컨트롤에 보여주게 될 이미지가 달라진다.

ComboBox 컨트롤

글상자(TextBox)와 목록상자(ListBox)의 기능이 합쳐진 형태로 되어 있는 상자로 TextBox에 원하는 문자열을 입력하거나 ListBox에서 원하는 항목을 선택한다. TextBox에 입력한 문자열은 Text 속성에 구해지며, ListBox에서 선택한 항목은 List(i) 속성(i는 항목의 번호)에 구해진다.

● 실습하기 (ComboBox.vbp)

ComboBox 컨트롤에 목록을 추가하고, 선택한 목록을 TextBox 컨트롤에 보여주자.

① ComboBox 컨트롤에 목록을 추가하고, 선택한 목록을 TextBox 컨트롤에 보여주기 위한 폼을 다음과 같이 디자인한다.

② ComboBox 컨트롤에 목록을 추가하고, 선택한 목록을 TextBox 컨트롤에 보여주기 위한 소스 코드를 다음과 같이 입력한 후 "ComboBox.vbp"로 저장한다.

```
Private Sub Combo1_Click()
    Text1.Text = Combo1.Text
End Sub

Private Sub Form_Load()
    Combo1.AddItem ("액션")
    Combo1.AddItem ("만화")
    Combo1.AddItem ("드라마")
    Combo1.AddItem ("공포")
    Combo1.AddItem ("애정")

    List1.AddItem ("한국영화")
    List1.AddItem ("중국영화")
    List1.AddItem ("홍콩영화")
    List1.AddItem ("기타영화")
End Sub
Private Sub List1_Click()
    Text1.Text = List1.Text
End Sub
```

③ 예제를 실행한다.

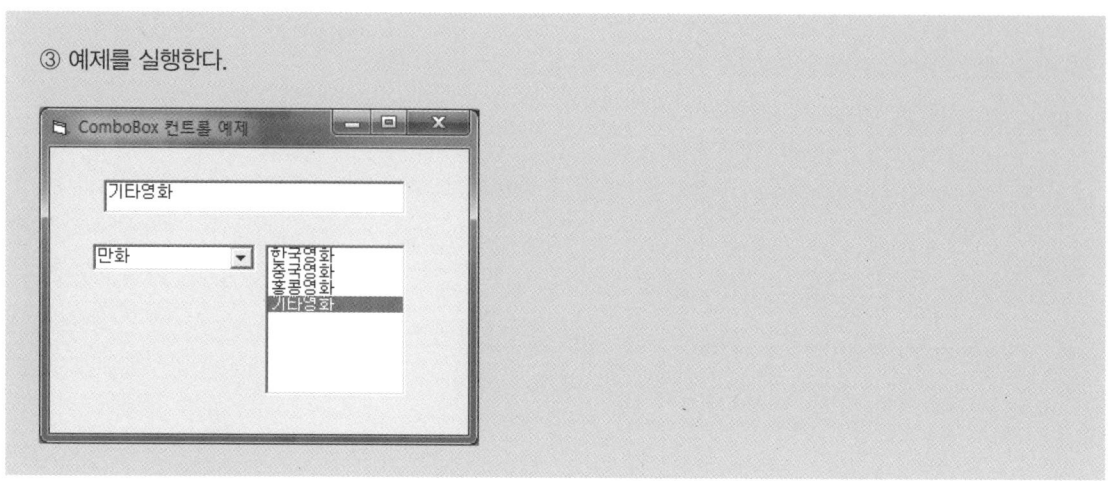

ListBox 컨트롤

폼에 목록상자를 표시할 때 사용되는 컨트롤로 목록상자에 등록된 항목의 수가 10개이고, 목록상자에는 5개의 항목 밖에 표시할 수 없을 때에는 이동줄이 표시된다. 이를 사용하여 표시 부분을 상하로 이동시킨다.

ListBox 컨트롤의 Sorted 속성의 기본 값은 False로, 각 항목이 등록된 순서대로 ListBox에 표시되나, True로 설정하면 각 항목을 알파벳/가나다순으로 정렬하여 표시한다.

ListIndex 속성의 값은 목록상자에서 선택된 항목의 번호이다. 이 번호는 ListBox에 수록되어 있는 순서에 해당하며 0부터 시작한다. 따라서 n = List1.ListIndex는 ListBox에서 선택된 항목의 번호를 변수 n에 대입한다.

List(i) 속성(배열 형식의 속성임)은 ListBox와 ComboBox에서 사용되며, 그 값은 i번째 항목의 값이다. 따라서 irum = List1.List(n)는 선택된 항목의 값을 변수 irum에 대입한다.

ListBox와 ComboBox에서 사용되는 메소드의 종류와 기능은 다음과 같다.

```
AddItem : ListBox와 ComboBox에 항목을 등록
RemoveItem : ListBox와 ComboBox에서 항목을 삭제
Clear : 모든 항목을 삭제
```

● 실습하기 (ListBox.vbp)

ListBox 컨트롤에 도시를 추가하고, 도시를 선택했을 때 Label 컨트롤에 보여주는 프로그램을 작성해 보자.

① ListBox 컨트롤에 도시를 추가하고, 도시를 선택했을 때 Label 컨트롤에 보여주기 위해 폼 창에 Label 컨트롤과 ListBox 컨트롤을 디자인한다.

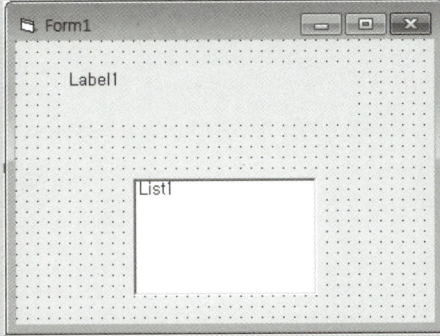

② ListBox 컨트롤에 도시를 추가하고, 도시를 선택했을 때 Label 컨트롤에 보여주기 위한 소스 코드를 다음과 같이 작성한 후 "ListBox.vbp"로 저장한다.

```
Private Sub Form_Load()
    List1.AddItem ("서울")
    List1.AddItem ("대전")
    List1.AddItem ("대구")
    List1.AddItem ("부산")
    List1.AddItem ("울산")
End Sub

Private Sub List1_Click()
    Label1.Caption = List1.Text
End Sub
```

③ 예제를 실행한 후 ListBox 컨트롤에 나와있는 도시를 선택하면 Label 컨트롤에 선택된 도시 이름이 나타난다.

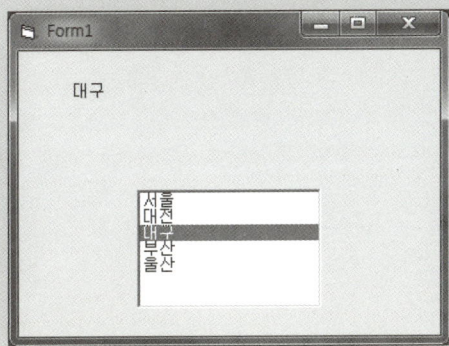

● 실습하기 (ListBox1.vbp)

ListBox 컨트롤에 TextBox 컨트롤에서 입력한 데이터를 추가, 삭제, 모두 삭제해 보자.

① ListBox 컨트롤에 TextBox 컨트롤에서 입력한 데이터를 추가, 삭제, 모두 삭제하기 위한 폼 디자인을 한다. 이때, TextBox 컨트롤과 ListBox 컨트롤을 그대로 디자인하고, CommandButton 컨트롤은 Caption 속성을 "추가", "삭제", "모두 삭제", "종료"라고 입력한다.

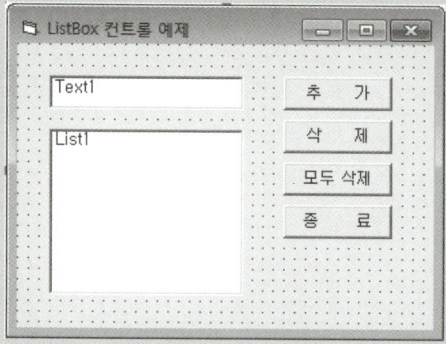

② ListBox 컨트롤에 TextBox 컨트롤에서 입력한 데이터를 추가, 삭제, 모두 삭제하기 위한 소스 코드를 입력한 후 "ListBox1.vbp"로 저장한다.

```vb
Private Sub Command1_Click()
    List1.AddItem Text1.Text
End Sub

Private Sub Command2_Click()
    If List1.ListIndex < 0 Then Exit Sub
    List1.RemoveItem List1.ListIndex
End Sub

Private Sub Command3_Click()
    List1.Clear
End Sub

Private Sub Command4_Click()
    End
End Sub
```

③ 예제를 실행해 TextBox 컨트롤에 데이터(여기서는 비주얼 베이직)를 입력한 후 [추가] 버튼을 클릭하면 ListBox 컨트롤에 입력한 데이터가 추가된다.

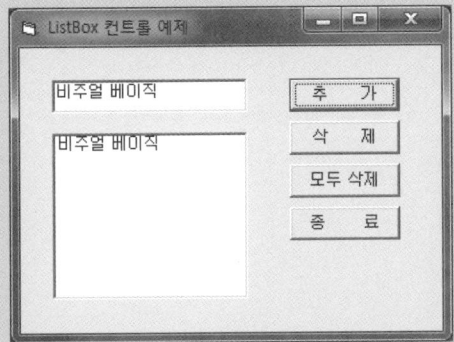

④ 과정 ③과 같은 방법으로 여러 개의 데이터를 추가한다. ListBox 컨트롤에서 삭제할 데이터를 선택한 후 [삭제] 버튼을 클릭한다.

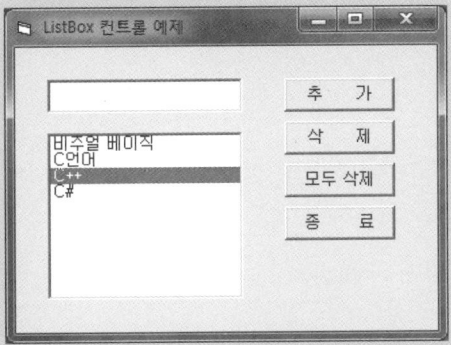

⑤ 과정 ④에서 선택한 데이터가 삭제된 것을 확인할 수 있다. 그런 다음 ListBox 컨트롤에 추가되어 있는 데이터를 모두 삭제하려면 [모두 삭제] 버튼을 클릭한다.

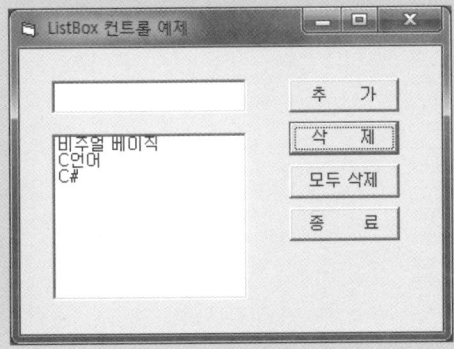

⑥ ListBox 컨트롤에 입력된 데이터가 모두 삭제된 것을 확인할 수 있다.

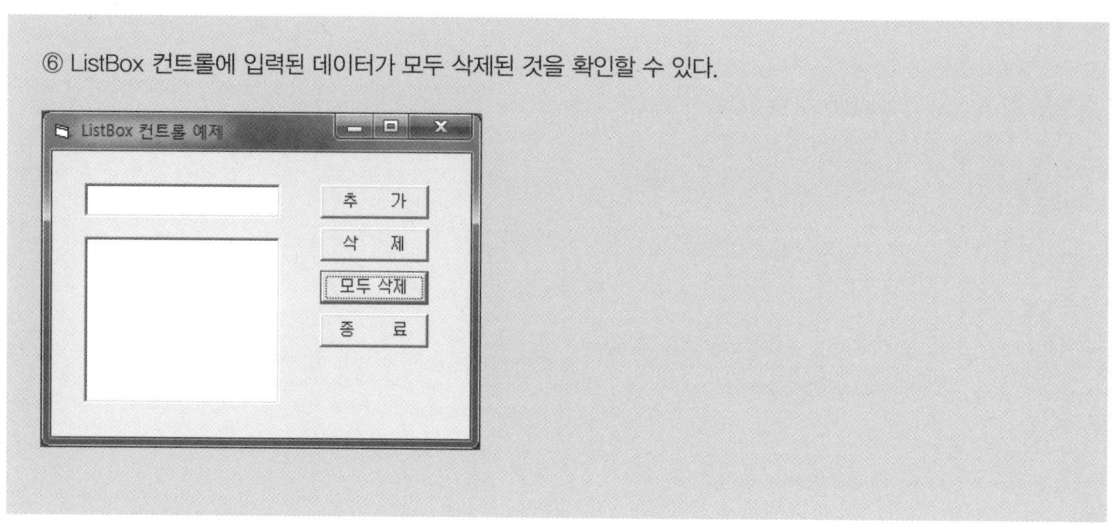

핵심 코드는 다음과 같다.

```
If List1.ListIndex < 0 Then Exit Sub
List1.RemoveItem List1.ListIndex
```

ListBox 컨트롤에 입력된 데이터 중에서 삭제할 데이터를 선택한 후 버튼을 클릭했을 때 실행되는 코드로 List1 컨트롤의 ListIndex 속성에서 가지는 값이 0보다 작은 경우에는 문장을 빠져나간다. 하지만, 삭제할 데이터가 남아 있다면 해당 데이터를 삭제하기 위해 RemoveItem 메소드를 사용한다.

HScrollBar와 VScrollBar 컨트롤

윈도우를 어느 정도 사용해 본 사용자라면 수평/수직 이동줄에 익숙해져 있을 것이다. 이동줄은 다음과 같은 모습을 하고 있다.

● 실습하기 (HscrollBar.vbp)

HScrollBar 컨트롤을 이용해 선택한 값을 TextBox 컨트롤에 보여주는 프로그램을 작성해 보자.

① HScrollBar 컨트롤을 이용해 선택한 값을 TextBox 컨트롤에 보여주기 위한 폼 디자인을 완성한다.

② HScrollBar 컨트롤에서 최대로 지정할 수 있는 값을 설정하기 위해 Max 속성을 50으로 입력한다.

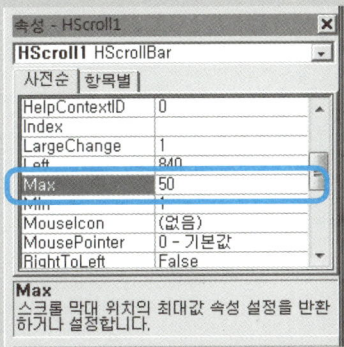

③ HScrollBar 컨트롤을 이용해 선택한 값을 TextBox 컨트롤에 보여주기 위한 소스 코드를 입력한 후 "HScrollBar.vbp"로 저장한다.

```
Private Sub HScroll1_Change()
    Text1.Text = HScroll1.Value
End Sub
```

④ HScrollBar 컨트롤을 이용한 예제를 실행한 후, 이동줄에 있는 바를 이동할 때마다 TextBox 컨트롤에 값이 출력된다.

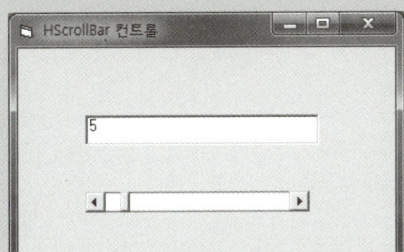

● **실습하기 (ScrollBar1.vbp)**

HScrollBar 컨트롤을 이용해 선택된 RGB 색을 TextBox 컨트롤에 나타내는 프로그램을 작성해 보자.

① HScrollBar 컨트롤을 이용해 선택된 RGB 색을 TextBox 컨트롤에 보여주기 위한 폼을 디자인한다.

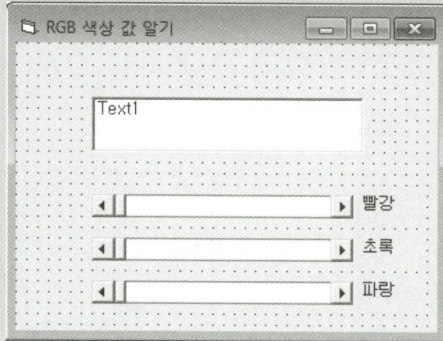

② RGB 색으로 TextBox 컨트롤에 보여줄 값을 설정한다. 여기서는 Max 속성에 각각 255라고 입력한다.

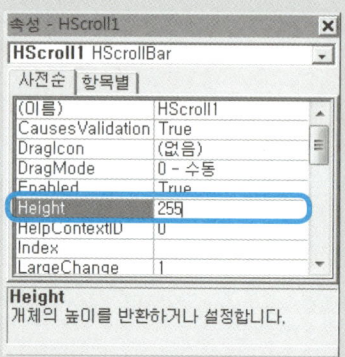

③ Label 컨트롤은 좌측의 각 HScrollBar 컨트롤이 어떠한 값을 보여주는지를 알리기 위해 Caption 속성에 "빨강", "초록", "파랑"이라고 입력한다.

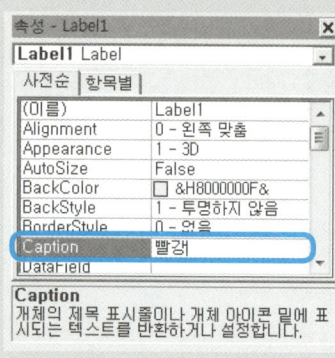

④ HScrollBar 컨트롤을 이용해 선택된 RGB 색을 TextBox 컨트롤에 보여주기 위한 소스 코드를 입력한 후 "ScrollBar1.vbp"로 저장한다.

```
Private Sub HScroll1_Change( )
    Text1.BackColor = RGB(HScroll1.Value, HScroll2.Value, HScroll3.Value)
End Sub

Private Sub HScroll2_Change( )
    Text1.BackColor = RGB(HScroll1.Value, HScroll2.Value, HScroll3.Value)
End Sub

Private Sub HScroll3_Change( )
    Text1.BackColor = RGB(HScroll1.Value, HScroll2.Value, HScroll3.Value)
End Sub
```

⑤ 예제를 실행한 후 컨트롤을 이동함에 따라 TextBox 컨트롤의 RGB 값이 나타난다.

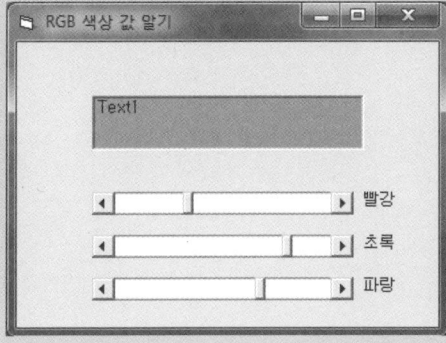

Timer 컨트롤

특정 시간 간격으로 타이머 사건을 발생시키는 컨트롤이다. 시간 간격은 Interval 속성으로 지정하며 1/1000초 단위로 동작한다. 즉, Interval 속성에 1000이라고 입력하면 1초마다 타이머가 동작을 하게 된다.

● **실습하기 (Timer.vbp)**

Timer 컨트롤을 이용해 시스템에서 시간 정보를 가져와 TextBox 컨트롤에 출력하는 프로그램을 작성해 보자.

① 시스템에서 시간 정보를 가져와 TextBox 컨트롤에 출력하기 위해 폼을 디자인한다.

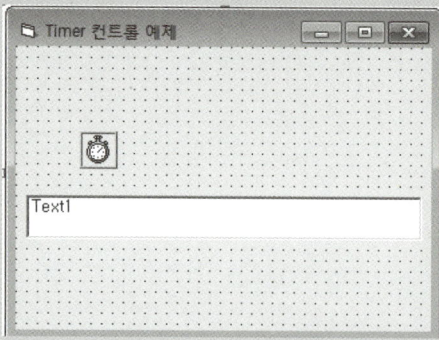

② Timer 컨트롤의 Interval 속성에 "100"이라고 입력한다. 여기서 입력한 값에 따라 Timer 컨트롤이 동작하는 간격이 설정된다.

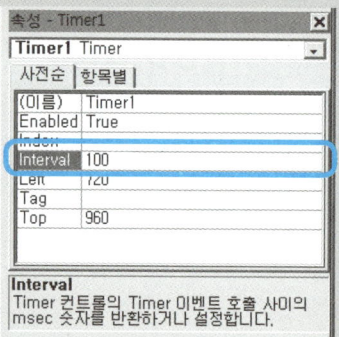

③ Timer 컨트롤을 이용해 시스템에서 시간에 대한 정보를 가져와 TextBox 컨트롤에 출력하도록 소스 코드를 입력한 후 "Timer.vbp"로 저장한다.

```
Private Sub Form_Load()
Text1.Text = Now
End Sub
```

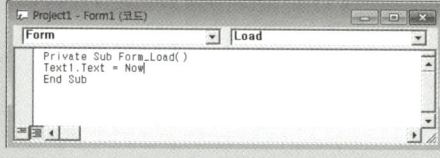

④ 예제를 실행함과 동시에 TextBox 컨트롤에 시간을 출력한다.

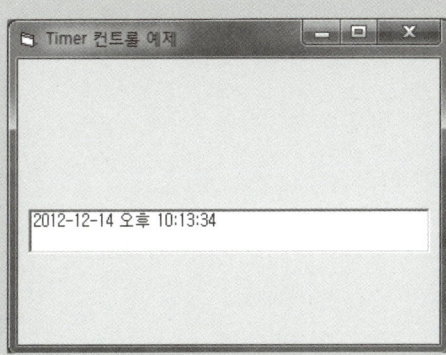

● 실습하기(Timer1.vbp)

Timer 컨트롤을 이용해 5초 후에 실행 중인 프로그램을 종료하는 기능을 구현해 보자.

① Timer 컨트롤을 이용해 5초 후에 실행 중인 프로그램을 종료하기 위한 프로그램의 폼을 디자인한다.

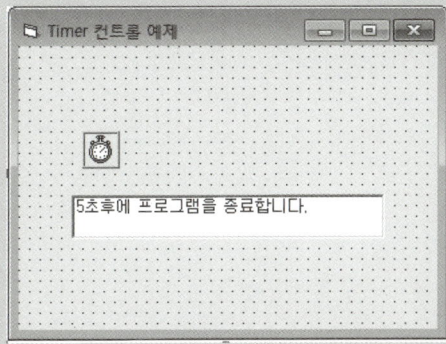

② 프로그램 종료에 대한 메시지를 처리하기 위해 TextBox 컨트롤의 Text 속성에 "5초후에 프로그램을 종료합니다."라고 입력한다.

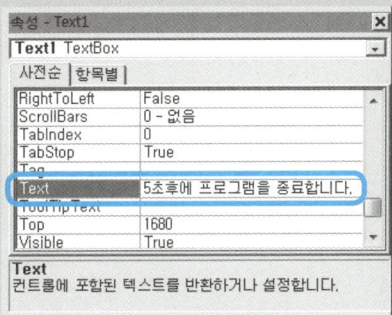

③ 5초 후에 실행 중이던 프로그램을 종료하기 위한 Interval 속성을 설정한다. 여기서는 Interval 속성에 "5000"이라고 입력한다.

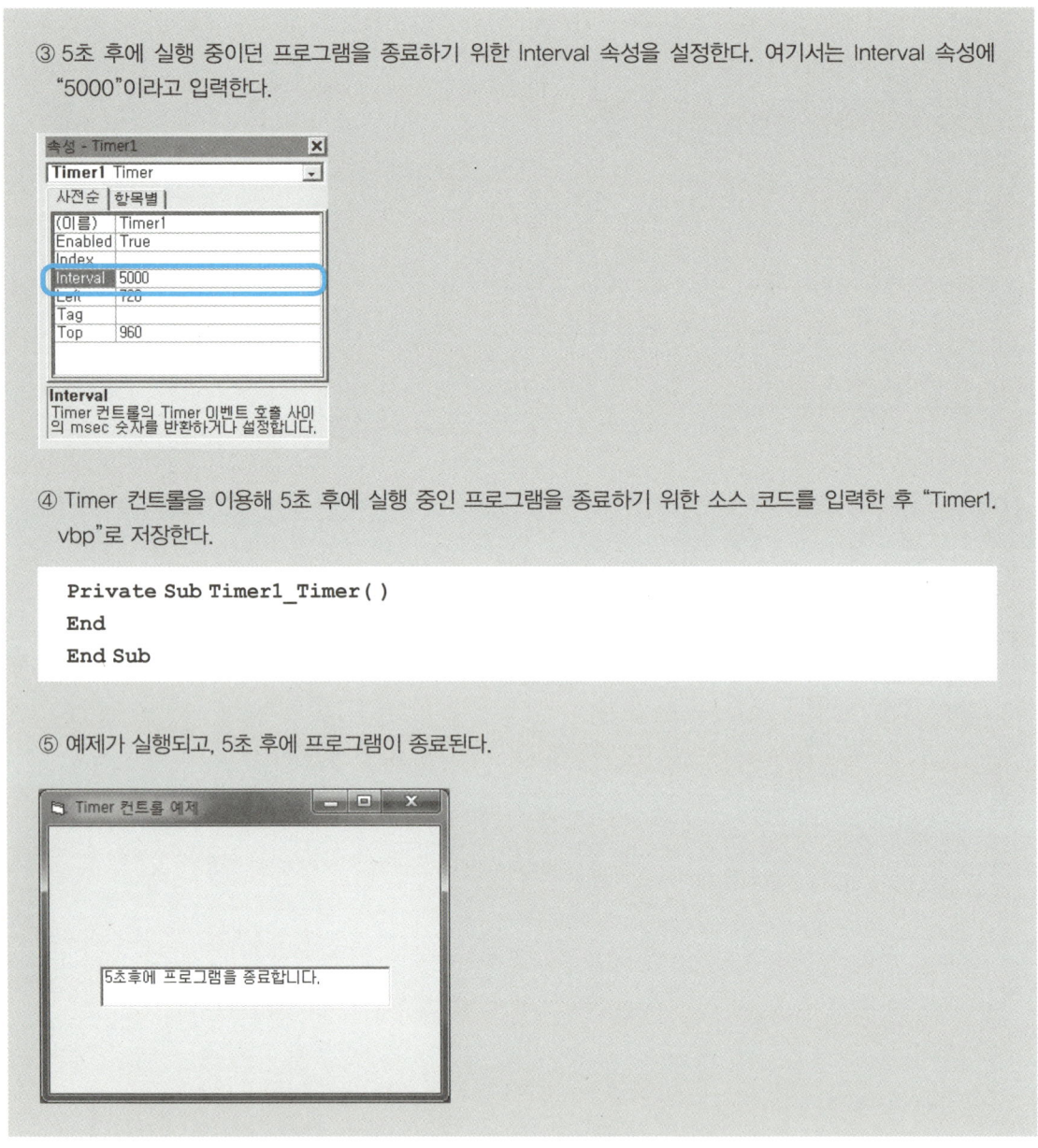

④ Timer 컨트롤을 이용해 5초 후에 실행 중인 프로그램을 종료하기 위한 소스 코드를 입력한 후 "Timer1.vbp"로 저장한다.

```
Private Sub Timer1_Timer()
End
End Sub
```

⑤ 예제가 실행되고, 5초 후에 프로그램이 종료된다.

DriveListBox, DirListBox, FileListBox 컨트롤

이번에는 DriveListBox, DirListBox, FileListBox 컨트롤에 대해서 알아보도록 하겠다. 범용 대화상자 컨트롤을 사용하면 이들 세 컨트롤의 기능을 동시에 구현할 수 있으며, 사용 방법 또한 이들 세 컨트롤보다 간편하다. 이제 세 컨트롤에 대해 알아보자.

■ **DriveListBox 컨트롤**

DriveListBox 컨트롤은 드라이브 목록상자를 표시하는 컨트롤이다.

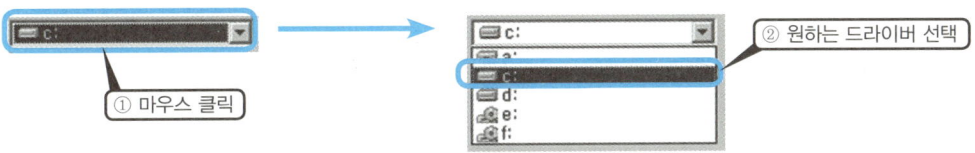

드라이브 목록상자에서 원하는 드라이브를 선택하면 해당 드라이브 목록상자의 '객체 이름_Change( )' 프로시저가 실행된다.

■ **DirListBox 컨트롤**

DirListBox 컨트롤은 디렉토리 목록을 표시하는 컨트롤이다.

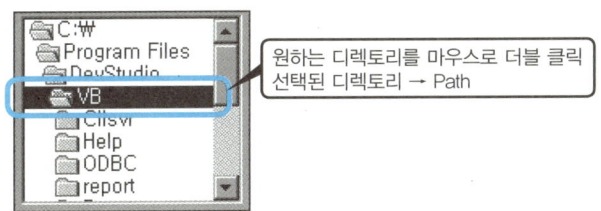

디렉토리 목록상자에서 디렉토리명을 마우스로 두 번 누르면 해당 객체의 '객체이름_Change( )' 프로시저가 실행되고 마우스로 더블 클릭한 디렉토리명이 Path 속성에 구해진다.

■ **FileListBox 컨트롤**

선택된 디렉토리에 수록되어있는 파일 목록을 표시하는 컨트롤이다. 파일 목록상자에 표시되는 대상 디렉토리는 Path 속성으로 설정하며(내정 값은 현재의 디렉토리) 파일 목록상자에서 선택 막대가 위치한 파일의 이름은 FileName 속성에 구해진다.

● **실습하기 (Drive_Dir_File.vbp)**

DriveListBox, DirListBox, FileListBox 컨트롤을 이용해 드라이브와 디렉토리를 조회해 보자.

① DriveListBox, DirListBox, FileListBox 컨트롤을 다음과 같이 폼에 디자인한다.

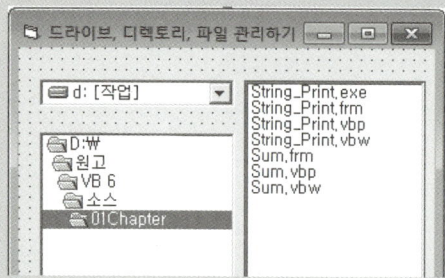

② DriveListBox, DirListBox, FileListBox 컨트롤을 이용해 드라이브와 디렉토리를 이동하기 위한 소스 코드를 다음과 같이 입력한 후 "Drive_Dir_File.vbp"로 저장한다.

```
Private Sub Dir1_Change()
File1.Path = Dir1.Path
End Sub

Private Sub Drive1_Change()
Dir1.Path = Drive1.Drive
End Sub
```

③ 예제를 실행한 후 드라이브와 디렉토리를 선택하면 해당 디렉토리에 있는 파일 및 하위 디렉토리 목록을 보여준다.

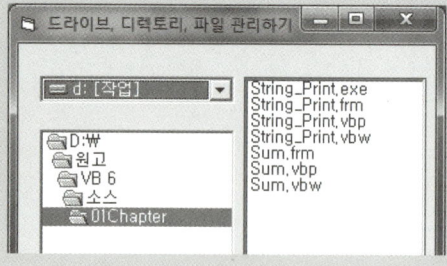

핵심 코드는 다음과 같다.

```
Private Sub Drive1_Change()
Dir1.Path = Drive1.Drive
End Sub
```

드라이브를 변경했을 때 해당 드라이브에서 가지는 디렉토리 목록을 변경하기 위해 Path 속성을 사용한다.

Shape 컨트롤

폼에 사각형, 원, 타원, 모서리가 둥근 사각형 등을 그릴 때 사용되는 컨트롤이다. 도형의 모양은 Shape 속성으로 설정한다.

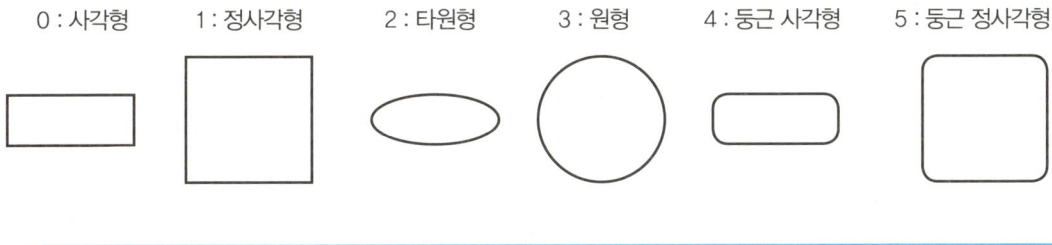

0 : 사각형   1 : 정사각형   2 : 타원형   3 : 원형   4 : 둥근 사각형   5 : 둥근 정사각형

● 실습하기 (Shape.vbp)

Shape 컨트롤을 이용해 "둥근 정사각형"을 만들어 보자.

① Shape 컨트롤로 "둥근 정사각형"을 만들기 위한 폼을 디자인한다.

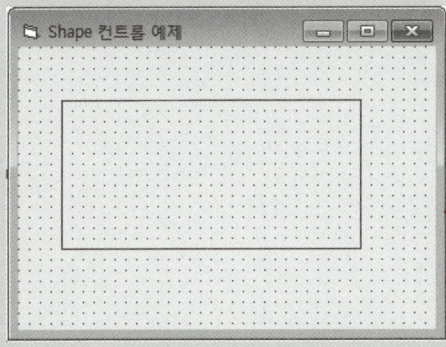

② Shape 컨트롤로 "둥근 정사각형"을 만들기 위한 소스 코드를 입력한 후 "Shape.vbp"로 저장한다.

```
Private Sub Form_Load( )
Shape1.DrawMode = 4
Shape1.Shape = 5
End Sub
```

③ 예제를 실행하면 폼 창에 "둥근 정사각형"이 출력된다.

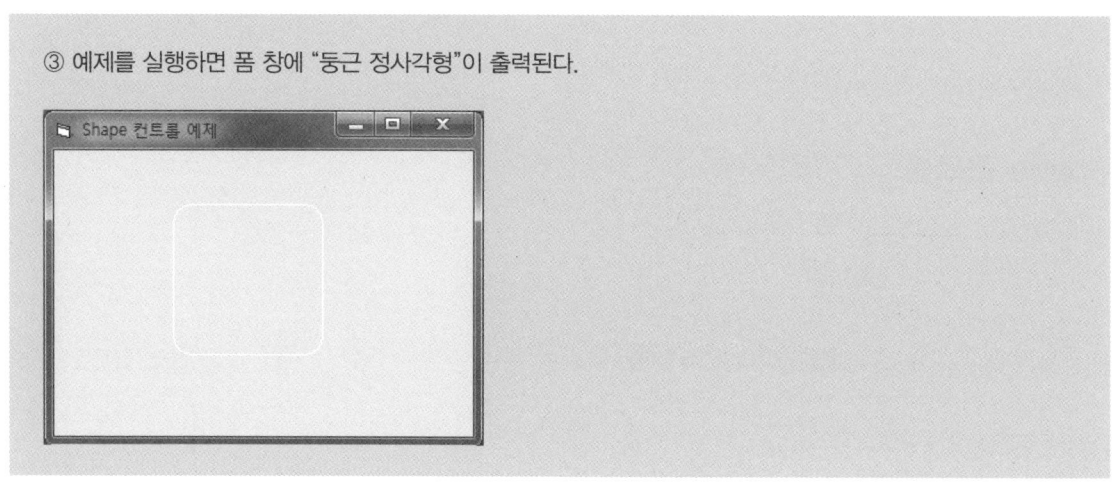

Line 컨트롤

선을 그릴 때 사용되는 컨트롤로 선을 그릴 때에는 Line 메소드를 사용한다. Line 컨트롤은 Move 메소드를 사용할 수 없다. 대신 x1, y1, x2, y2 속성을 사용하여 크기나 위치를 변경시킨다.

선의 모양은 BorderStyle 속성으로 지정하는데, 선 모양은 다음과 같다.

Image 컨트롤

이미지 파일을 읽어들여 이미지를 표시하는 컨트롤이다. 일반 이미지 파일(*.bmp, *.dib, *.ico)이나 스캐너로 읽어들인 그림이나 사진을 프로그램의 폼에 나타낼 때 사용된다.

이미지를 지정할 때에는 Picture 속성을 사용하며, 프로그램이 실행 중 일때 image 컨트롤에 이미지 파일을 읽어들일 때에는 LoadPicture( ) 함수를 사용한다.

CHAPTER 02 기본 컨트롤

● 실습하기 (Image.vbp)

Image 컨트롤에 아기.gif 이미지를 보여주는 프로그램을 작성해보자.

① Image 컨트롤을 폼에 디자인한다.

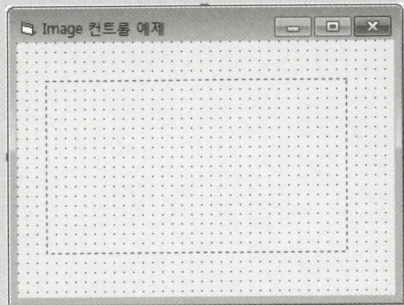

② Image 컨트롤에 이미지를 출력하기 위한 소스 코드를 다음과 같이 입력한 후 "Image.vbp"로 저장한다.

```
Private Sub Form_Load( )
Image1.Picture = LoadPicture("D:\아기.jpg")
End Sub
```

③ 프로그램을 실행하면 다음과 같은 이미지를 출력한다.

OLE 컨트롤

폼에 OLE 객체(Object Linking & Embedding)를 삽입할 때 사용되는 컨트롤이다.

연습문제

[퀴즈1] 다음 프로그램을 완성하시오.(저장 파일명 : 현재시간.frm, 현재시간.vbp)

● 결과 화면

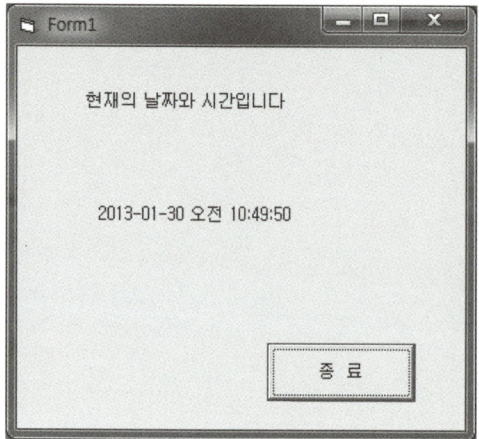

● 조건

- Timer 컨트롤을 이용해 오늘의 날짜와 시간을 출력한다.

[문제 1] 폼에 컨트롤을 넣기 위해서 제일 먼저 하는 일은?

가. 도구 상자(ToolBox)의 아이콘을 클릭한다.

나. 편집 메뉴에서 적절한 명령어를 선택한다.

다. 툴 바의 아이콘을 클릭한다.

[문제 2] 컨트롤의 크기를 조정하는 방법은?

    가. 편집 메뉴에서 바꾸기 명령을 선택한다.

    나. 컨트롤을 더블 클릭한다.

    다. 크기조정 핸들을 선택하고 드래그한다.

[문제 3] 컨트롤에 대한 프로시저를 작성하려면 어떻게 하는가?

    가. 실행(Run) 메뉴에서 코드를 선택한다.

    나. 코드 창을 열기 위해 컨트롤을 더블클릭한다.

    다. 속성 창을 사용한다.

[문제 4] 프로젝트에 새로운 폼을 추가하려면 다음 중 어떤 일을 해야 하는가?

    가. 편집 메뉴에서 파일 추가 항목을 선택한다.

    나. 프로젝트 창에서 폼 보기를 선택한다.

    다. 툴 바에서 폼 추가 버튼을 클릭한다.

Chapter 03 문법 기초 다지기

1. 상수(Constant)

프로그램을 작성할 때, 상수와 연산식의 사용은 필수적이다. 이들은 변수와 함께 자료를 표현하고 처리하는 3대 기본 요소라 할 수 있다.

지금까지 명시적으로 언급하지는 않았지만 많은 프로그램에서 상수를 사용해 왔다. 다음은 상수를 사용한 예이다.

직관적으로 알 수 있듯이 상수는 낱말 뜻 그대로 값이 불변인 자료를 말한다. 반면에 변수와 배열은 그 값이 수시로 변할 수 있다.

비주얼 베이직에서 제공하는 상수에 대해 좀 더 자세히 알아보자.

상수의 자료형 내정 값

상수 사용시 자료형을 명시하지 않으면(상수 뒤에 %, &, !.. 등을 붙이지 않으면) 자료형은 해당 상수 값에 의해 결정된다.

```
1234 → Integer 형
123456 → Long 형
3.14 → Double 형
0.1 → Double 형
```

소수점이 있는 수치 상수는 항상 Double 형이다.

상수의 자료형 선언

상수의 자료형을 명시적으로 선언하려면 상수 뒤에 자료형 접미어(%, &, !, # ...)를 붙이면 된다.

- 10 → Integer형
- 10& → Long형
- 3.14! → Single형

큰 정수를 입력하면 수치 뒤에 자료형 접미어 #(Double형)가 자동적으로 붙여진다. 예를 들어 x=123456789012345를 입력하면 x=123456789012345#로 되어 해당 수치가 Double 형이 된다.

다른 프로그래밍 언어(C, 포트란 등등)에서는 상수를 사용할 때 자료형에 유의해야 하나, 베이직에서는 거의 대부분 자료형 선언에 신경쓰지 않아도 지장이 없다. 문자열 상수는 반드시 큰따옴표(" ")로 둘러 싸야 한다는 정도만 알고 있으면 된다.

- "홍길동" → 문자열 상수
- 홍길동 → 변수나 배열(또는 사용자 정의 프로시저)명으로 인식된다.

10진 · 16진 · 8진 상수

수치 앞에 아무것도 안 붙이면 10진 상수로, &H를 붙이면 16진 상수로 &O를 붙이면 8진 상수로 처리된다.

```
&H1A → 26(=1×16+10)
&H7FFF → 32767(=7×16³+15×16²+15×16¹+15×16⁰) (Integer형 최대수)
&O45 → 37(4×8+5)
```

기호 상수(Symbolic Constant)

예를 들어, 원가는 항상 값이 100으로 고정되어 있으며 이를 가지고 이자와 이익을 계산하는 프로그램을 작성하는 경우를 생각해보자. 이 프로그램은 아래 왼쪽과 같이 작성해도 되고 오른쪽과 같이 작성해도 된다.

```
Private Sub Form_Click()            Private Sub Form_Click
Const WONGA = 100

'이율=0.01, 이익율=0.15일 때        '이율=0.01, 이익율=0.15일 때
YeeJa = WONGA * 0.01                YeeJa = 100 * 0.01
YeeIk = WONGA * 0.15                YeeIk = 100 * 0.15
Print YeeJa, YeeIk                  Print YeeJa, YeeIk

'이율=0.01, 이익율=0.15일 때        '이율=0.01, 이익율=0.15일 때
YeeJa = WONGA * 0.02                YeeJa = 100 * 0.02
YeeIk = WONGA * 0.17                YeeIk = 100 * 0.17

Print YeeJa, YeeIk                  Print YeeJa, YeeIk
End Sub                             End Sub
```

왼쪽 프로그램의 경우 YeeIk=WONGA*0.17에서 WONGA의 위치에서 실제로 사용되는 값은 100이다. 따라서 위 두 프로그램은 기능적으로 100% 동일하다. 그렇다면 어떤 차이가 있는 것일까?

대답은 간단하다. 왼쪽은 오른쪽보다 알아보기 쉽다는 것이다. 누가 언제 보아도 YeeIk=WONGA*0.17은 원가에 대한 이익을 계산하는 것임이 쉽게 이해된다.

위 예와 같이 길이가 짧은 프로그램에서는 기호 상수(이 예에서는 WONGA)의 효율성이 충분히 실감되지 않을 수도 있으나 길이가 긴 프로그램이나 복잡한 수식(과 함수)의 경우에는 큰 차이가 난다. 이러한 이유로 중요한 의미를 갖는 수치는 기호 상수로 선언하여 사용할 것이 적극적으로 권장된다. C 언어에서도 기호 상수(매크로 상수)가 적극적으로 사용된다.

기호 상수는 Const를 사용하여 선언한다.

```
Const PI=3.14159265
```

기호 상수 PI를 선언하고 그 값을 3.14159265로 한다. PI는 상수이므로 이후 그 값을 변경해서는 안 된다.

```
Const MITBYUN=10, NOPI=20
```

기호 상수 MITBYUN과 NOPI를 선언하고 그 값을 10, 20으로 한다. 이때, 기호 상수는 관례적으로 위의 예와 같이 대문자로만 적는다.

비주얼 베이직은 자체적으로 많은 기호 상수를 정의하여 제공하며 이들은 모두 vbxxxx 형태로 되어 있다. MsgBox에서 사용되는 vbOkOnly, vbOk Critical…이 여기에 해당한다.

2. 변수(Variable)

변수는 값을 저장해 주는 저장소로 메모리의 특정 위치를 나타내고, 저장하고자 하는 데이터의 형에 따라 다른 값을 가진다. 또한, 변수는 프로그램을 실행하기 전에 미리 선언이 되어 있어야 한다.

변수 선언하기

비주얼 베이직에서 변수를 선언하기 위해서는 다음 중 한 가지 방법을 사용한다.

1) Dim 변수명 1[As 자료형], 변수명 2[As 자료형]…
2) 변수명 끝에 위 표의 접미어를 붙인다(변수에 값을 최초로 대입할 때)

변수를 선언한 사용 예는 다음과 같다.

```
Dim a, b As Integer, c As Long
```

변수 a는 Variant형, b는 Integer형, c는 Long형으로 선언한다.

```
Dim a, b, c
```

a, b, c를 Variant형으로 선언한다.

```
a%=10, b#=3.14
```

변수 a%는 Integer형(%)으로, b#는 Double형(#)으로 선언. 이 방법은 종전 베이직(QBASIC)과의 호환성을 위해 갖추어진 것이며, 비주얼 베이직에서는 가급적 첫 번째와 두 번째 방법을 사용하는 것이 좋다.

Integer 형과 Long 형

변수(또는 배열, 함수)가 Integer 형이나 Long 형으로 선언되면 해당 변수는 다음과 같이 처리되고, 사용된다.

1) Integer 형 변수 : −32768~32767 사이의 정수만 처리 가능

2) Long 형 변수 : 약 −21억~21억 사이의 정수만 처리 가능

3) 소수점 이하는 처리 불가능

4) 문자열 대입은 불가능

● 실습하기 (Integer.vbp)

Integer 형으로 선언된 변수와 그렇지 않은 변수에서 가지는 값의 차이를 알아보자.

① Integer 형으로 선언된 변수와 그렇지 않은 변수에서 가지는 값의 차이를 알기 위한 소스 코드를 입력한 후 "Integer.vbp"로 저장한다.

```
Private Sub Form_Click()
    Dim i As Integer

    i = 20
    n = 20

    i = 20 / 7
    n = 20 / 7

    Print "변수 i : " & i
    Print "변수 n : " & n
End Sub
```

② 변수 i는 정수형(Integer)으로 선언했기 때문에 3이라는 정수 값을 출력하고, 변수 n은 소수점 값을 출력한다.

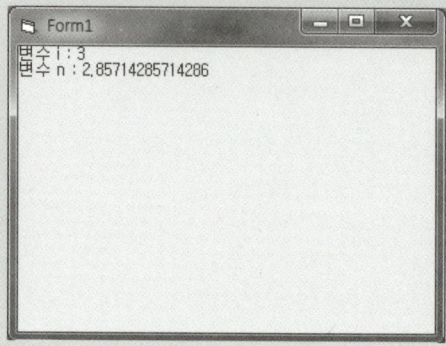

Single, Double 형(실수형)

Single 형 변수는 4바이트, 최대 7자리의 정밀도이고, Double 형 변수는 8바이트, 최대 15자리의 정밀도를 처리한다. 또한, 문자열형 대입은 불가능하다.

Boolean 형(논리형)

값이 True, False 둘 중 어느 하나인 자료형으로 다음과 같은 값을 처리한다.

- True : 참(1)
- False : 거짓(0)

True의 실제 값은 1, False의 실제 값은 0이다.

String 형(문자열)

문자열만 대입할 수 있고, 최대 약 65536 문자까지 대입할 수 있다. 변수의 자료형을 선언하지 않으면 Variant형이 되는데, 이때 수치는 물론 문자열도 변수에 대입할 수 있다. String 형은 문자열만 처리하는 변수임을 명시적으로 선언할 때 사용된다.

Variant 형(가변형)

변수의 자료형을 선언하지 않으면 Variant 형으로 선언된다. 해당 변수는 '가변적'이라는 낱말 뜻 그대로 사용 시점에 따라 가변적인 형태의 자료형으로 사용된다.

Global 변수(전역 변수)

모듈 선언부에서 Global 문으로 선언한 변수는 프로그램 전체에 걸쳐 유효하며 값이 유지된다. 반면에 폼의 선언부에서 선언된 변수는 해당 폼에 속해 있는 프로시저에서만, 모듈의 선언부에서 선언된 변수는 해당 모듈에 속해 있는 프로시저에서만 유효하다.

```
Global g    '모든 프로시저에서 사용 가능
Dim x       '이 모듈에서만 사용
```

● **실습하기** (Global_Variable.vbp, Global_Variable.bas)

전역 변수를 이용해 변수를 선언하고, 선언된 변수에서 가지는 값을 출력하는 프로그램을 작성해 보자.

① 전역 변수를 선언하고, 선언된 변수에서 가지는 값을 출력하기 위한 폼 창에 대한 소스 코드를 입력한 후 "Global_Variable.vbp"로 저장한다.

```
Dim x '폼 창의 전역 변수

Private Sub Form_Click( )
    Form1.AutoRedraw = True
    
    x = x + 3
    g = g + 5
    Form1.Print "〈 Form_Click 〉"
    Form1.Print "x : " & x, "g : " & g
    Form1.Print "----------------------"
    
    a_procedure
    b_procedure
    
    Form1.Print "----------------------"
End Sub
```

② 모듈을 추가하기 위해 프로젝트 창에서 화면과 같이 마우스 오른쪽 버튼을 클릭해 나타난 단축 메뉴에서 [추가(A)]→[모듈(M)]을 클릭한다.

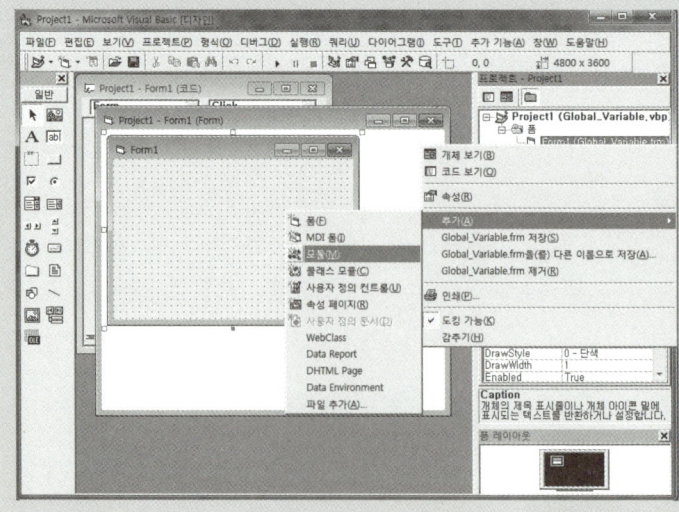

③ 모듈 추가 창이 나타나면 [새 파일] 탭에서 "모듈"을 선택한 후 [열기] 버튼을 클릭한다.

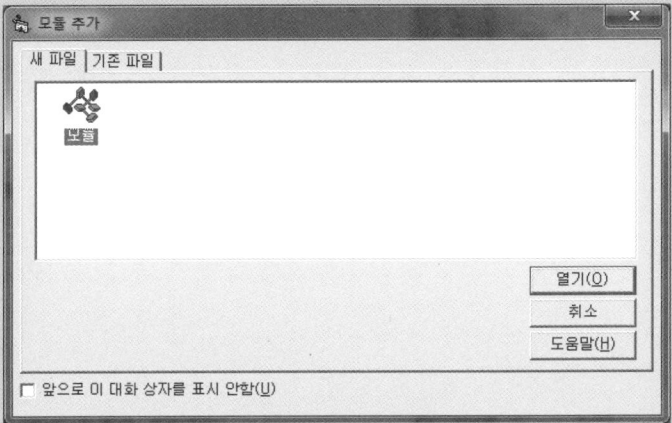

④ 코드를 작성하기 위한 모듈 창이 나타난다.

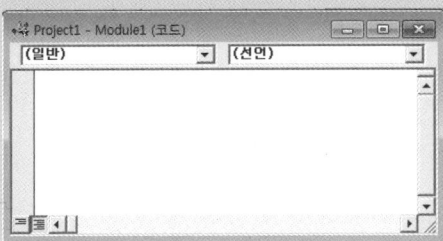

⑤ 모듈을 이용해 전역 변수를 선언하고, 선언된 변수에서 가지는 값을 출력하기 위한 소스 코드를 입력한 후 "Global_Variable.bas"로 저장한다.

```
Global g    '모든 프로시저에서 사용 가능
Dim x       '이 모듈에서만 사용

Public Sub a_procedure()
    x = x + 4
    g = g + 5

    Form1.Print "< a_procedure >"
    Form1.Print "x : " & x, "g : " & g
End Sub

Public Sub b_procedure()
    x = x + 4
    g = g + 5

    Form1.Print "< b_procedure >"
    Form1.Print "x : " & x, "g : " & g
End Sub
```

⑥ 모듈을 이용해 전역 변수를 선언하고, 선언된 변수에서 가지는 값을 출력한다.

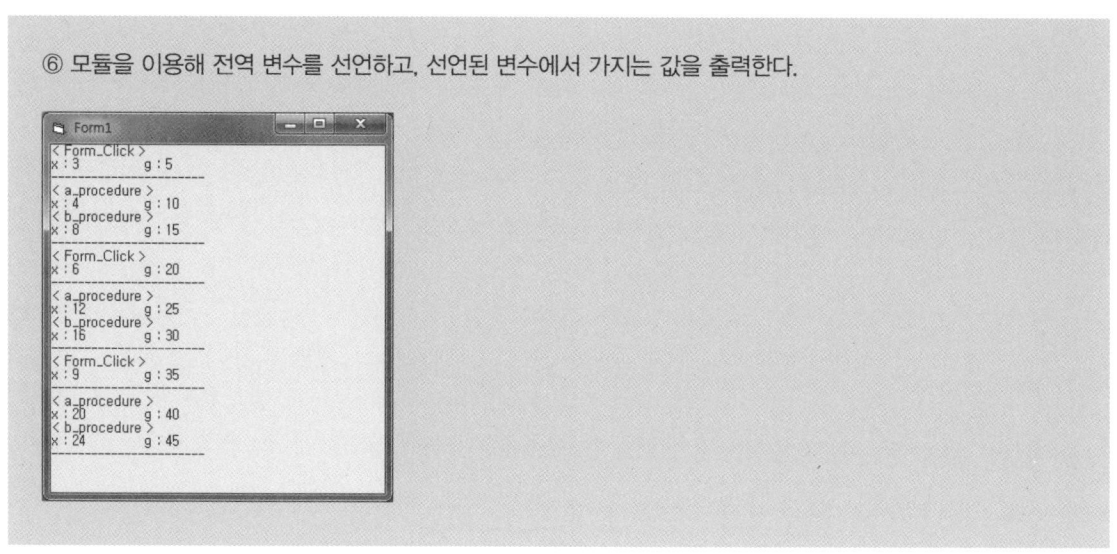

프로그램에서 변수 g는 모듈에서 Global로 선언되어 있다(Global g). 이 변수 g는 프로그램 중의 모든 프로시저에서 유효하며 그 값이 유지된다. 이때, 변수 x는 모듈에서도 선언되어 있고, 폼에서도 선언되어 있다. 모듈에서의 x와 폼에서의 x는 이름은 동일하지만 별개의 변수이다. 모듈에서의 x는 a_procedure( ), b_procedure( ) 프로시저 실행 시에만 값이 유지되고, 폼에서의 x는 Form_Click( ) 프로시저 실행 시에만 값이 유지된다.

프로그램을 실행하면 폼이 표시된다. 폼을 마우스로 클릭하면 Form_Click( ) 프로시저가 실행되고 이 프로시저 끝 부분의 A_Proc/B_Proc에 의해 모듈의 A_Proc( ), B_Proc( )가 차례대로 실행된다.

g는 각 프로시저가 실행할 때 마다 5, 10, 15, 20…으로 값이 일관되게 유지된다. Global로 선언된 프로그램 전역 변수이기 때문이다. 폼의 프로시저(Form_Click( )) 실행 시에는 x=3, 6, 9, 12…로 값이 유지되고, 모듈의 프로시저(a_procedure( ), b_procedure( )) 실행 시에는 x=4, 8, 12, 16…로 값이 유지된다. 이는 폼 전역 변수, 모듈 전역 변수이기 때문이다. 이름은 동일하지만 메모리의 기억 위치는 서로 다르며, 해당 폼/모듈의 프로시저가 실행될 때 활성화된다.

Global 변수는 모듈의 선언부에서만 선언할 수 있고, 폼의 선언부나 프로시저 내에서는 선언할 수 없다. 프로그램 전체에 걸쳐 중요하게 사용되는 변수는 Global로 선언하여 사용한다.

Static 변수(정적 변수)

프로시저 내부에서 선언된 변수는 프로시저의 실행이 끝나면 메모리에서 제거된다. 그러나 경우에 따라서는 프로시저의 실행이 끝나도 메모리에 계속 잔류하고 해당 프로시저가 실행될 시에는 값이 유지되는 변수를 사용해야 할 필요성도 있다.

프로시저 내부에서 변수를 Static으로 선언하고, 특징은 다음과 같다.

1) 프로그램이 실행 중일 때에는 항상 메모리에 존재한다.

2) 해당 프로시저가 실행되고 있을 때에만 활성화되고, 실행이 끝나면 은폐된다. 따라서 다른 프로시저에서는 유효하지 않고 값도 유지되지 않는다.

이와 같은 Static 변수를 '정적 변수'라 한다. 정적 변수는 프로그램이 실행 중에는 메모리에 항상 존재하므로 해당 프로시저 실행 시 값이 일관되게 유지된다. 그러나 이를 이용할 수 있는 것은 선언된 프로시저 뿐이다.

● **실습하기 (Static_Variable.vbp)**

Static 변수를 이용해 변수를 선언하고, 선언된 변수에서 가지는 값을 출력하는 프로그램을 작성해 보자.

① Static 변수를 이용해 변수를 선언하고, 선언된 변수에서 가지는 값을 출력하기 위한 소스 코드를 입력한 후 "Static_Variable.vbp"로 저장한다.

```
Private Sub Form_Click()
    Form1.AutoRedraw = True

    Static s
    s = s + 5      '실행할 때마다 값을 유지한다.

    Print "〈 Form_Click 〉"
    Print Tab(10) ; s

    If s = 25 Then
        msg = "Form_Load 프로시저가 5번 실행되요!!" + Chr(10)
        msg = msg & "프로그램 종료"
        MsgBox msg, 16
        End
    End If
```

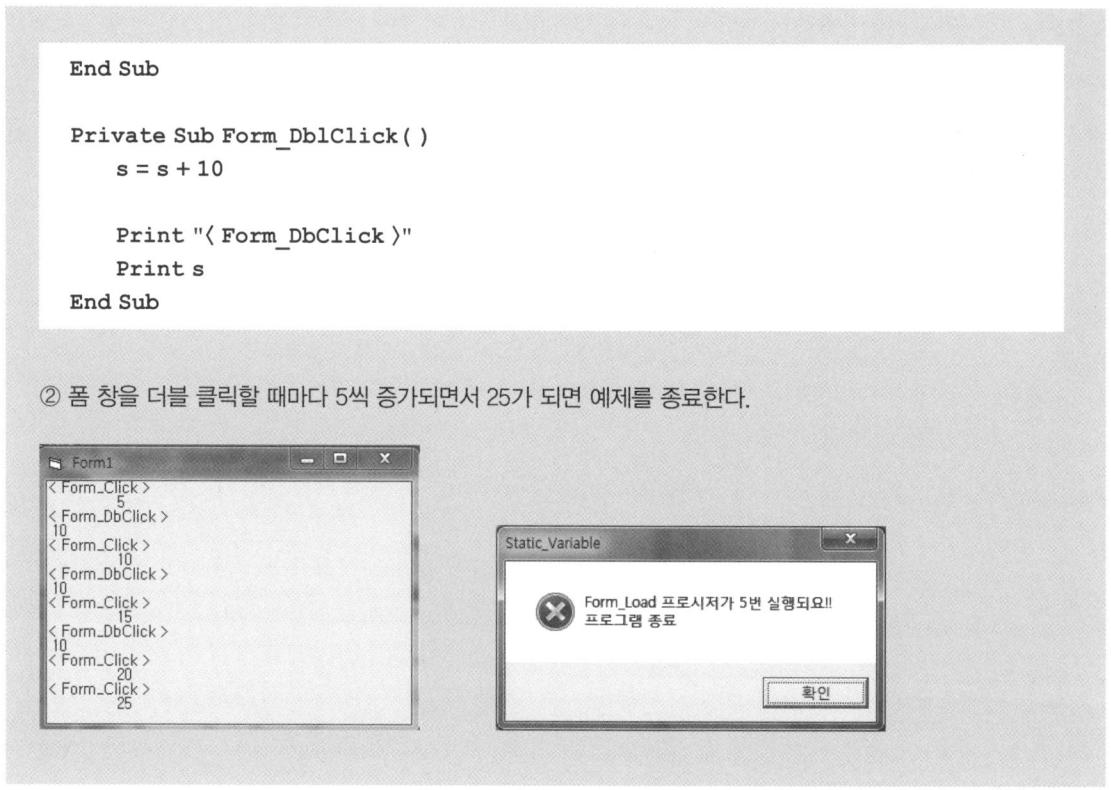

```
End Sub

Private Sub Form_DblClick()
    s = s + 10
    
    Print "〈 Form_DbClick 〉"
    Print s
End Sub
```

② 폼 창을 더블 클릭할 때마다 5씩 증가되면서 25가 되면 예제를 종료한다.

Form_Click( ) 프로시저와 Form_DblClick( ) 프로시저에서 모두 동일한 이름의 변수 s를 사용하고 있다. 그러나 Form_Click( )의 s는 정적 변수이고, Form_DblClick( )의 s는 지역 변수이다. 서로 다른 변수인 것이다.

마우스로 폼을 한 번 클릭하면 Form_Click( )이 실행되고, 연달아 두 번 클릭하면 Form_DblClick( )이 실행된다. Form_Click( )의 s는 그 값이 5, 10, 15, 20, 25로 유지되나 Form_DblClick( )의 s는 그 값이 항상 10임을 알 수 있다. Form_Click( )에서는 정적 변수 s의 값이 25가 되면 프로그램 실행을 종료시킨다.

3. 자료형(Data Type)

비주얼 베이직을 이용해 프로그램을 짤 때에는 변수를 많이 사용하는데, 이때 자료의 형태를 생각해야 한다. 그렇지 않으면 원하는 결과가 얻어지지 않기도 한다.

비주얼 베이직에서 자주 사용되는 자료형은 다음과 같다.

자료형	접미어		바이트수	표현 범위
Integer	정수형	%	2	−32768~32767
Long	정수형	&	4	≒−21억~21억
Single	단정도 실수형	!	4	양수 : ≒ 1.4×10−45~3.4×1038 음수 : ≒ −3.4×1038~−1.4×10−45 수치 정밀도는 7자리
Double	배정도 실수형	#	8	양수 : ≒4.9×10−324~1.8×10308 음수 : ≒−1.8×10308~−4.9×10−324 수치 정밀도는 15자리
Boolean	논리형		2	True 또는 False
String	문자열형	$	1자당 1	65536바이트까지 가능
Variant	가변형		가변적	가변적. 문자열도 표현 가능

변수나 배열의 자료형을 선언하지 않으면 Variant 형으로 선언된다.

프로그래밍을 처음 배우는 단계에서는 '변수의 자료형 선언'에 크게 신경쓰지 않아도 지장이 없으나 본격적인 프로그램을 작성하는 경우에는 신경써야 한다. 이 사실은 프로그램을 많이 짜볼수록 스스로 실감하게 될 것이다.

4. 연산자(Operator)

비주얼 베이직은 연산자(Operator)가 풍부하기 때문에 초보자에게는 혼동이 올 수 있다. 하지만, 다른 언어와 마찬가지로 기본적으로 사용되는 연산자만 알고 있다면 쉽게 연산자에 대해 접근할 수 있을 것이다.

연산자는 다음과 같이 산술 연산자, 비교 연산자, 논리 연산자가 있다.

1) 산술 연산자 : + - * / ^ Mod ₩ &

2) 비교 연산자 : = 〈 〉 〉= ...

3) 논리 연산자 : And Or Not Xor ...

연산 우선 순위는 다음과 같다.

- 산술 연산자 〉 비교 연산자 〉 논리 연산자

이제 비주얼 베이직에서 자주 사용되는 연산자에 대해 알아보자.

산술 연산자

산술 연산자는 초등학교 시절부터 배웠던 연산 방식으로 덧셈, 뺄셈, 곱셈, 나눗셈이 이에 속한다. 또한, 나머지 연산이나 거듭 제곱 등을 구할 수도 있다.

연산자	기능	사용 예	우선 순위	비고
^	거듭 제곱	2^3 → 8	1	
-	음수 기호	-3	2	
*	곱셈	2*3 → 6	3	
/	나눗셈	2 / 3 → 0.6666	3	
₩(₩)	정수 나눗셈	7 ₩ 2 → 3	4	정수 몫만 구한다.
Mod	나머지 연산	7 Mod 2 → 1	5	나머지만 구한다.
+ -	덧셈, 뺄셈	2+3-4 → 1	6	
&	문자열로 결합	12&3 → "123"	7	글자 자체를 결합

우선 순위가 동일한 연산자는 왼쪽이 먼저 처리된다.

실습하기 (Arithmetic.vbp)

산술 연산자를 이용해 연산을 수행하는 프로그램을 작성해 보자.

① 산술 연산자를 이용해 연산을 수행하기 위한 소스 코드를 입력한 후 "Arithmetic.vbp"로 저장한다.

```
Private Sub Form_Click( )
    Print "산술 연산자 예제"
    Print 1.2 ^ 3
    Print 1.2 ^ 3.14
    Print 7 \ 2
    Print 10.5 \ 4
    Print 7 Mod 2
    Print 33.7 Mod 11.1
    Print 12 & 3
End Sub
```

② 실행하면 산술 연산자를 이용해 연산을 수행한 결과가 출력된다.

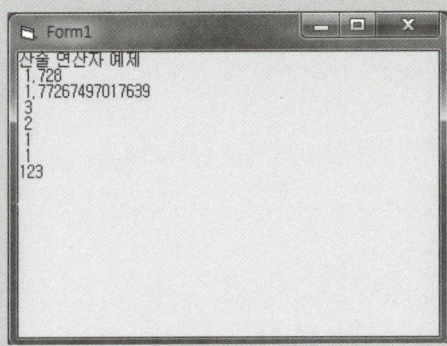

Tip ₩와 Mod 연산자

₩는 나눗셈 결과 중에서 정수 몫만 구할 때 사용한다. 예를 들어, 7÷2 → 몫 : 3, 나머지 : 1이므로 7 ₩ 2는 정수 몫인 3을 구한다.

Mod는 나눗셈의 정수 나머지만을 구하고, 7 Mod 2는 7÷2의 나머지인 1을 구한다. 예를 들어 33.7 Mod 11.1과 같이 연산 대상 수치가 소수인 경우에는 정수로 반올림하여 처리한다. 즉 이는 34 Mod 11로 처리되어 1을 구한다. 일반 수학에서는 Mod(나머지 연산자)는 사용되지 않으나 프로그래밍 분야에서는 중요하게 사용된다.

● **실습하기 (Arithmetic1.vbp)**

10, 20, 30... 90 중 3의 배수만 표시하고 그 합을 구하는 프로그램을 작성해 보자.

① 10, 20, 30... 90 중 3의 배수만 표시하고 합을 구하기 위한 소스 코드를 입력한 후 "Arithmetic1.vbp"로 저장한다.

```
Private Sub Form_Click()
    Dim n(1 To 9) As Integer

Print "3의 배수와 합계 구하기"

For i = 1 To 9
    n(i) = i * 10: Print n(i);
Next
Print
Print "3의 배수"

Sum = 0

For i = 1 To 9
    If (n(i) Mod 3) = 0 Then
        Sum = Sum + n(i)
        Print n(i)
    End If
Next

Print "합계 : " & Sum
End Sub
```

② 실행하면 10, 20, 30... 90 중 3의 배수만 표시하고 합을 구하여 출력한다.

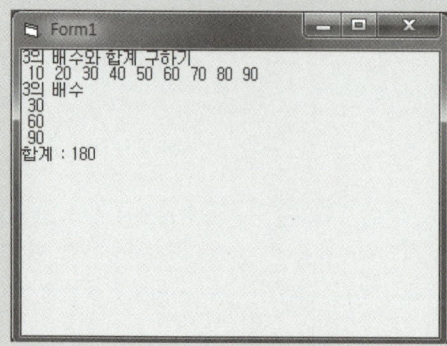

n(i) Mod 3은 n(i)÷3의 나머지를 구하는데, n(i)가 3의 배수라면 나머지는 0이다. 즉 x가 y의 배수인가를 조사할 때에는 x Mod y가 0인지를 조사하면 된다.

■ **& 연산자**

& 연산자는 연산자의 왼쪽과 오른쪽에 있는 자료를 문자열의 형태로 결합하고, 문자열과 수치의 결합도 가능하다. 이때 수치는 문자열로 변환되어 결합된다.

```
"DUCK" & bsu
```

bsu의 값이 "BABY"라면 연산식의 값은 "DUCKBABY"이고 3.14라면 "DUCK3.14"이다. 대상 자료가 이와 같이 수치(3.14)이어도 이를 문자열로 간주하여 결합한다.

```
bsu*5+3 & "등"
```

bsu의 값이 10이라면 우선 10*5+3이 먼저 처리되어 53이 구해진다(& 연산자는 산술 연산자 중 우선 순위가 제일 낮다). 이어 이를 문자열로 간주하여 더한 "53등"을 구한다.

> **Tip 연산자 우선 순위**
>
> 복잡한 연산식을 사용할 때에는 연산자 우선 순위에 유의한다.
>
> 1) ^ → * / → ₩ → Mod → + - → & 순서
>
> 2) 우선 순위가 동일한 연산자(*와 /, +와 -)는 왼쪽의 것이 먼저 처리된다.
>
> 3) 괄호( ) 안의 것은 항상 먼저 처리된다.
>
> 연산자 우선 순위에 자신이 없을 때에는 먼저 연산되게 할 부분은 괄호( )로 둘러 싸주는 것이 가장 안전하다.

● 실습하기 (Arithmetic2.vbp)

& 연산자를 이용해 변수에서 가지는 값과 수식 값을 출력하는 프로그램을 작성해 보자.

① & 연산자를 이용해 변수에서 가지는 값과 수식 값을 출력하기 위한 소스 코드를 입력한 후 "Arithmetic2.vbp"로 저장한다.

```
Private Sub Form_Click()
    i = 10

    Print "& 연산자"
    Print "변수 i : " & i
    Print "수식 값 : " & i * 5 + 3 & "등"
End Sub
```

② & 연산자를 이용해 변수에서 가지는 값과 수식 값을 출력한다.

비교 연산자

비교 연산자는 입력된 두 개의 변수에서 가지는 값이 같은지 또는 다른지를 비교하거나, 대소 관계를 비교할 때 사용되는 연산자이다.

연산자	기능	사용 예(i=6일 때)
==	같은가를 비교	i == 3 : false(거짓)
!=	다른가를 비교	i != 3 : true(참)
> >= < <=	대소 관계를 비교	i >= 3 : true(참)

비교 연산자에서 사용되는 연산자의 종류와 기능은 다음과 같다.

연산자	기능
= 〈〉	같은가 다른가를 비교
〉 〉= 〈 〈=	대소 관계를 비교
Like	왼쪽 문자열이 오른쪽 문자열에 부합하는가를 판단

비교 연산자 우선 순위는 모두 동일하며 피연산자는 왼쪽의 것이 먼저 처리된다. 이때, 비교 연산자가 구하는 값은 항상 True 또는 False 중 어느 하나이다. 즉, 비교 연산식이 성립되면 True(참)를, 성립되지 않으면 False(거짓)를 구한다.

Like 연산자는 문자열이 형태에 부합하는가를 판단하여 부합되면 True, 부합되지 않으면 False를 구한다. 이때, 형태 내에서는 다음과 같은 문자를 사용한다.

형태 내의 문자	기능
*	여러 글자를 공통 지정
?	한 글자를 공통 지정
#	한 숫자(0~9)를 공통 지정
[문자1, 문자2...]	나열된 문자에 속하는가를 판단
[! 문자1, 문자2...]	나열된 문자가 아닌 문자인가를 판단

문자로는 문자 범위를 사용하는 것도 가능한데, 예를 들면 다음과 같다.

형태	부합되는 문자열	부합되지 않는 문자열
"AB*"	"AB", "ABCD", "AB123"	"Ab", "abcde"
"?A"	"AA", "BA", "5A"	"AAA", "Aa"
"#A"	"1A", "2A"	"AA", "AAA"
"[K, D, J]"	"K", "D", "J"	"d", "A"
"[! K, D, J]"	"A", "d", "5	"K", "D"

● 실습하기 (Compare.vbp)

비교 연산자를 이용해 입력받은 값의 크기를 비교하는 프로그램을 작성해 보자.

① 비교 연산자를 이용해 입력받은 값의 크기를 비교하기 위한 소스 코드를 입력한 후 "Compare.vbp"로 저장한다.

```
Private Sub Form_Click()
    Print "비교 연산자"
    
    Print 5 = 3 'False
    Print 5 <> 3 'True
    Print 5 < 3 'False
    Print "DUCKBABY" Like "D*" 'True
End Sub
```

② 비교 연산자를 이용해 입력받은 값을 비교하여 출력한다.

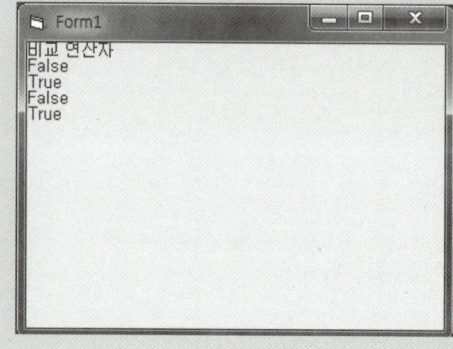

논리 연산자

논리 연산자(Logical Operator)는 변수와 비교식을 결합하는 연산자로 비주얼 베이직에서 사용되는 논리 연산자의 종류와 기능은 다음과 같다.

연산자	기능	사용 예(i=6일 때)	비고
&&	양쪽 모두 참일 때만 참	i>0 && i<5 : false	그리고(AND)
||	양쪽 중 어느 하나라도 참이면 참	i>0 || i<5 : true	또는(OR)
!	오른쪽이 참이면 거짓, 거짓이면 참	!(i>0) : false	아님(NOT)

예를 들어, i=6일때 i>0은 성립하나(참) i<5는 성립하지 않는다(거짓). i<5는 거짓이므로 연산식 i>0 && i<5의 값은 false(거짓 : 성립되지 않음)이다.

```
if ( c>='A' && c<='Z')
```

c>='A'이고 그리고(&&) c<='Z'이면, 즉 c가 A~Z 사이면 실행된다.

```
if (! (c>='A' && c<='Z'))
```

c가 A~Z 사이가 아니면(!) 실행된다.

```
while (i<0 ?? i>50)
```

i<0이거나 또는(||) i>50인 동안 실행된다.

논리 연산자 종류와 기능은 다음과 같다.

연산자	구하는 값	우선 순위
Not	오른쪽이 거짓이면 참(True), 참이면 거짓(False)	1
And	오른쪽과 왼쪽이 모두 참일 때에만 참(True)	2
Or	오른쪽과 왼쪽 중 하나라도 참이면 참(True)	3

Not, And, Or 연산자의 기능을 어렵게(?) 표현하면 위와 같고, 쉽게 표현하면 낱말 뜻 그대로이다. 연산식에서 산술 연산자, 비교 연산자, 논리 연산자가 모두 포함되어 있으면 산술 → 비교 → 논리 연산자의 순으로 처리된다. 이때, 논리 연산자의 피연산자(Operand)가 정수인 경우에는 비트 단위로 연산을 수행한다.

● 실습하기 (Logic.vbp)

논리 연산자를 이용해 입력받은 데이터의 참과 거짓을 판단하는 프로그램을 작성해 보자.

① 논리 연산자를 이용해 입력받은 데이터의 참과 거짓을 판단하기 위한 소스 코드를 입력한 후 "Logic.vbp"로 저장한다.

```
Private Sub Form_Click()
    Print "논리 연산자"

    Print 1 = 1 And 2 > 1 'True
    Print 1 = 1 And 2 < 1 'False
    Print

    Print 1 = 1 And 2 < 1 'True
    Print 1 < 1 And 2 < 1 'False
    Print

    Print Not 1 = 1 'False
    Print Not 2 = 1 'True
End Sub
```

② 실행하면 논리 연산자를 이용해 입력받은 데이터의 참과 거짓을 판단하여 출력한다.

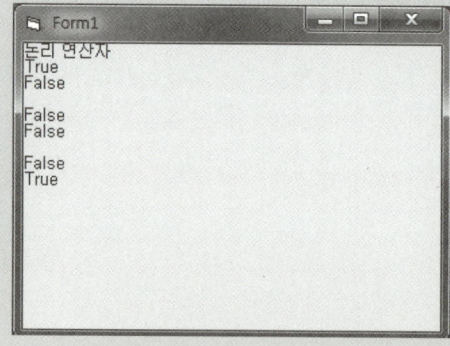

연습문제

[퀴즈1] 다음 프로그램을 완성하시오.(저장 파일명 : 비밀번호.frm, 비밀번호.vbp)

● 결과 화면

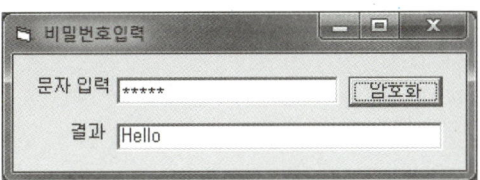

● 조건 　— Text1에 입력받은 문자열은 '*'로 표시한다.
　　　　— [암호화] 버튼을 클릭하면 Text1에서 입력받은 문자열을 Text2에 출력한다.

[문제 1] 변수 선언문이 없이 사용할 수 있는 어떤 선언 변수라 하는가?

　　　가. Explicit　　　　나. Implicit　　　　다. Improper

[문제 2] 변수로 값을 옮기는 문을 무엇이라 하는가?

　　　가. 산술식　　　나. 스트링문　　　다. 할당문　　　라. 선언문

[문제 3] 산술식 (2+3*10)/(4+2)의 결과는?

　　　가. 5.333　　　나. 5　　　다. 8.333　　　라. 8

[문제 4] Print Instr(4, "c:\windows\system.ini", "\")의 출력 결과는?

　　　가. 3　　　나. 4　　　다. 10　　　라. 11

[문제 5] 다음 소스 코드의 출력 결과는?

```
Dim TestString As String
TestString = "ABC;123;XYZ"
Print Mid(TestString, InStr(TestString, ","), 3)
```

　　　가. ABC　　　나. 123　　　다. ;12　　　라. XYZ

Chapter 04 프로그램 흐름제어1

1. If ... Then 문

조건문의 만족 여부에 따라 서로 다른 처리를 수행하는 것으로 If ... Then 문의 처리 순서는 다음과 같다.

- If 조건 Then 〈처리1〉 [Else 〈처리2〉]

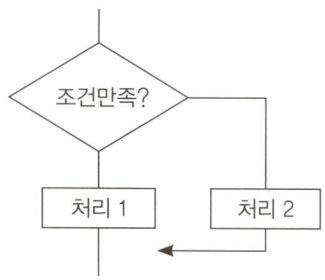

조건이 만족되면 〈처리1〉을 수행하고, 만족되지 않으면 〈처리2〉를 수행한다. Else 〈처리2〉는 생략할 수도 있는데, 이때에는 조건이 만족되지 않으면 If 다음 문장이 실행된다.

● 실습하기 (If.vbp)

입력받은 데이터가 양수, 0, 음수인지를 판단하는 프로그램을 작성해 보자.

① 입력받은 데이터가 양수인지 0인지 또는 음수인지를 판단하기 위한 소스 코드를 입력한 후 "If.vbp"로 저장한다.

```
Private Sub Form_Click( )
    n = InputBox("숫자를 입력받아요!!", "입력", "0")

    If n > 0 Then
        Print "양수네요!!"
    Else
        Print "0이하네요!!"
    End If

     If n = 0 Then
         End
     End If
End Sub
```

② 예제를 실행하기 위해 [실행] 키를 클릭하면 폼 창이 나타난다. 폼 창을 클릭하면 화면과 같이 InputBox 창이 나타난다. 이때, 숫자 데이터(여기서는 5)를 입력한 후 [확인] 버튼을 클릭한다.

③ 과정 ②에서 입력한 값에 대한 결과가 폼 창에 출력된다.

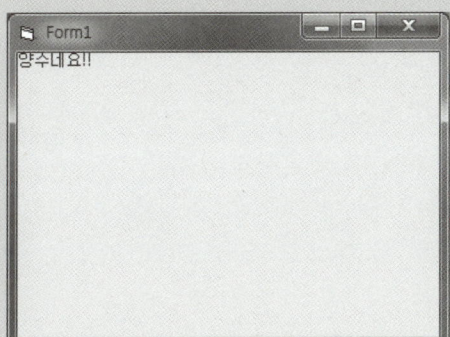

핵심 코드는 다음과 같다.

```
If n > 0 Then
    Print "양수네요!!"
Else
    Print "0이하네요!!"
End If
```

If ... Else ... End If 문으로 변수 n에서 가지는 값에 따라 다른 결과를 처리할 수 있다. 만약 변수 n에서 가지는 값이 0 이상이면 "양수네요!!"라는 값을 출력하고, 0보다 작을 경우에는 Print 메소드를 이용해 "0이하네요!!"라는 값을 출력한다.

2. If ... Then ... Else ... End If 문

여러 문장으로 된 If 블록으로 간단한 경우에만 문장형 If문을 사용하고, 대부분 블록형 If문을 사용한다.

```
If 조건 Then          조건이 만족되면 〈처리1〉을
    〈처리1〉
Else                  만족되지 않으면 〈처리2〉를 수행
    〈처리2〉
Else If
```

처리1, 처리2를 여러 개의 문장으로 구성할 수 있다는 점을 제외하고는 제반 내용은 문장형 If문의 경우와 동일하다.

예를 들어 다음의 두 If문은 서로 동일하다. 그러나 위와 같이 한 줄 하는 것보다는 아래와 같이 하는 것이 이해하기가 더 쉽다. 이는 If 블록이 중첩되어 있는 경우에는 더욱 두드러진다.

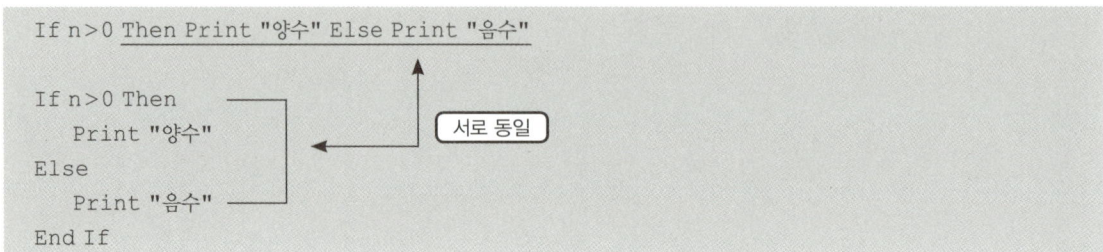

If 문을 다음과 같이 기술할 수도 있다. 이와 같이 내부에 ElseIf가 포함된 If 블록을 중첩 If 블록이라 하며, 판정하고자 하는 조건이 여러 개일 때 사용된다.

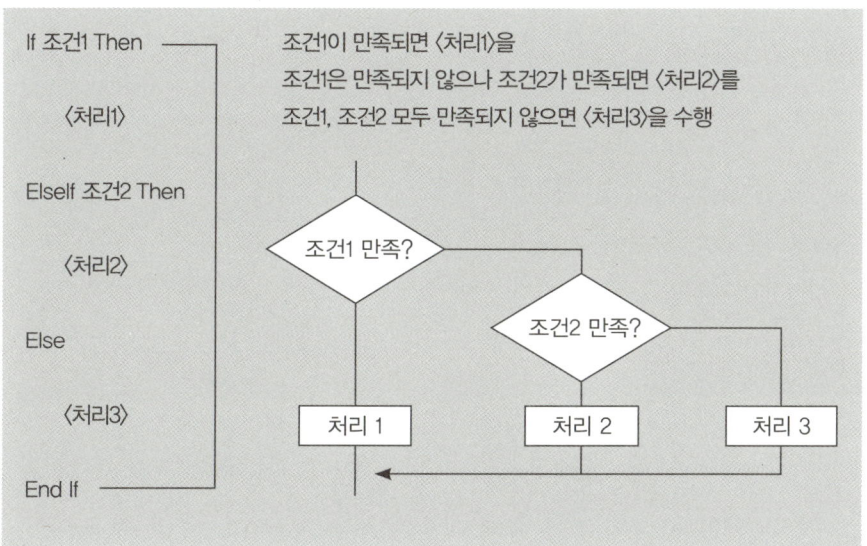

위는 두 번 중첩된 If 블록으로 필요에 따라 세 번, 네 번, 그 이상도 얼마든지 중첩시킬 수 있다.

● 실습하기 (If_ElseIf_Else_EndIf.vbp)

If ... ElseIf ... Else ... End If 문을 이용해 입력받은 데이터가 양수, 0, 음수인지를 판단하는 프로그램을 작성해 보자.

① If ... ElseIf ... Else ... End If 문을 이용해 입력받은 데이터가 양수, 0, 음수인지를 판단하기 위한 소스 코드를 입력한 후 "If_ElseIf_Else_EndIf.vbp"로 저장한다.

```
Private Sub Form_Click()
    n = InputBox("숫자를 입력해요!!", "입력", "0")

    If n > 0 Then
        Print "양수네요!!"
    ElseIf n = 0 Then
        Print "0이네요!!"
    Else
        Print "음수네요!!"
    End If
End Sub
```

② 예제를 실행하기 위해 [실행] 키를 클릭하면 폼 창이 실행된다. 폼 창을 클릭하면 화면과 같은 InputBox 창이 나타난다. 이때, 텍스트 창에 '0'이라고 입력한 후 [확인] 버튼을 클릭한다.

③ 과정 ②에서 입력한 값에 대한 정보를 폼 창에 출력한다.

핵심 코드는 다음과 같다.

```
If n > 0 Then
    Print "양수네요!!"
ElseIf n = 0 Then
    Print "0이네요!!"
Else
    Print "음수네요!!"
End If
```

If 문에서 변수 n이 가지는 값이 0보다 큰 경우에는 다음 줄의 Print 메소드를 실행해 "양수네요!!"라는 값을 출력한다. 하지만, 변수 n에서 가지는 값이 0보다 크지 않은 경우에는 ElseIf 문의 조건식과 비교한다. 이때, 변수 n에서 가지는 값이 0과 같다면 "0이네요!!"라는 문자열을 출력하지만, 그렇지 않은 경우에는 Else 문을 수행한다. 즉, "음수네요!!"라는 메시지를 폼 창에 출력한다.

3. Select ... Case 문

Select ... Case 문은 선택문으로 여러 개의 조건식과 일치하는 값이 있을 경우에 해당 Case 문을 수행한다. 하지만, Case 문과 일치하는 값이 없을 경우에는 Case Else 문을 수행한다. Select ... Case 문이 실행되는 순서는 다음과 같다.

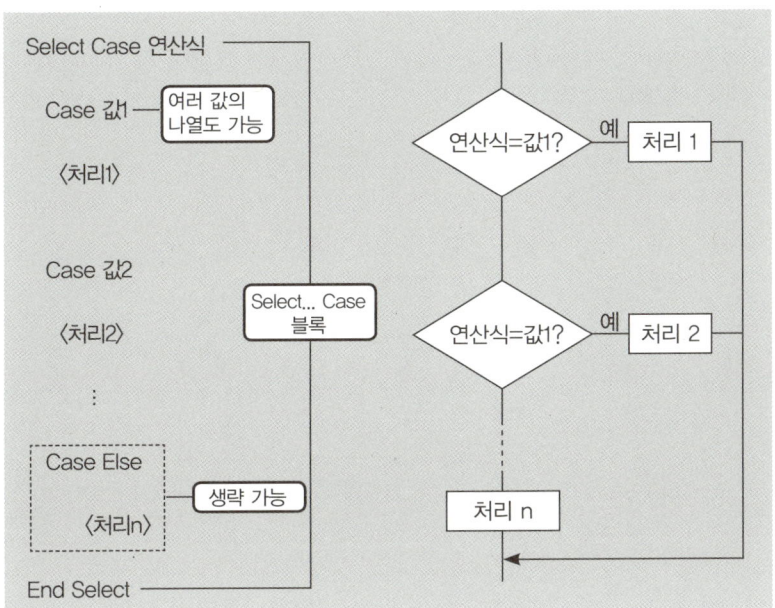

연산식의 값이 값1이면 〈처리1〉을, 값2이면 〈처리2〉를... 어느 값에도 해당하지 않으면 〈처리n〉을 수행한다. 『Case Else 〈처리n〉』은 사용하지 않을 수도 있다.

● 실습하기 (Select_Case.vbp)

임의의 값을 입력받아 마침표(.)가 입력되면 프로그램 실행을 종료시키고, 마침표가 아닌 다른 값이 입력되면 값의 종류(숫자, 대문자, 소문자, 기타)를 출력하는 프로그램을 작성해 보자.

① 키를 입력받아 마침표(.) 키가 입력되면 프로그램 실행을 종료시키고, 다른 키가 입력되며 키의 종류(숫자, 대문자, 소문자, 기타)를 출력하기 위한 소스 코드를 입력한 후 "Select_Case.vbp"로 저장한다.

```
Private Sub Form_Click()
    Key = InputBox("아무키나 누르세요", "입력", ".")

Select Case Key
    Case ".":
        End
    Case "0" To "9"
        Print "숫자네요!!"
    Case "A" To "Z"
        Print "대문자네요!!"
    Case "a" To "z"
        Print "소문자네요!"
    Case Else
        Print "기타 키네요!!"
    End Select
End Sub
```

② 예제를 실행하기 위해 [실행] 버튼을 클릭하면 폼 창이 나타난다. 폼 창을 클릭하면 화면과 같이 InputBox 창이 나타나면 'd'라고 입력한 후 [확인] 버튼을 클릭한다.

③ 과정 ②에서 'd'를 입력받았기 때문에 "소문자네요!"라는 글자를 폼 창에 출력한다. 만약 '.'를 입력받는다면 프로그램을 종료하고, 숫자나 알파벳 문자 이외의 값을 입력받으면 "기타 키네요!!"라는 메시지를 출력한다.

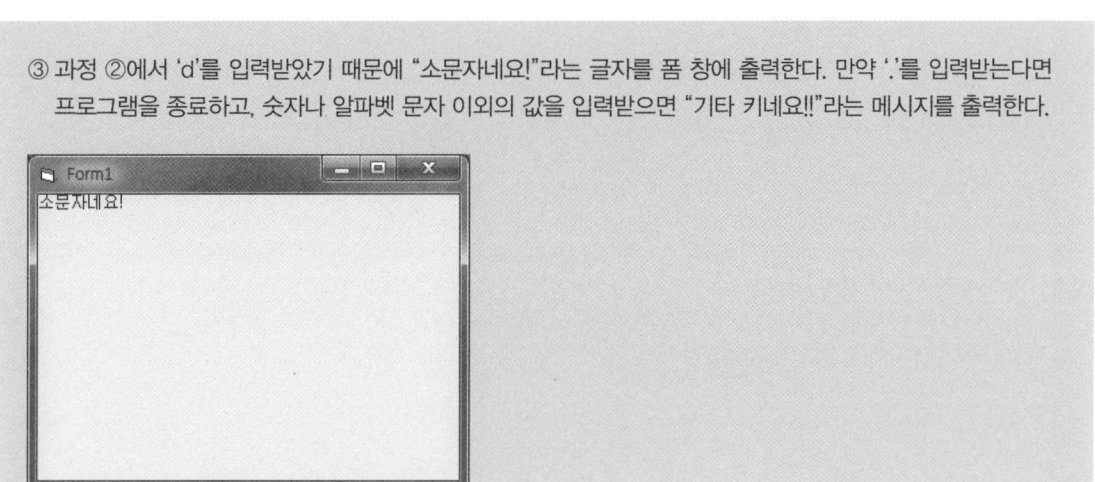

핵심 코드는 다음과 같다.

```
Select Case Key
    Case ".":
        End
    Case "0" To "9"
        Print "숫자네요!!"
    Case "A" To "Z"
        Print "대문자네요!!"
    Case "a" To "z"
        Print "소문자네요!"
    Case Else
        Print "기타 키네요!!"
End Select
```

Select … Case 문으로 변수 Key에서 가지는 값과 일치하는 Case 문을 찾는다. 만약 '.'를 입력받으면 End 문을 수행해 프로그램을 종료하고, 0부터 9까지의 숫자를 입력받으면 "숫자네요!!"라는 메시지를 출력한다. 또한 알파벳의 대문자, 소문자에 따라 다른 메시지를 출력하고, 이를 제외한 키를 입력받으면 "기타 키네요!!"라는 메시지를 출력한다.

● 실습하기 (Select_Case1.vbp)

1일이 월요일로 가정하고 날짜를 입력받아 어떤 날에 해당하는가를 판단해 보자.

① 1일이 월요일로 가정하고 날짜를 입력받아 어떤 날에 해당하는가를 판단하기 위한 소스 코드를 입력한 후 "Select_Case1.vbp"로 저장한다.

```
Private Sub Form_Click()
    Nalja = InputBox("날짜를 입력하세요!", "입력", "1")
    Select Case (Nalja Mod 7)
        Case 0
            MsgBox Nalja & "은(는) : 일요일입니다!"

        Case 1, 2, 3, 4, 5
            MsgBox Nalja & "은(는) : 월-금요일입니다!"

        Case 6
            MsgBox Nalja & "은(는) : 토요일입니다!"
    End Select
End Sub
```

② 실행하면 폼 창이 나타나는데 폼 창을 클릭하면 나타나는 InputBox 창에 날짜 1을 입력한 후 [확인] 버튼을 클릭한다.

③ 과정 ②에서 입력한 날짜에 해당하는 요일을 출력한다.

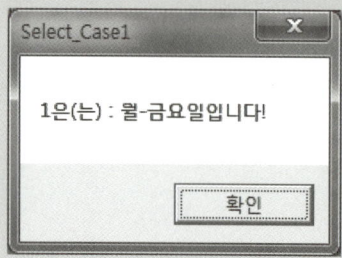

핵심 코드는 다음과 같다.

```
Select Case (NalJa Mod 7)
```

Mod는 나머지를 구한다. 예를 들어 10 Mod 7은 10을 7로 나눈 나머지인 3을 구한다. 우선 연산식인 (NalJa Mod 7)이 계산된 후 이 값, 즉 NalJa를 7로 나눈 나머지가 각 Case문에서 사용된다.

```
Case 0
 MsgBox Nalja & "은(는) : 일요일입니다!"
```

1일이 월요일이라면 7, 14, 21, 28일, 즉 NalJa를 7로 나눈 나머지가 0인 날은 일요일에 해당한다. 이 경우에는 MsgBox Nalja & "은(는) : 일요일입니다!"이 실행된다.

```
Case 1, 2, 3, 4, 5
 MsgBox Nalja & "은(는) : 월-금요일입니다!"
```

(NalJa Mod 7)의 값이 1, 2, 3, 4, 5일 때에는 MsgBox Nalja & "은(는) : 월-금요일입니다!" 부분이 실행된다.

4. For ... Next 문

For ... Next 문은 제어 변수의 값이 특정 값에 도달할 때까지 처리를 반복 수행하는 구문으로 이 구문의 사용 형식과 순서도는 다음과 같다.

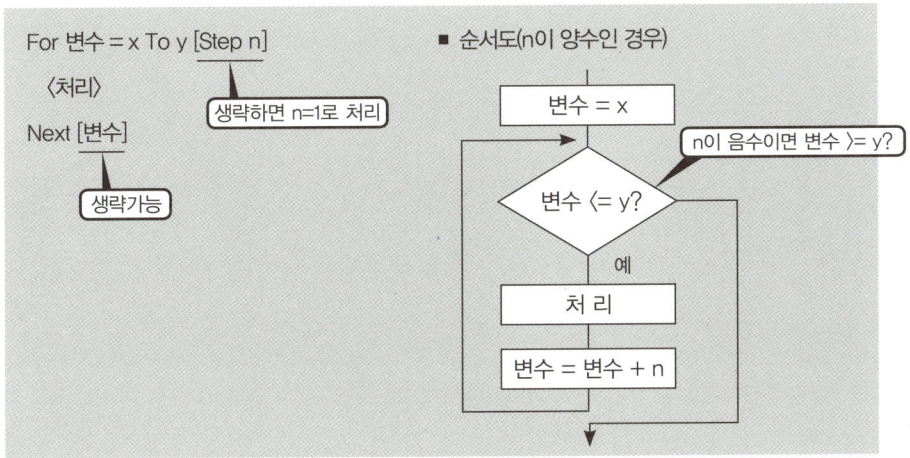

변수의 값이 x에서 시작하여 y에 도달할 때까지 〈처리〉를 반복한다. Step n을 생략하면 For 루프가 한번 실행할 때마다 변수의 값은 1씩 증가하며, Step n을 지정하면 변수는 n 만큼 증가(n이 음수이면 감소)한다. 다음의 예를 살펴보자.

```
For i=1 To 10
 〈처리〉
 Next i
```

위의 경우 i=1, 2, 3... 9, 10에 대해 〈처리〉를 반복한다. i=11이 되면 For 루프가 종료된다. 이제 다음과 같은 경우를 살펴보자.

```
For i=10 To 22 Step 5
 〈처리〉
 Next
```

위의 경우 i=10, 15, 20에 대해 〈처리〉를 반복하고, i=25가 되면 For 루프가 종료된다. 그럼 다음 반복문을 살펴보자.

```
For i=10 To 5 Step -2
 〈처리〉
 Next
```

위의 경우 Step n의 n 값이 -2이므로 i=10, 8, 6에 대해 〈처리〉를 반복한다. For 루프 종료 후 i 값은 얼마일까?

```
For i=10 To 1
 〈처리〉
 Next
```

위의 경우 〈처리〉가 한번도 수행되지 않는다. 다음의 예도 마찬가지이다.

```
For i=1 To 10 Step -1
 〈처리〉
 Next
```

이 때도 역시 〈처리〉가 한번도 수행되지 않는다.

● **실습하기 (For_Next.vbp)**

1부터 10까지의 수 중에서 짝수의 합을 구해 출력하는 프로그램을 작성해 보자.

① 1부터 10까지의 수 중에서 짝수 값만 더한 결과를 출력하기 위한 소스 코드를 다음과 같이 입력한 후 "For_Next.vbp"로 저장한다.

```
Private Sub Form_Click()
    For i = 1 To 10
        Print i;
    Next i

    Print

    For n = 10 To 1 Step -2
        Print n
        Sum = Sum + n
    Next
        Print "합계 : " & Sum
End Sub
```

② [실행] 키를 클릭해 예제를 실행하면 폼 창이 나타나고, 이를 클릭하면 화면과 같이 1부터 10까지의 합 중에서 짝수의 값만 더한 결과를 출력한다.

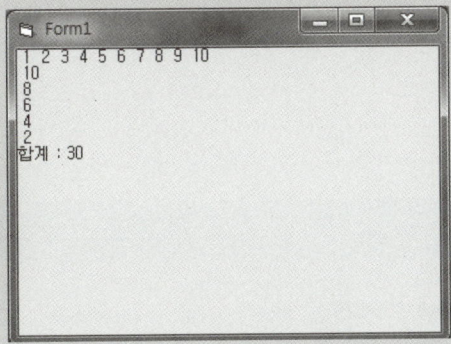

핵심 코드는 다음과 같다.

```
For n=10 To 1 Step -2
    Sum = Sum + n
Next
```

For 루프 실행 전 Sum의 값은 0이고 처음 실행될 때 n=10이다. 따라서 For 루프가 처음 실행될 때에는 Sum=0+10으로 된다. 즉 Sum=10이 된다. 두 번째로 For 루프가 실행될 때에는 n=8이므로 Sum=10+8로 계산된다. 이와 같이 Sum에는 0+10+8+6+4+2가 구해진다.

5. Do While ... Loop 문

조건이 만족되는 한(또는 만족될 때 까지) 처리를 반복하기 위한 구문이다. 이는 조건이 만족되는 한 〈처리〉를 반복 수행하다가 조건이 만족되지 않으면 루프를 종료한다.

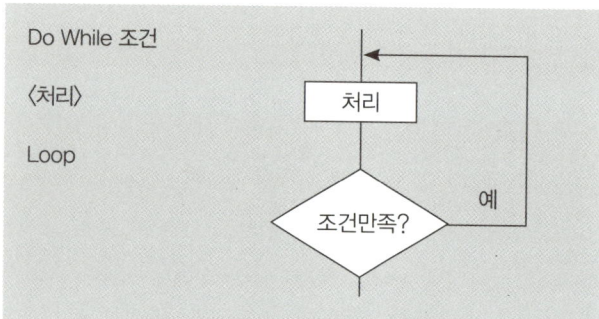

● **실습하기 (Do_Loop.vbp)**

Do While ... Loop 문으로 조건식을 넘었을 때의 결과를 출력하는 프로그램을 작성해 보자.

① Do While ... Loop 문으로 조건식을 넘었을 때의 결과를 출력하기 위한 소스 코드를 다음과 같이 입력한 후 "Do_Loop.vbp"로 저장한다.

```
Private Sub Form_Click()
    i = 10
    
    Do While i <= 50
        Print i
        i = i + 5
```

```
        Loop
            Print "Do ... Loop 문 종료 결과 값 : " & i
    End Sub
```

② 예제를 실행한 후 폼 창을 클릭하면 55라는 값을 출력한다.

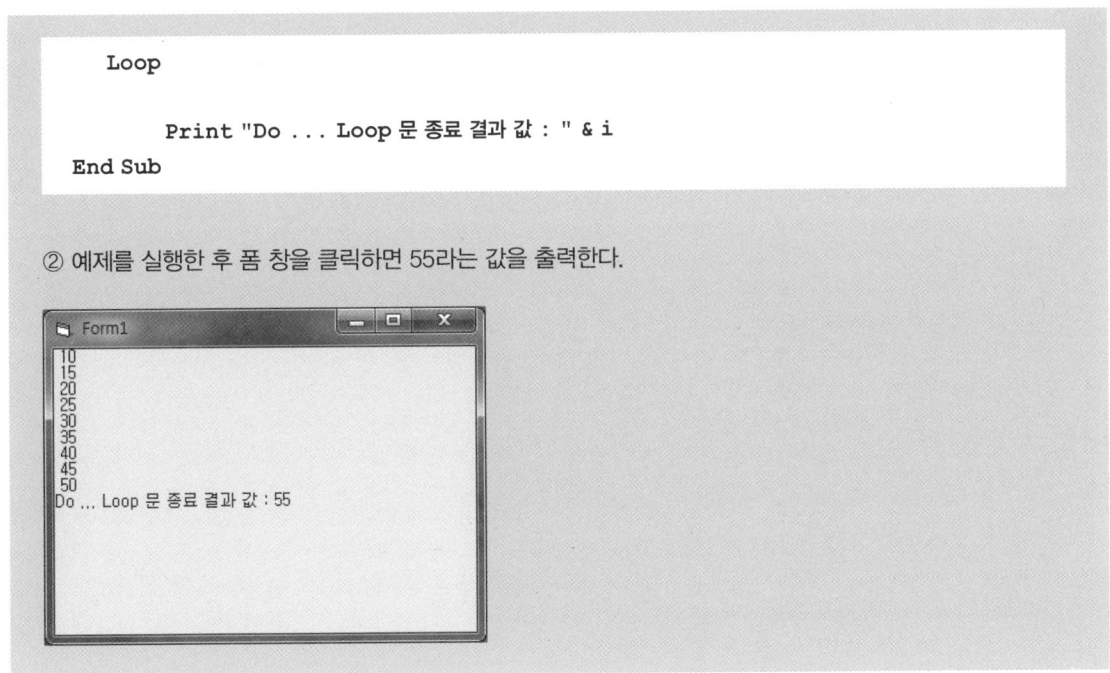

핵심 코드는 다음과 같다.

```
Do While i <= 50
    Print i ;
    i = i+5
Loop
```

Do While 루프가 처음 실행될 때 i=10이다. 이는 i<=50을 만족시키므로 루프 내부가 실행되고, i=i+5에 의해 i=15가 된다. 이어 Loop 문을 만나면 실행이 Do While 문으로 되돌아 간다. i=15 역시 i<=60을 만족하므로 루프 내부가 실행된다.

i=50일 때 역시 루프 내부가 실행되고 i=i+5에 의해 i=55가 된다. Do While 문으로 실행이 옮겨지면 i=55는 i<=50을 만족하지 못하므로 루프 내부는 실행하지 않고 루프의 실행을 끝낸다.

예제와 같이 단순 순차 반복인 경우에는 Do While ... Loop 문보다 For ... Next 문이 더 편리하다.

연습문제

[퀴즈1] 다음 프로그램을 완성하시오.(저장 파일명 : 성적처리.frm, 성적처리.vbp)

● 결과 화면

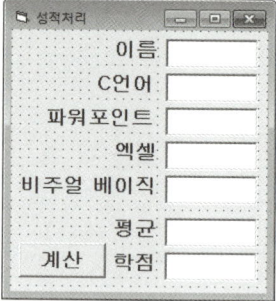

● 조건

- 학생의 이름을 입력받는다.

- 성적에서 활용할 각 점수(C언어, 파워포인트, 엑셀, 비주얼 베이직)를 입력받는다.

- 평균과 학점을 구한다.

- 학점

 • 90~100 : A학점

 • 80~89 : B학점

 • 70~79 : C학점

 • 60~69 : D학점

 • 59점 이하 : F학점

[퀴즈2] 다음 프로그램을 완성하시오.(저장 파일명 : 구구단.frm, 구구단.vbp)

● 결과 화면

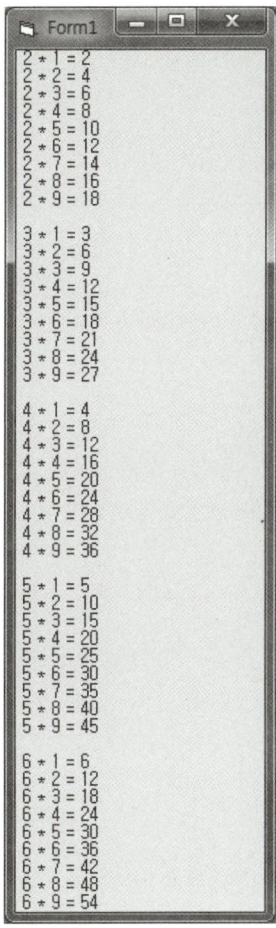

● 조건

    - 2단부터 9단까지 출력하는 구구단을 작성한다.

[퀴즈3] 다음 프로그램을 완성하시오.(저장 파일명 : 홀짝수합.frm, 홀짝수합.vbp)

● 결과 화면

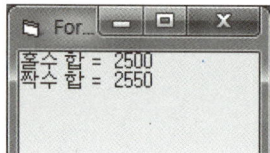

● 조건

- 1부터 100까지의 수를 이용한 반복문을 수행한다.

- 두 개의 반복문을 이용해 홀수의 합과 짝수의 합을 각각 구한다.

[퀴즈4] 다음 프로그램을 완성하시오.(저장 파일명 : 주민번호.frm, 주민번호.vbp)

● 결과 화면

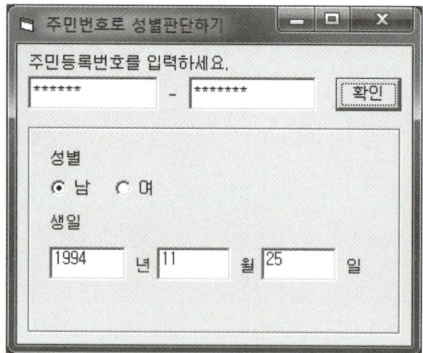

● 조건

- 입력받은 주민등록번호는 '*'으로 표시한다.

- 주민등록번호를 입력받아 성별을 판단한다.

- 입력받은 주민등록번호를 이용해 태어난 년, 월, 일을 출력한다.

Visual Basic

[문제 1] a=2, b=3 일 때 다음 조건 중 true인 것은?

가. if a^b=b^a
나. if Not((a<b) And (a<(b+a))
다. if ((a=b)And(a*a<b*b)) Or ((b<a)And(2*a<b))
라. if (a*a<b) Or Not(a*a<a)

[문제 2] 다음 프로그램에서 명령 버튼을 클릭했을 때 PictureBox에 출력될 내용은?

```
Sub Command1_Click()
Dim I as single

Let I = 4
If I <+ 9 Then
    Picture.Print "Less than ten"
Else
    If I <= 4 Than
        Picture.Print "Equal to four"
    End If
End If
```

[문제 3] 다음 프로그램의 출력은?

```
Dim I as Double
For I = 10 to 10.5 Step .1
Print I;
Next I
```

[문제 4] 다음 코드의 출력은?

```
Dim I as Integer
For I = 1 to 6
    If I = 3 Then
        I = 5
    End If
    If I = 4 Then
        Exit For
    End If
    Print I;
Next I
Print "Final I is " & I
```

Chapter 05 프로그램 흐름제어2

1. Do Until ... Loop 문

Do Until ... Loop 문은 조건이 만족될 때 까지 처리를 반복하기 위한 구문으로 사용 형식과 순서도는 다음과 같다.

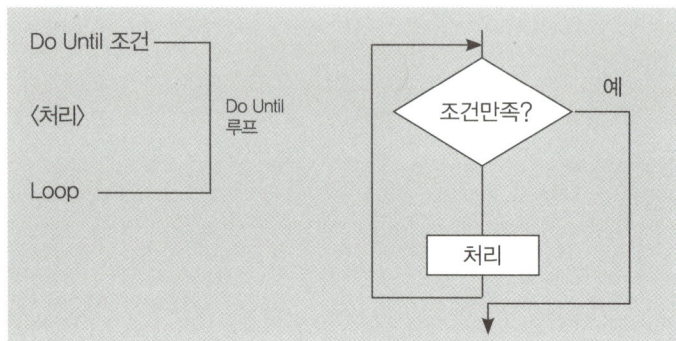

'조건'이 만족되지 않는 한 〈처리〉를 반복 수행하고, '조건'이 만족되면 〈처리〉는 수행하지 않고 루프를 종료한다.

● 실습하기 (Do_Until.vbp)

Do Until ... Loop 문으로 특정 값을 넘었을 때 루프를 종료하고 결과를 출력하는 프로그램을 작성해 보자.

① Do Until ... Loop 문으로 특정 값을 넘었을 때 루프를 종료하고 결과를 출력하는 소스 코드를 입력한 후 "Do_Until.vbp"로 저장한다.

```
Private Sub Form_Click()
    i = 10
```

```
    Do Until i = 55
       Print i
       i = i + 5
    Loop

    Print "루프 종료 후 결과 값 : " & i
End Sub
```

② 실행한 후, 폼 창을 클릭하면 Do Until ... Loop 문으로 조건식과 일치하는 값을 넘었을 때 결과를 출력한다.

```
10
15
20
25
30
35
40
45
50
루프 종료 후 결과 값 : 55
```

핵심 코드는 다음과 같다.

```
Do Until i=55
    Print i
    i=i+5
Loop
```

루프가 처음 실행될 때에는 i=10이므로 i=55를 만족하지 못하므로 루프 내부가 실행되고 i=i+5에 의해 i=15가 된다. 이후 i=10, 15…에 대해 루프 내부를 반복 실행하다가 i=55가 되면 이는 조건 i=55를 만족하므로 루프 내부를 실행하지 않고 루프의 실행을 끝낸다. 여기서 「Do Until i=55」를 Do While Not i=55라 해도 된다.

Do Until 조건~Loop는 Do While Not 조건~Loop와 동일하다. Until과 While의 낱말 뜻을 생각해 보면 직관적으로 이해할 수 있을 것이다.

2. While ... Wend 문

While ... Wend 문은 조건을 만족하는 한 처리를 반복하기 위한 구문으로 사용 형식은 다음과 같다.

위에 표시한 바와 같이 While ... Wend 문은 Do While ... Loop 문과 동일하다. 단, Do While문은 Exit 문으로 빠져나갈 수 있으나, While 문은 빠져나갈 수 없다.

● 실습하기 (While_Wend.vbp)

While ... Wend 문으로 문장을 종료한 후의 결과를 출력하자.

① While ... Wend 문으로 문장을 종료한 후의 결과를 출력하기 위한 소스 코드를 입력한 후 "While_Wend.vbp"로 저장한다.

```
Private Sub Form_Click()
i = 10

While i <= 60
    Print i
    i = i + 5
Wend

    Print "루프 종료 후의 결과 값 : " & i
End Sub
```

② While ... Wend 문으로 문장을 종료한 후의 결과를 출력한다.

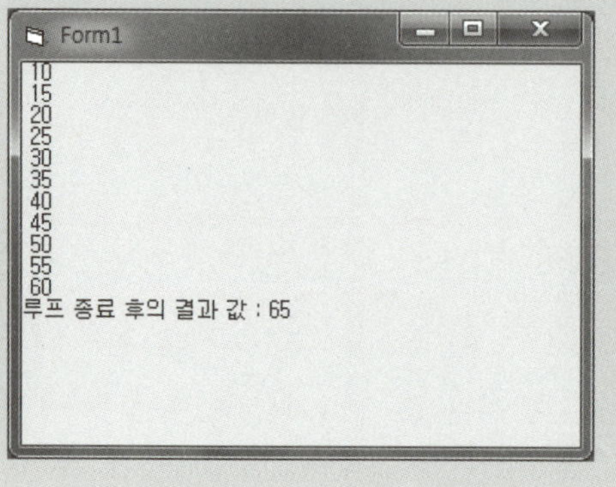

```
10
15
20
25
30
35
40
45
50
55
60
루프 종료 후의 결과 값 : 65
```

3. Exit 문

Do 루프나 For 루프 내부에서 사용되며 루프의 실행을 강제적으로 종료한다. 즉, 강제 루프를 빠져 나간다.

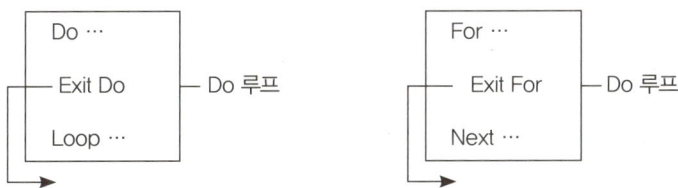

대부분 If 블록 내에서 사용되며 특정 상황이 되면 해당 루프의 실행을 종료시킨다.

● **실습하기 (Exit.vbp)**

Exit 문으로 반복문이 실행되는 도중 40이 되었을 때 빠져나가자.

① Exit 문으로 반복문의 실행되는 도중에 특정 조건과 일치하면 빠져나가도록 소스 코드를 입력한 후 "Exit.vbp"로 저장한다.

```
Private Sub Form_Click()
    i = 10

    Do While i <= 60
       Print i

       If i = 40 Then Exit Do
          i = i + 5
    Loop

    Print "루프 종료 후의 결과 값 : " & i
End Sub
```

② Exit 문을 이용해 프로그램을 빠져나가는 프로그램을 실행한다.

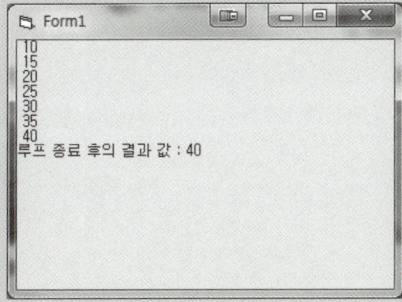

핵심 코드는 다음과 같다.

```
If i=40 Then Exit Do
```

i값이 40이 아니면 이 If 문 다음의 i=i+5로 실행이 옮겨지나, i값이 40이면 Exit Do 문이 실행되어 Do~Loop를 빠져나간다.

4. End 문

End 문을 단독으로 실행 시키면 프로그램 전체의 실행이 종료된다.

1) 값이 0이 아닌 경우 → 만족
2) 값이 0인 경우 → 불만족

대부분의 제어문은 조건 만족 여부에 따라 처리를 수행하는데, 이때 조건은 위와 같이 평가된다. 여기서 조건이 수식/수치일 때에는 그 값이 0이 아니면 항상 만족으로 평가된다는 사실에 주목해 두자.

조건이 논리식인 경우 논리식의 값은 항상 True(참) 또는 False(거짓)이다.

i=5일 때의 예를 들면 다음과 같다.

i 〉 3 → True(참)
i 〈 3 → False(거짓)

Do 문이나 While 문에서 조건으로 0이 아닌 값을 지정하면 조건이 항상 만족되는 것으로 평가되어 해당 루프는 무한정 반복 실행된다. 이러한 루프를 무한 루프라 한다.

무한 루프는 보통 조건으로는 True 또는 −1 또는 1을 지정한다. 어떤 값을 지정해도 상관없으나 True를 사용하는 것이 무난하다. 참고로 C 언어에서는 −1 또는 1을 지정한다.

● 실습하기 (End.vbp)

무한 Do While 문을 사용하여 A, B, C..., x, y, z를 무한정 반복하여 표시해 보자.

① 무한 Do While 문을 사용하여 A, B, C..., x, y, z를 무한정 반복하여 표시하기 위한 소스 코드를 입력한 후 "End.vbp"로 저장한다.

```
Private Sub Form_Click()
    i = 65  ' 아스키 코드 A
    n = 1
    Print n; Tab(9);  ' 커서를 7열로 이동

    Do While 1.23

    If i = 123 Then
      Print

      '변수 n이 10의 배수이면
      If (n Mod 10) = 0 Then
           Cls       ' 폼을 초기화한다.
      End If

      Print n; Tab(9);

      n = n + 1
      i = 65
    End If
      Print Chr(i)
      i = i + 1
    Loop
End Sub
```

② 무한 Do While 문을 사용하여 A, B, C..., x, y, z를 무한정 반복하여 표시한다. 만약 실행 중이던 프로그램을 빠져나가려면 Ctrl + Break 키를 누른다.

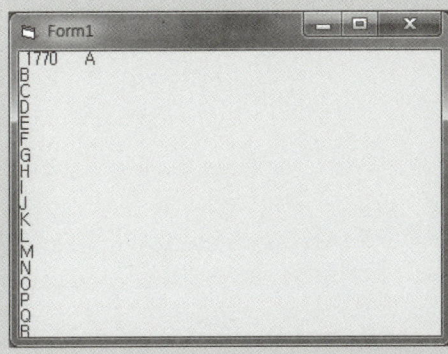

5. On Error GoTo 문

On Error GoTo 문은 프로그램을 실행하던 도중에 에러가 발생하면 무조건 지정한 에러 루틴으로 실행을 분기한다. On Error GoTo 문은 다음과 같은 방식으로 동작한다.

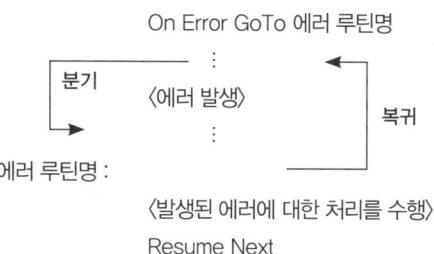

에러가 어디에서 발생하였든지 실행은 지정한 에러 루틴으로 분기하며, Resume Next 문을 만나면 에러가 발생된 다음 문으로 실행이 복귀한다.

다음은 에러 발생 시 에러를 발생시킨 다음 문장을 실행한다.

```
On Error Resume Next
```

6. 배열(Array)

배열은 변수의 확장된 형태로 유사한 성격의 여러 자료를 처리할 때 사용된다. 변수는 사전에 선언하지 않고서도 사용할 수 있으나 배열은 사전에 선언되어 있어야만 사용할 수 있다. 비주얼 베이직에서 배열의 사용 형식은 다음과 같다.

```
Dim 배열명(n) [As 자료형]
```

배열을 선언한 사용 예는 다음과 같다.

```
Dim a(3)
```

이 결과 다음과 같은 4개의 자료가 준비되고, 이들을 '배열 요소(Array element)'라 한다. 이때, Variant 형이 된다.

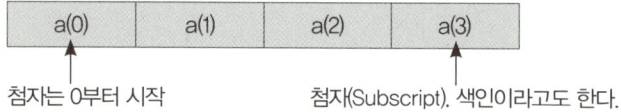

```
Dim b(2) As Integer
```

배열 요소가 b(0), b(1), b(2)인 Integer 형 배열을 선언한다.

● 실습하기 (Array.vbp)

난수 10개를 발생시켜 표시한 후 발생된 역순으로 다시 표시하는 프로그램을 작성해 보자.

① 난수 10개를 발생시켜 표시한 후 발생된 역순으로 다시 표시하기 위한 소스 코드를 입력한 후 "Array.vbp"로 저장한다.

```
Private Sub Form_Click()
    Dim n(9) As Integer
    Randomize
    
    Print "난수 발생 결과 값"
    
    For i = 0 To 9
        n(i) = Int(Rnd * 10)
        Print n(i);
    Next
    Print: Print
    
    For i = 9 To 0 Step -1
        Print n(i);
    Next
    Print: Print: Print
End Sub
```

② 실행한 후, 폼 창을 클릭하면 난수 10개를 발생시켜 표시한 후 발생된 역순으로 다시 표시한다.

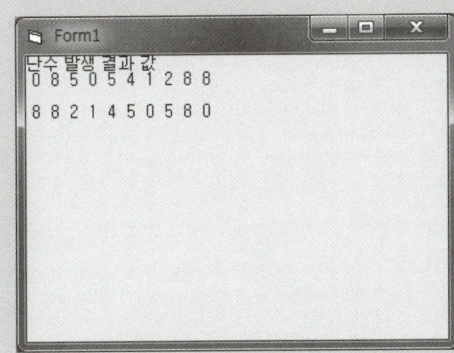

핵심 코드는 다음과 같다.

```
Dim n(9) As Integer
```

변수 n을 요소가 n(0), n(1), ... n(9)인 Integer 형 배열로 선언한다. 예를 들어 n(2)에 Integer 형 범위(-32768~32767) 이외의 수치가 대입되면 실행 시 오버플로우(overflow) 오류를 발생시킨다.

n(0)~n(9) 이외의 요소는 사용할 수 없다. 예를 들어 n(20)을 사용하면 실행 시 오류를 발행시킨다.

```
Randomize
```

난수 발생은 '시스템 시간'에 의해 초기화한다. 이를 사용하지 않으면 Rnd 함수는 프로그램을 실행할 때 마다 동일한 계열의 난수를 발생시킨다.

```
n(i) = Int(Rnd * 10)
```

0부터 9 사이의 정수형 난수를 발생시켜 n(i)에 대입한다.

```
n(i) = Int( Rnd * 10 )
```
- 0~0.9999... 사이의 실수 난수
- 0~9.9999... 사이의 실수 난수
- 정수 부분만을 취한다(5.432 → 5)
- 정수화된 난수가 대입된다(i=0, 1, 2...9).

난수를 발생 및 표시만 한다면 배열을 사용하지 않고서도 가능하다. 그러나 이를 다시 역순으로 표시하는 경우에는 배열을 사용하지 않고서는 어렵다. 이와 같이 배열은 차후에도 사용할 유사한 성격의 여러 자료를 보관해 둘 때 사용된다.

> **Tip ReDim 문**
>
> Dim 문으로는 크기가 고정적인 배열만 선언할 수 있으나, ReDim 문으로는 크기가 가변적인 배열도 선언할 수 있다.
>
> ```
> Sub Proc(n)
>     ReDim a(n) ...
> End Sub
> ```
>
> a( )를 크기가 n인 배열로 선언한다. 만약 「ReDim a(n)」을 「Dim a(n)」으로 하면 에러가 발생된다.

배열의 첨자 제한

예를 들어 어떤 회사에서 제품을 관리하는데 코드 번호로는 10~20 사이의 정수만 사용한다고 하자. 이 경우 배열을 다음과 같이 선언했다고 하자.

```
Dim JePum(20)
```

요소 JePum(0)~JePum(9)은 사용되지 않으므로 메모리가 낭비된다. 또 프로그램을 작성할 때 JePum(i)가 코드 번호(10~20) 이외의 값을 갖게 될 오류를 범할 확률이 높아진다.

```
Dim JePum(10 To 20) As Integer
```

JePum(10), JePum(11)... JePum(20)의 11개의 요소만 준비되므로 위에 비해 메모리가 절약된다. 또한, JePum(i)은 -32768~32767 사이의 정수 값만 가질 수 있으므로 정수 값 이외의 값을 갖게될 오류를 범할 확률이 첫 번째 경우에 비해 낮아진다.

● 실습하기 (Array1.vbp)

첨자를 10~20 사이로 제한한 배열 code(i)의 결과 값을 출력하자.

① 첨자를 10~20 사이로 제한한 배열 code(i)의 결과 값을 출력하기 위한 소스 코드를 입력한 후 "Array1.vbp"로 저장한다.

```
Private Sub Form_Click( )
    Dim code(10 To 20) As Integer

    For i = 10 To 20
        code(i) = i * 10
    Next

    For i = 10 To 20 Step 3
        Print "code(" & i & ") : "; code(i)
    Next

    Print code(5)
End Sub
```

② 첨자를 10~20 사이로 제한한 배열 code(i)의 결과 값을 출력한다.

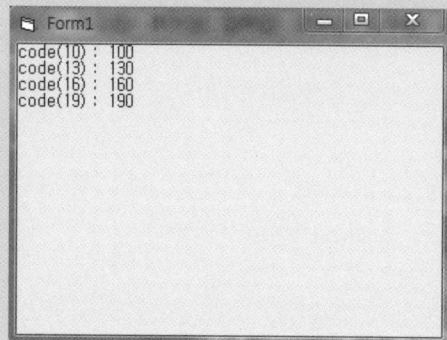

프로그램을 실행하면 'Print code(5)' 이전까지는 정상적으로 실행되나 이 문장이 실행되면서 오류를 발생시킨다. 그 이유는 code는 Dim code(10 To 20)...으로 선언되어 첨자는 10~20 사이만 가질 수 있기 때문이다.

③ 값이 출력됨과 동시에 첨자 사용이 잘못되었다는 메시지 창이 나타나면 [디버그(D)] 버튼을 클릭한다.

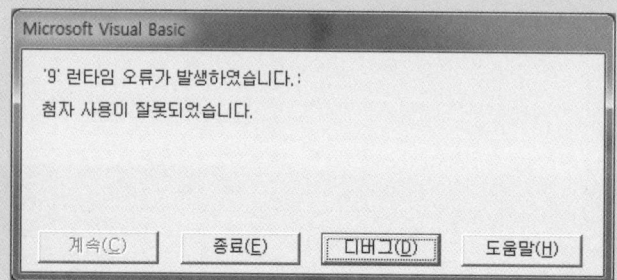

④ 과정 ③에서 [디버그(D)] 버튼을 클릭하면 에러가 발생한 위치로 이동되어 코드를 수정할 수 있다.

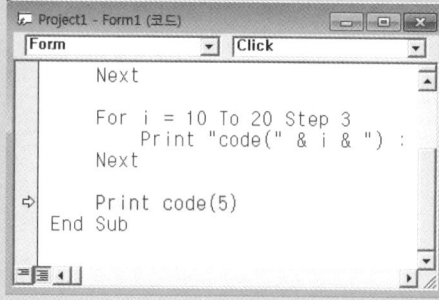

다차원 배열

지금까지는 n(3), code(4)와 같이 첨자가 하나인 배열만을 사용했다. 이를 일차원 배열이라 한다. 첨자가 두 개 이상인 배열을 사용할 수도 있다. 이를 다차원 배열이라 한다. 예를 들어 x(5, 10)는 이차원 배열이고, y(100, 5, 2)는 삼차원 배열이다. 이차원 배열은 보편적으로 사용되나 삼차원 이상의 배열은 별로 사용되지 않는다.

Dim n(1 To 4, 4)

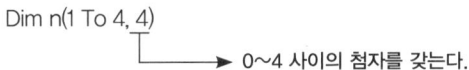
0~4 사이의 첨자를 갖는다.

다음과 같은 4×5개의 요소를 갖는 배열 n을 선언한다.

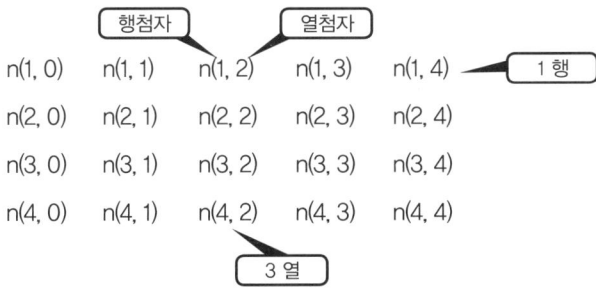

위와 같은 배열 n을 사용하면 다음과 같은 자료를 체계적으로 처리할 수 있다.

이름	국어	산수	평균	석차	
홍길동	80	70			i=1
춘향이	65	60			
이몽룡	50	85			i=3
마시마로	90	90			
n(i, 0)	n(i, 1)	n(i, 2)	n(i, 3)	n(i, 4)	

● **실습하기 (Array2.vbp)**

국어와 산수 점수를 가지고 합계와 석차를 구하자.

① 국어와 산수 점수를 입력받아 합계와 석차를 구하기 위한 소스 코드를 입력한 후 "Array2.vbp"로 저장한다.

```
Private Sub Form_Click()
Dim n(1 To 4, 4)

' 배열의 요소 값 초기화
n(1, 0) = "홍길동": n(1, 1) = 80: n(1, 2) = 70
n(2, 0) = "성춘향": n(2, 1) = 73: n(2, 2) = 83
n(3, 0) = "이몽룡": n(3, 1) = 88: n(3, 2) = 91
n(4, 0) = "길동이": n(4, 1) = 94: n(4, 2) = 67

' i번 학생에 대한 합계 구하기
For i = 1 To 4
      n(i, 3) = n(i, 1) + n(i, 2)
Next

' i번 학생의 석차 구하기
For i = 1 To 4
      석차 = 1
      For j = 1 To 4
            If n(j, 3) > n(i, 3) Then
            석차 = 석차 + 1
         End If
      Next

   n(i, 4) = 석차
Next

' 성적 출력
Print "이름", "국어", "산수", "합계", "석차"

For i = 1 To 4
   Print n(i, 0), n(i, 1), n(i, 2), n(i, 3), n(i, 4)
Next
End Sub
```

② 국어와 산수 점수를 입력받아 합계와 석차를 구한다.

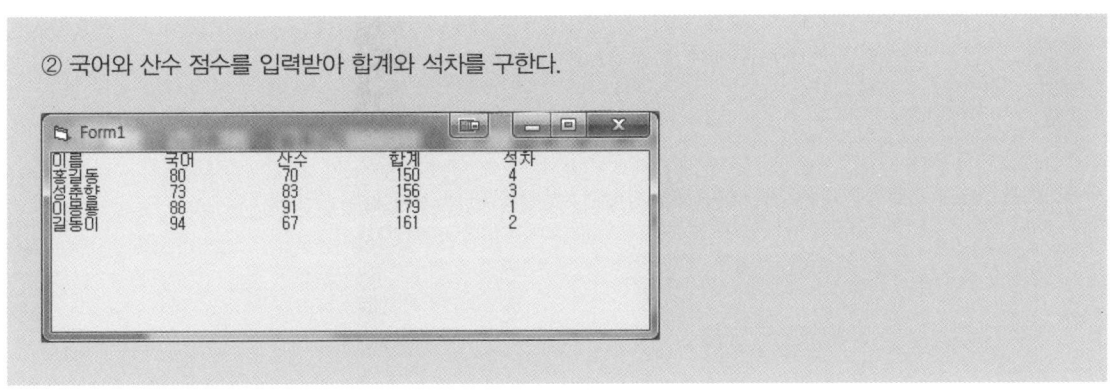

핵심 코드는 다음과 같다.

```
For i = 1 To 4
    석차 = 1
    For j = 1 To 4
        If n(j, 3) > n(i, 3) Then
            석차 = 석차 + 1
        End If
    Next

    n(i, 4) = 석차
Next
```

학생의 석차를 구할 때 사용되는 루틴으로 각 학생의 합계(n(i, 3))가 차례대로 5, 2, 6, 9라 가정하자. 이때, 첫 번째 학생의 석차를 n(1, 4)에 구하려면 다음과 같은 과정으로 한다.

1) 우선 석차=1로 한다.

2) 1번째 학생의 합계(5)를 5, 2, 6, 9와 차례대로 비교하여 5보다 큰 수(6, 9)를 만날 때마다 석차를 1씩 증가 시킨다. 이 결과 석차의 값은 3이 되는데 이는 첫 번째 학생의 석차에 해당한다.

3) n(1, 4)에 석차를 대입한다.

1~4번째 학생에 대해 위의 처리를 4번 반복하면 n(i, 4)에는 i번째 학생의 석차가 구해진다.

연습문제

[퀴즈1] 다음 프로그램을 완성하시오.(저장 파일명 : 문자열반대로.frm, 문자열반대로.vbp)

● 결과 화면

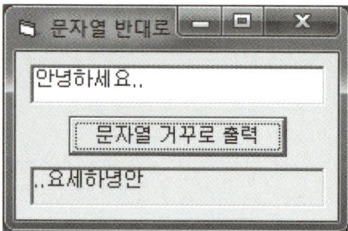

● 조건

- 입력받은 문자열을 거꾸로 출력한다.
- Len과 Mid 함수를 이용한다.

● 활용 예

- 입력받은 영문 문자열을 이용해 대문자는 소문자로 소문자는 대문자로 출력한다.
- 입력받은 문자열의 길이를 출력한다.

[퀴즈2] 다음 프로그램을 완성하시오.(저장 파일명 : 타이머.frm, 타이머.vbp)

● 결과 화면

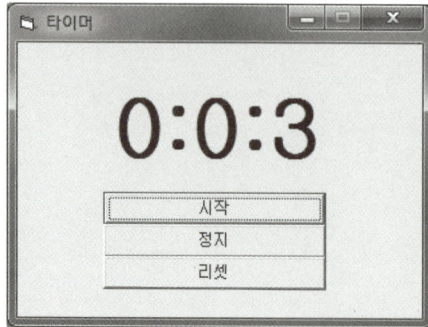

●조건

- [시작] 버튼을 클릭하면 타이머를 동작시킨다.
- [정지] 버튼을 클릭하면 진행중인 타이머가 정지한다.
- [리셋] 버튼을 클릭하면 진행중인 타이머가 초기화된다.

[퀴즈3] 다음 프로그램을 완성하시오.(저장 파일명 : 재부팅.frm, 재부팅.vbp)

●결과 화면

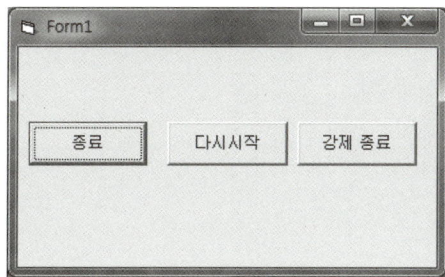

●조건

- Shell 명령어를 이용한다.
- [종료] 버튼을 누르면 60초 후에 컴퓨터를 종료한다.
- [다시시작] 버튼을 누르면 60초 후에 컴퓨터를 다시 시작한다.
- [강제 종료] 버튼을 누르면 컴퓨터를 강제 종료한다.

Visual Basic

[퀴즈4] 다음 프로그램을 완성하시오.(저장 파일명 : 알람.frm, 알람.vbp)

● 결과 화면

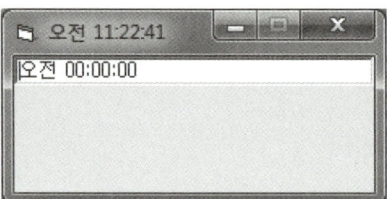

● 조건

- Text1 컨트롤에 알람으로 설정할 시간을 입력한다.

- 입력받은 시간과 같다면 "Kalimba.mp3" 음악이 출력된다.

- Kalimba.mp3는 C:\Users\Public\Music\Sample Music 폴더에 있다.

[문제 1] 다음 프로그램의 출력은?

```
I = 25
Do While I < 30
    I = I +1
Loop
Print I
```

[문제 2] I가 10으로 초기화되었다고 할 때 다음 중 단 한번도 반복하지 않는 것은 어느 것인가?

가.
```
For I = 1 To 10
    Print "Loop"
Next I
```

나.
```
Do
    Print "Loop"
    I = I + 1
Loop Until I =10
```

다. ```
Do Until I = 10
    Print "Loop"
    I = I + 1
Loop
```

라. ```
Do While I = 10
    Print "Loop"
    I = I + 1
Loop
```

[문제 3] 다음 중 동적 배열 변수의 크기를 정하는 방법으로 유효한 것은?

가. ReDim Grade(X,Y)

나. ReDim Grade 15, 30

다. Dim Grade(15, 30)

[문제 4] 다음 코드의 출력은?

```
Dim a(1 To 20, 1 To 30) As Single
Sub Command1_Click()
    a(3,5) = 6
    a(5,3) = 2*a(3,5)
    Print a(5,3)
End Sub
```

Chapter 06 프로시저와 대화상자

1. 프로시저(Procedure)

지금까지 예제를 실습할 때 Form_Click( ) 프로시저를 사용했다. 프로시저는 '처리를 수행하는 단위'이며, 다음과 같은 형식으로 작성한다.

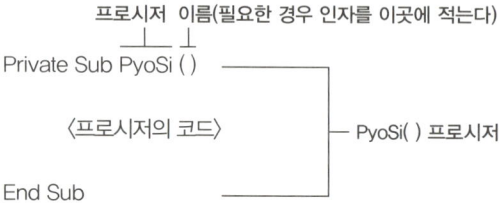

프로시저에는 '이벤트 프로시저(Event Procedure)'와 '사용자 정의 프로시저(User-Defined Procedure)' 두 가지가 존재한다. 이들에 대해서는 차차 설명하기로 한다. 위에서 작성한 Form_Click( ) 프로시저는 이벤트 프로시저에 해당한다. 이 프로시저의 모든 코드를 실행하고 나면 운영체제(윈도우) 상태로 반환된다.

프로시저와 함수

유효 범위에 따른 프로시저/함수의 종류는 다음과 같이 세 가지가 있다.

1) Private 프로시저/함수

정의된 모듈 내의 프로시저/함수에서만 호출할 수 있다.

2) Public 프로시저/함수

　다른 모듈의 프로시저/함수에서도 호출할 수 있다.

3) Static 프로시저/함수

　해당 프로시저/함수의 지역 변수를 모두 정적 변수로 한다.

■ Private와 Public 프로시저/함수

프로그램이 아래와 같이 되어 있는 경우 Proc1( )은 Proc1( ) 또는 Proc2( ) 내부에서만 실행시킬 수 있고 ProcA( ), ProcB( ) 내부에서는 실행시킬 수 없다. Private으로 되어 있기 때문이다. Proc2( )와 ProcB( )는 Public으로 되어 있으므로 Proc1( ), Proc2( ), ProcA( ), ProcB( )에서 모두 실행시킬 수 있다.

▶ 모듈 1

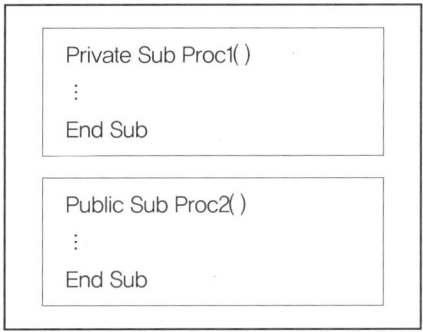

▶ 모듈 2

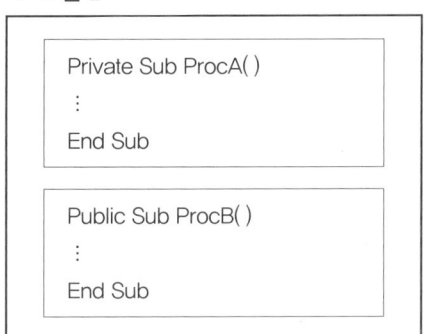

모듈이 아닌 폼에서 정의된 프로시저/함수는 다른 모듈이나 폼의 프로시저에서 실행시킬 수 없다. 예를 들어 위 그림에서 '모듈1'이 모듈이 아닌 폼이라면 Proc2( )는 ProcA( )나 ProcB( )에서는 실행시킬 수 없다.

Private와 Public 프로시저/함수 구별에 대한 필요성은 여러 개의 모듈로 구성된 본격적인 프로그램을 작성할 때 발생한다. 예를 들어 3개의 모듈로 구성된 프로그램에서, 각각의 모듈에서 모두 서로 다른 방식으로 처리를 수행하여 표시하는 프로시저가 필요한 경우 세 모듈에서 모두 Private Sub PyoSi( )를 정의하여 사용할 수 있다. 즉 Private로 하면 같은 이름(PyoSi( ))의 프로시저 또는 함수를 서로 다른 모듈에서 사용할 수 있는 것이다.

■ Static 프로시저/함수

Static으로 선언된 프로시저/함수 내부의 지역 변수는 모두 정적 변수로 처리된다. 즉, 프로그램이 실행될 때마다 모든 지역 변수의 값이 유지된다.

● 실습하기 (Static_Procedure.vbp)

폼을 마우스로 클릭할 때 마다 Form_Click( ) 프로시저가 실행되도록 해보자.

① 폼을 마우스로 클릭할 때마다 Form_Click( ) 프로시저를 호출해서 변수 n과 x에서 가지는 값을 출력하기 위한 소스 코드를 입력한 후 "Static_Procedure"로 저장한다.

```
Private Sub Form_Click()
    Dim n
    Dim x
    
    Print "Static 프로시저/함수"
    
    n = n + 1
    x = x * 2 + 1
    
    Print n, x
End Sub
```

② 폼을 마우스로 클릭할 때마다 Form_Click( ) 프로시저를 호출해서 변수 n과 x에서 가지는 값을 출력한다.

Form_Click( ) 프로시저

폼(Form)을 마우스로 클릭하면(Form에 대해 Click 이벤트가 발생하면) 실행되는 프로시저이다. 이와 같이 특정 이벤트(Event : 이 예의 경우에는 폼을 마우스로 누르는 동작)가 발생되면 실행되는 프로시저를 '이벤트 프로시저'라 하며, 해당 이벤트 프로시저의 실행이 끝나면 제어가 운영체제(윈도우) 상태로 반환된다. 이와 같은 이유로 위 프로그램을 실행할 때 마우스로 폼을 클릭할 때 마다 Form_Click( ) 프로시저가 호출되어 실행되는 것이다. 이벤트 프로시저 이름은 비주얼 베이직에 의해 자동적으로 제공된다.

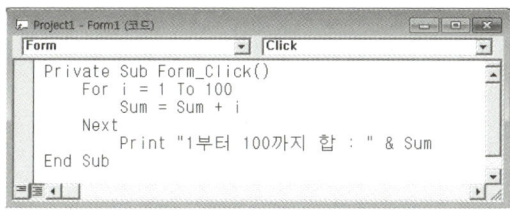

> **Tip** **Print Spc( )와 Tab( ) 메소드**
>
> • Print 자료1 ; Spc(5) ; 자료2 ; Spc(5) ; 자료3
>
> 각 자료 사이에 5칸의 공란을 출력한다. 여기서 Spc(5)는 길이가 5인 공란의 문자열이다.
>
> • Print Tab(3) ; 자료1 ; Tab(10) ; 자료2 ; Tab(15) ; 자료3
>
> 자료1은 3열의 위치에서, 자료2는 10열의 위치에서 자료3은 15열의 위치에서 시작된다.

초창기의 베이직은 프로그램을 짜면 짤수록 내용이 헝클어지는 프로그래밍 언어였다. 프로그램의 모든 내용이 처음부터 끝까지 하나로 기술되고, 여기저기서 GOTO, GOSUB 하다보니, 소스 코드가 길어지면 정신을 못차리게 된다. 그러나 세월이 흘러 베이직도 많이 발전되고 개선되었다. 특히 비주얼 베이직에서는 프로시저와 사용자 정의 함수 개념을 대폭 채용, 프로그램을 기능별로 단위화하여 작성하게 함으로써 프로그램을 체계적이고 논리적으로 작성할 수 있게 하고 있다.

Form_Load( ) 프로시저

지금까지 실습했던 프로그램에서는 폼의 내부를 마우스로 클릭해야만 프로그램(Form_Click( ) 프로시저)이 실행되었다. 만일 프로그램을 반드시 이렇게 실행되게 짜야만 한다면 다소 번거로운 일이다.

프로그램이 실행되면 폼이 자동적으로 기동되면서 Form_Load( ) 프로시저가 제일 먼저 실행된다. 이 때, 폼의 AutoRedraw 속성을 True로 설정하면 표시가 유지된다.

● **실습하기 (Form_Load.vbp)**

폼 창에 Load, Click, DbClick 이벤트가 발생했을 때에 이를 각각 처리하는 프로그램을 작성해 보자.

① 폼 창에 Load, Click, DbClick 이벤트가 발생했을 때에 대한 이벤트 처리를 하기 위한 소스 코드를 입력한 후 "Form_Load.vbp"로 저장한다.

```
Private Sub Form_Click()
    ForeColor = QBColor(3)

    Print "Click 이벤트가 발생했어요!"
    Print
End Sub

Private Sub Form_DblClick()
    MsgBox "프로그램을 종료합니다."
    End
End Sub

Private Sub Form_KeyDown(KeyCode As Integer, Shift As Integer)
    ForeColor = QBColor(2)

    Print "KeyDown 이벤트가 발생했어요!!"
    Print "눌린 키 : " & Chr(KeyCode)
End Sub

Private Sub Form_Load()
    Form1.AutoRedraw = True
    BackColor = QBColor(14)

    FontName = "굴림체"
    FontSize = 12
End Sub
```

② 폼 창에 이벤트가 발생한 결과 화면이다.

③ 폼 창에 DbClick 이벤트가 발생하면 프로그램을 종료하기 위한 메시지 창이 나타난다. 이때, [확인] 버튼을 클릭하면 프로그램이 종료된다.

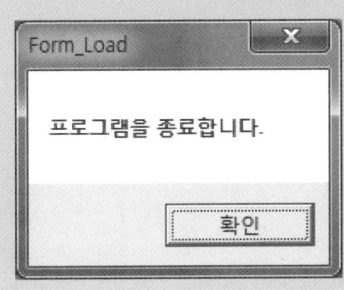

Form_Click( ) 프로시저가 아닌 Form_Load( ) 프로시저에 코드를 입력하면 폼 내부를 마우스로 클릭하지 않아도 즉시 실행된다. 그런데 위의 Form_Load( ) 프로시저에서는 왜 'AutoRedraw=True' 문장을 적은 것일까? 폼(Form)의 AutoRedraw 속성의 기본값은 False로, 폼이 기동되면서 내부적으로 여러 과정을 거치게 되어 사용자가 폼에 출력(Print)해 준 내용은 폼에 표시가 유지되지 않는다. 그러나 이와 같이 AutoRedraw 속성을 True로 해 주면 Form_Load( ) 프로시저에서 사용자가 폼에 출력해준 내용도 표시가 유지된다.

지금까지의 모든 프로그램에서 Form_Click( )의 코드를 Form_Load( )에 기술하고 시작 부분에 AutoRedraw=True를 추가하면 F5 키를 누르는 즉시 실행된다. 이 경우에는 폼 내부를 마우스로 클릭해도 코드가 실행되지 않는다.

main( ) 프로시저

'프로그램 실행 시 제일 먼저 실행되는 프로시저는 Form_Load( ) 프로시저이다.'는 만고불변의 진리일까? 대답은 '그렇지 않다'이다. main( )이라는 이름의 프로시저가 실행되게 할 수도 있다. main( ) 프로시저뿐만 아니라 이벤트(Click, DblClick, KeyDown 등등)과 관계없는 프로시저는 모듈에 기술해도 된다.

● 실습하기 (Main_Procedure.vbp, Main_Procedure.bas)

main( ) 프로시저로 폼 창을 호출하고, 배경은 흰색으로 지정하자.

① main( ) 프로시저로 폼 창을 호출하고, 폼 창의 배경을 흰색으로 설정하기 위한 소스 코드를 입력한 후 "Main_Procedure.vbp"로 저장한다.

```
Private Sub Form_Load()
    AutoRedraw = True
    BackColor = QBColor(15)

    Print "Form_Load( )"
End Sub
```

② main( ) 프로시저를 작성하기 위한 모듈을 추가하기 위해 프로젝트 창에서 마우스 오른쪽 버튼을 클릭한 후 나타난 단축 메뉴에서 [추가(A)]→[모듈(M)]을 클릭한다. 모듈 추가 창이 나타나면 [새 파일] 탭에서 "모듈"을 선택한 후 [열기] 버튼을 클릭한다.

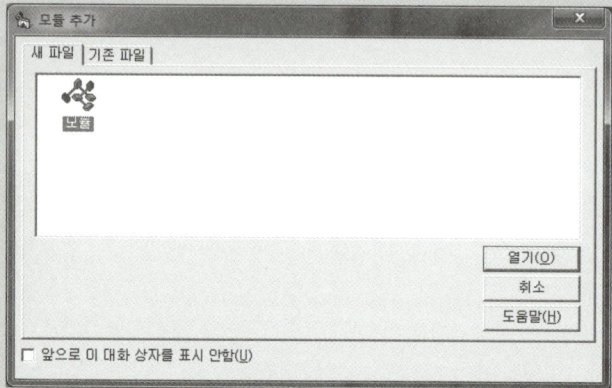

③ main( ) 프로시저를 작성하기 위한 코드 창이 나타난다.

④ main( ) 프로시저로 폼 창을 호출하고, 폼 창의 배경을 흰색으로 설정하기 위한 모듈 소스 코드를 입력한 후 "Main_Procedure.bas"로 저장한다.

```
Sub main( )
    msg = "Main( ) 프로시저" + Chr(10)
    msg = msg + "Enter키를 눌러요!!"
    MsgBox msg, vbInformation
    Form1.Show
End Sub
```

⑤ 예제를 실행하기 위해 [실행] 키를 클릭하면 화면과 같은 메시지가 나타난다.

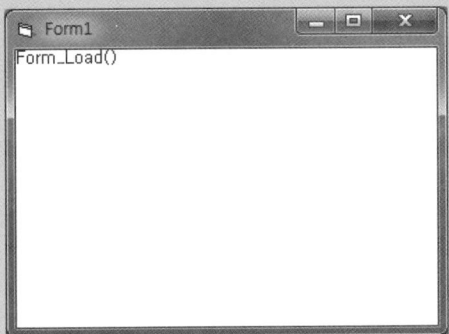

⑥ 과정 ⑤에서 main( ) 프로시저를 작성했는데 이에 대한 화면은 나타나지 않고, 폼 창만 나타난 것을 볼 수 있다. 이런 경우에 main( ) 프로시저부터 실행하기 위해 메뉴에서 [프로젝트(P)]→ [Project1 속성(E)]를 선택한다.

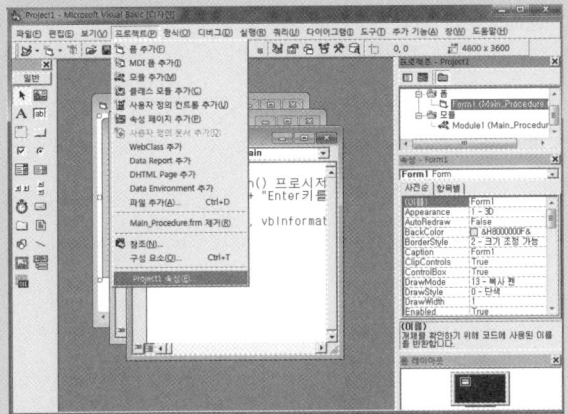

⑦ 프로젝트 속성 창이 나타나면 [일반] 탭을 선택하고, 시작 개체에서 "Sub Main"을 클릭한 후 [확인] 버튼을 클릭한다.

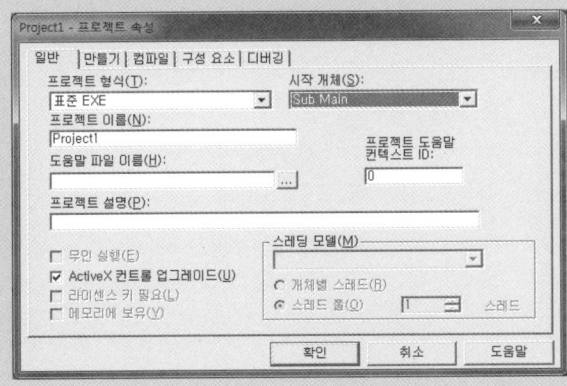

⑧ 과정 ⑦과 같이 시작 개체를 "Sub Main"으로 지정한 후 예제를 실행하면 화면과 같은 메시지 창이 먼저 실행된다.

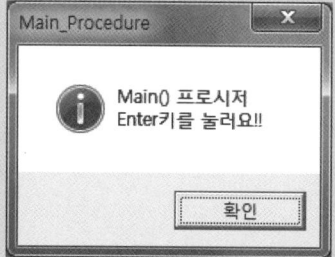

그런 다음 메시지 창에서 [확인] 버튼을 클릭하면 폼 창이 나타난다.

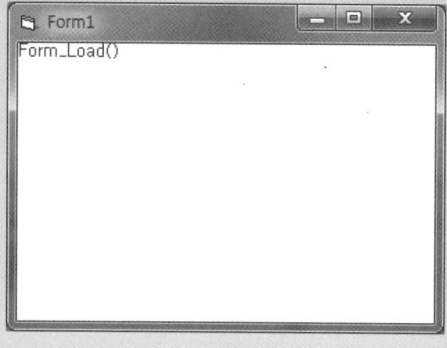

사용자 정의 프로시저

프로시저에는 다음과 같은 두 가지 종류가 있다.

1) 이벤트 프로시저

   해당 사건이 발생하면 자동적으로 실행된다.

2) 사용자 정의 프로시저

   호출시에만 실행된다.

앞에서 설명한 main( ) 프로시저도 '사용자 정의 프로시저(User-Defined Procedure)'의 일종이다.

CHAPTER 06 프로시저와 대화상자

> **Tip** **실인자와 가인자**
>
> 프로시저를 호출하는 Call 문에서 지정한 프로시저의 인자를 실인자(Real Parameter)라 하며, 프로시저 정의 부분에 기술되어 있는 인자를 가인자(Dummy Parameter)라 한다. 위에 표시되어 있는 바와 같이 '실인자→가인자'에 값이 전달됨으로써 자료가 인도된다. 프로시저 실인자가 변수인 경우에는 실행 시 가인자의 값을 바꾸면 대응 실인자의 값도 바뀐다.

● 실습하기 (User_Procedure.vbp, User_Procedure.bas)

사용자 정의 프로시저를 정의하고, 호출해 보자.

① main( ) 프로시저를 작성하기 위한 모듈을 추가하기 위해 프로젝트 창에서 마우스 오른쪽 버튼을 클릭한 후 나타난 단축 메뉴에서 [추가(A)]→[모듈(M)]을 클릭한다. 모듈 추가 창이 나타나면 [새 파일] 탭에서 "모듈"을 선택한 후 [열기] 버튼을 클릭한다.

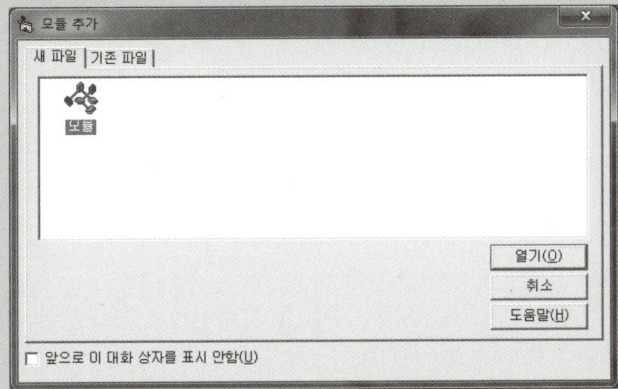

② main( ) 프로시저를 작성하기 위한 코드 창이 나타난다.

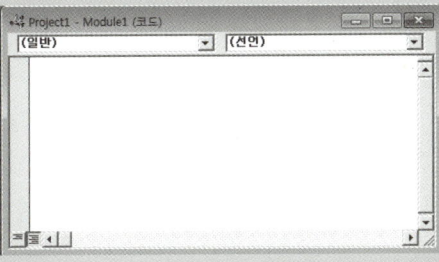

③ 사용자 정의 프로시저 Proc( )를 정의하고, Form_Click( ) 프로시저에서 이를 호출(Call)하기 위한 모듈 코드를 입력한 후 "User_Procedure.bas"로 저장한다.

```
Public Sub Main( )
msg = "여기는 main 프로시저입니다"
MsgBox msg

Call UDF_Proc   'UDF_Proc 프로시저를 호출

MsgBox msg
End
End Sub

Public Sub UDF_Proc( )
msg = "여기는 UDF_Proc 프로시저입니다" & Chr(10)
msg = msg & "main 으로 돌아 갈까요?"

n = MsgBox(msg, vbYesNo + vbInformation)

If n = vbYes Then    '〈예〉를 선택했으면
        Exit Sub     '이전 프로시저 (또는 함수) 로 복귀
Else                 '〈아니오〉를 선택했으면
        End          '프로그램 종료
End If
End Sub
```

④ main( ) 프로시저부터 실행하기 위해 메뉴에서 [프로젝트(P)] – [Project1 속성(E)]를 선택한다.

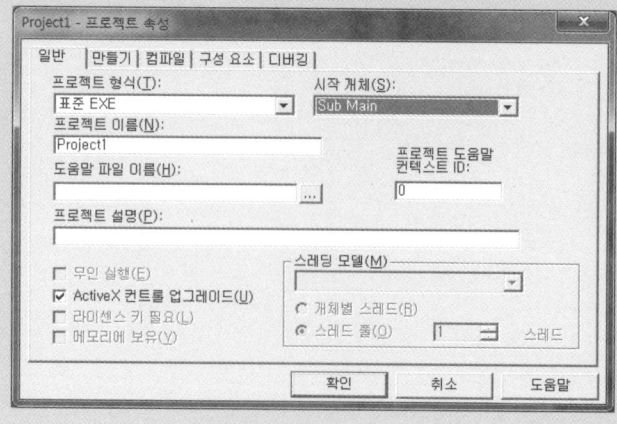

⑤ 프로젝트 속성 창이 나타나면 [일반] 탭을 선택하고, 시작 개체에서 "Sub Main"을 클릭한 후 [확인] 버튼을 누른다.

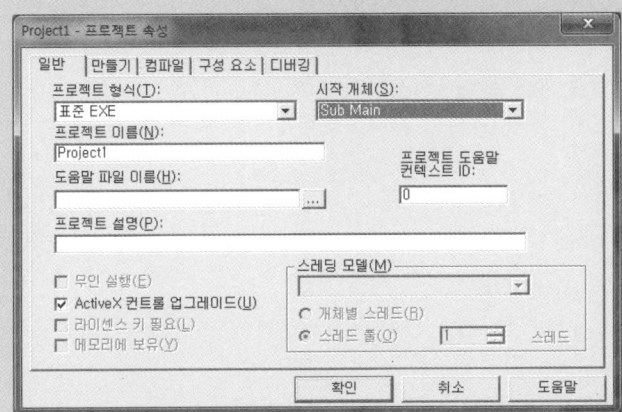

⑥ 과정 ⑤와 같이 시작 개체를 "Sub Main"으로 지정한 후 [실행] 키를 눌러 예제를 실행하면 화면과 같은 메시지 창이 실행된다. 이때, 메시지 창에서 [확인] 버튼을 클릭한다.

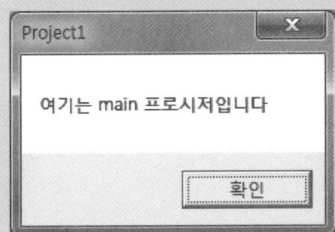

⑦ UDF_Poce 프로시저로 이동하려면 [예(Y)] 버튼을 클릭하고, 그렇지 않고 프로그램을 종료하려면 [아니오(N)] 버튼을 클릭한다.

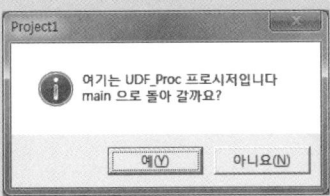

> **Tip 프로그램 작성법 요약**
>
> 1) Ctrl + N 키([파일]→[새 프로젝트])를 누른다.
> 2) 표시되는 대화상자에 대해 엔터키를 누른다(표준EXE). 폼이 표시된다.
> 3) 모듈 창에서 main 프로시저를 작성하고, [프로젝트]→[모듈 추가] 메뉴를 선택한다.
> 4) 표시되는 대화상자에 대해 엔터키를 누른다(모듈을 선택). 모듈 창이 표시된다.
> 5) 모듈 창에서 main( ), UDF_Proc를 입력한다.
> 6) [프로젝트]→[Project1 속성] 메뉴를 선택한다.
> 7) 시작 개체를 Sub main으로 지정한 다음 엔터키를 누른다.

인자 전달 방식

사용자 정의 프로시저/함수에 인자를 전달하는 방식에는 두 가지가 있다.

1) Call by Value

   실인자의 값을 가인자에 전달하고, 프로시저/함수가 실행 중이면 가인자의 값을 바꾸어도 프로시저/함수 종료 후 대응 실인자는 원래의 값을 그대로 유지한다.

2) Call by Reference

   '실인자의 주소 = 가인자의 주소'가 되게 전달하고, 프로시저/함수가 실행 중이면 가인자의 값을 바꾸고, 프로시저/함수 종료 후 대응 실인자의 값도 바꾼다.

인자 전달 방식은 프로시저/함수 정의 시 가인자 앞에 ByVal 또는 ByRef 문을 사용하여 지정한다.

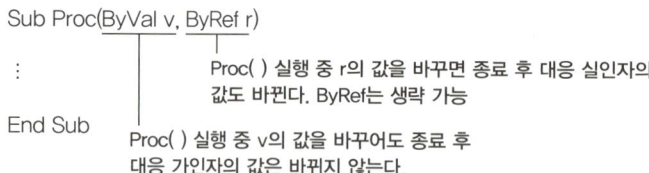

```
Sub Proc(ByVal v, ByRef r)
    :
End Sub
```
- Proc( ) 실행 중 r의 값을 바꾸면 종료 후 대응 실인자의 값도 바뀐다. ByRef는 생략 가능
- Proc( ) 실행 중 v의 값을 바꾸어도 종료 후 대응 가인자의 값은 바뀌지 않는다.

● 실습하기 (Value_Reference.vbp)

Call By Value와 Call By Reference로 입력받은 값을 출력해 보자.

① Call By Value와 Call By Reference로 입력받은 값을 전달하기 위한 소스 코드를 입력한 후 "Value_Reference.vbp"로 저장한다.

```
Private Sub Form_Click()
    v = 10
    r = 20

    Define_Procedure v, r

    Print "Call By Value와 Call By Reference"
    Print

    Print "Call By Value v : "; v
    Print "Call By Reference r : "; r
End Sub

Private Sub Define_Procedure(ByVal v, ByRef r)
    v = 111
    r = 222
End Sub
```

② Call By Value와 Call By Reference로 입력받은 값이 전달된 결과를 출력한다.

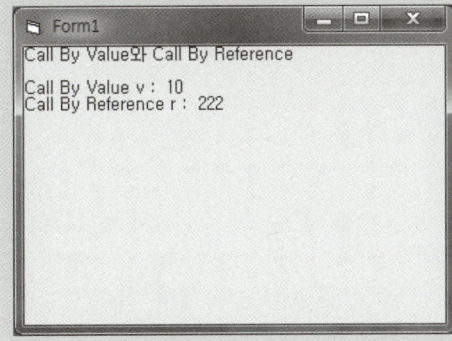

> **Tip Option Explicit 문**
>
> 지금까지 여러 프로그램에서 확인하였듯이 변수는 사전에 선언하지 않고서도 사용할 수 있으며, 최초의 사용처에서 자동적으로 지역 변수로 선언되며 만들어진다. 그러나 선언부에 Option Explicit 문을 기술해 두면 이와 같이 변수를 사용하는 것은 불가능하다. 반드시 사전에 Dim 문으로 선언해 두어야만 사용할 수 있다. Dim 문으로 선언하지 않은 변수는 실행 시 오류 처리된다.
>
> 공부하는 단계에서는 Option Explicit 문을 사용하면 다소 번거롭게 되나, 실제 프로그램 작성 시에는 Option Explicit 문을 사용하여 변수는 반드시 선언해야만 사용할 수 있게 하는 것이 바람직하다. 그래야 각 변수를 효율적으로 관리할 수 있고 프로그램의 판독성이 높아진다.

사용자 정의 함수

아래의 경우를 제외하고는 '사용자 정의 프로시저'의 모든 내용이 '사용자 정의 함수(User-Defined Function)'에도 그대로 적용된다.

▶ 정의 방식

```
Function 함수 이름(인자1, 인자2, …)
    ⋮
```

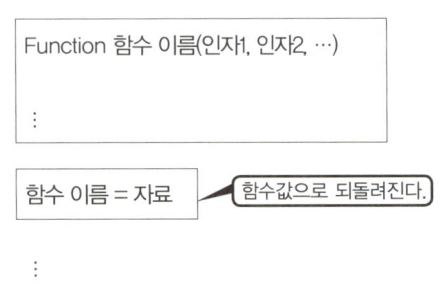

함수 이름 = 자료   ─[함수값으로 되돌려진다.]

　　⋮

End Function

　▶ 복귀 시점 : Exit Function 또는 End Function을 만났을 때

사용자 정의 함수의 함수 값(Return Value of Function)은 함수 실행 종료 시점에서 '함수 이름에 대입된 값'이다.

> **Tip** **Form_Activate( ) 프로시저**
>
> 폼이 메모리에 읽혀진 뒤(Form_Load( )) 활성화되어 표시되는 과정에서 자동적으로 실행되는 이벤트 프로시저이다. 이 프로시저의 실행이 끝난 후에는 폼이 표시되어 있는 상태이므로 AutoRedraw = False(기본값)인 상태에서도 폼에 Print한 자료는 표시를 유지한다.
>
> 참고로 프로그램을 실행시키면 다음의 프로시저가 차례대로 실행된다.
>
> 1) Form_Load( ) 프로시저
>
>   폼이 메모리에 읽혀질 때 실행된다.
>
> 2) Form_Resize( ) 프로시저
>
>   폼이 크기가 결정될 때 실행된다.
>
> 3) Form_Activate( ) 프로시저
>
>   폼이 표시된 후 활성화될 때 실행된다.
>
> 4) Form_GotFocus( ) 프로시저
>
>   폼에 초점이 설정될 때 실행된다.

● 실습하기 (User_Function.vbp)

InputBox 창에서 입력받은 값들의 합을 구하는 프로그램을 작성해 보자.

① 사용자 정의 함수로 PyoSiHab 함수를 만들고, 이를 이용해 1~GaInJa 사이의 정수를 표시하고, 합을 함수 값으로 반환하기 위한 소스 코드를 입력한 후 "User_Function.vbp"로 저장한다.

```
Private Sub Form_Click()
    n = InputBox("양의 정수 입력", "입력", "0")
    
    If n = 0 Then End
    
    hab = PyoSiHab(n)
    Print hab
End Sub

Public Function PyoSiHab(GaInJa)
    Cls
    hab = 0
```

```
        For i = 1 To GaInJa
    Print Format(i, "@@@@")
    hab = hab + i

    If i Mod 10 = 0 Then
        Print
    End If
 Next

    Print

    PyoSiHab = "1부터 " & GaInJa & "의 합 : " & hab
End Function
```

② InputBox 창에서 "5"라고 입력한 후 [확인] 버튼을 클릭한다.

③ 1부터 InputBox 창에서 입력받은 값까지의 합을 구한다.

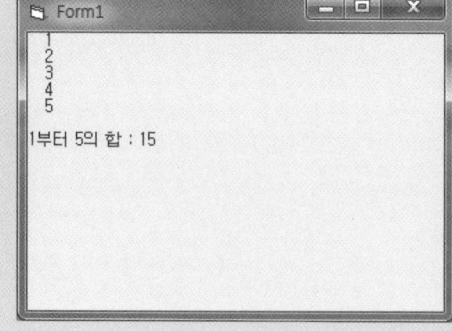

hab=PyoSiHab(n) 문장이 실행되면 우선 PyoSiHab(n)이 실행된다. n→GaInJa에 인도되고 PyoSiHab( )의 처음부터 차례대로 실행된다. 이 과정에서 1에서 GaInJa 사이의 정수가 Form1(폼)에 출력되고 이들의 합이 hab에 구해진다.

실행이 End Function에 다다르면 '자신을 호출했던 문장'으로 되돌아 가고 End Function 바로 직전에 PyoSiHab에 대입된 값이 함수값으로 되돌려진다. 'hab = PyoSiHab(n)'의 hab에는 이 함수 값이 대입되고 'Print hab'에 의해 그 값이 폼에 출력된다.

사용자 정의 함수 내에는 반드시 '함수 이름 = 자료' 문장이 존재해야 하며 End Function 또는 Exit Function 직전에 함수 이름에 대입되어 있는 값이 함수 값으로 되돌려진다.

PyoSiHab( ) 함수를 다시 한번 유심히 관찰하자. 처리도 수행하고(1~GaInJa 사이의 정수를 표시) 함수 값도 구함을 알 수 있다. 반면에 프로시저는 처리밖에 수행하지 못한다. 이와 같은 사실을 잘 활용하면 프로시저보다 사용자 정의 함수를 더 효율적으로 사용할 수 있다. 참고로 C 언어에는 함수만 존재하고, 프로시저는 존재하지 않으며, 파스칼에는 프로시저와 함수 모두 존재한다. 파스칼에서의 프로시저와 함수는 비주얼 베이직에서의 프로시저, 함수와 유사한 구조로 되어 있다.

> **Tip　Format 함수**
>
> Format(i, "@@@@")
>
> i를 '길이가 4인 문자열'로 변환한다. 예를 들어 i=1은 "ᄂᄂᄂ1", 12는 "ᄂᄂ12", 123은 "ᄂ123"으로 변환한다(ᄂ는 공란). 즉, @의 대응 위치에 숫자(또는 문자)가 없으면 공란으로 변환한다. 이 결과 각 i값이 상하로 오른쪽으로 자리가 맞추어져 출력된다.
>
> 반면에 Format(i, "####")는 i를 '길이가 4인 문자열로 변환하되 #의 대응 위치에 숫자가 없으면 무시'한다. 예를 들어, i=1은 "1", 12는 "12"로 변환한다.

2. 대화상자 처리하기

이번에는 비주얼 베이직에서 제공하는 대화상자를 어떻게 처리하는지에 대한 방법을 공부해 보자.

InputBox 함수

입력상자를 표시하고 자료를 입력받을 때 사용하는 함수로 사용 형식은 다음과 같다.

```
변수 = InputBox(메시지 [, 제목] [, 내정값])
```

자료를 입력받아 변수에 대입한다. 수치, 문자열, 날짜 등의 입력이 모두 가능하며, 입력된 자료 형태대로 변수에 대입된다. 이때, 메시지와 제목은 모두 문자열 형태로 제목과 내정값은 지정하지 않을 수도 있다.

InputBox 함수를 이용해 데이터를 입력받기 위한 사용 예는 다음과 같다.

```
x = InputBox("자료...?", "자료 입력", 123)
```

자료 입력상자를 표시하고 입력란에 내정값인 123을 표시한다. 예를 들어 100을 입력하면 수치 자료의 형태로, Basic을 입력하면 문자 자료 형태로 변수 x에 대입된다. 엔터키를 누르면 123이 문자열 형태("123")로 x에 대입된다.

> ● **실습하기 (InputBox.vbp)**
>
> InputBox 함수를 이용해 이름과 점수를 입력받아 폼 창에 출력하자.
>
> – 변경된 속성
>
> | 컨트롤명 | 속성명 | 값 |
> |---|---|---|
> | Form1 | Caption | InputBox 예제 |
>
> ① InputBox 함수로 이름과 점수를 입력받아 폼 창에 출력하기 위한 소스 코드를 입력한 후 "InputBox.vbp"로 저장한다.
>
> ```
> Private Sub Form_Click()
>     name_input = InputBox("이름을 입력하세요!!", "이름")
>     jumsu_input = InputBox("점수를 입력하세요!!", "점수", 70)
> ```

```
    Print
    Print "이름 : "; name_input
    Print "점수 : "; jumsu_input
End Sub
```

② 프로그램을 실행하기 위해 [실행] 키를 클릭한다. 이때, 화면과 같이 폼 창에 "InputBox 예제"라는 글자만 나타난다.

③ 사용자의 이름을 입력받기 위한 InputBox 창이 나타난다.

④ 이름을 "홍길동"이라고 입력받은 후 [확인] 버튼을 클릭한다.

⑤ 다시 InputBox 창이 나타나는데, 기본 값으로 70이 나타난다. 이제 70을 지우고 85라는 새로운 점수를 입력한 후 [확인] 버튼을 클릭한다.

⑥ 과정 ④와 ⑤에서 입력받은 이름과 점수가 폼 창에 출력된다.

핵심 코드는 다음과 같다.

```
jumsu_input = InputBox("점수를 입력하세요!!", "점수", 70)
```

InputBox 함수가 실행되면서 "점수를 입력하세요!" 메시지 창이 나타난다. 이때, 맨 뒤에 입력한 70이라는 값이 기본적으로 나타나고, 이렇게 입력받은 점수는 변수 jumsu_input에 저장된다.

```
Print "점수 : "; jumsu_input
```

Print 메소드는 글자를 출력할 때 사용하는 것으로 폼 창에 변수 jumsu_input에 저장된 값을 출력한다.

MsgBox 함수

메시지 상자를 표시할 때 사용하는 함수로 MsgBox 함수를 사용하면 메시지 상자에서 눌려진 버튼의 번호를 되돌려 받을 수 있다. 이때, MsgBox 함수의 사용 형식은 다음과 같다.

```
변수 = MsgBox(메시지 [, 버튼형태] [, 제목])
MsgBox 메시지 [, 버튼형태] [, 제목]
```

'메시지'는 메시지 상자 내에 표시되며, '제목'은 상자 제목줄에 표시된다. '메시지'와 '제목'은 모두 문자열 형태이어야 한다.

메시지 상자 내에 어떠한 버튼을 표시할 것인가를 지정하는 수치이다.

수치	기호 상수	표시되는 버튼/아이콘
0	vbOkOnly(내정값)	확인
1	vbOkCancel	확인 취소
2	vbAbortRetryIgnore	실패A 재실행R 무시I
3	vbYesNoCancel	예Y 아니오N 취소
4	vbYesNo	예Y 아니오N
5	vbRetryCancel	재실행R 취소
16	vbCritical	⊗
32	vbQuestion	?
48	vbExclamation	⚠
64	vbInformation	ⓘ
0	vbDefaultButton1	첫 번째 버튼이 내정값
256	vbDefaultButton2	두 번째 버튼이 내정값
512	vbDefaultButton3	세 번째 버튼이 내정값

위 표 세 분야의 각 수치는 더해서 사용할 수도 있으며, 사용 예는 다음과 같다.

```
msg = "제곱 값 " & Data * Data
```

위의 코드를 실행한 결과는 다음과 같다.

위와 같은 상자를 표시한다. 예(Y), 아니오(N) 버튼 중에서 어느 한 버튼을 마우스로 클릭하면 메시지 상자가 사라지고 해당 버튼의 번호가 n에 대입된다. MsgBox가 표시된 직후 엔터키를 누르면 아니오(N)가 선택된다(256).

실제로 프로그램을 작성할 때에는 이와 같이 '4+16+256'으로 사용하지 않는다. 그 이유는 프로그램의 판독성이 떨어지기 때문이다. 대신 기호 상수를 사용한다. 즉 '4+16+256' 대신 vbYesNo+vbCritical+vbDefaultButton2로 사용한다.

● 실습하기 (MsgBox.vbp)

MsgBox 함수를 사용해서 5의 제곱 값을 출력하는 프로그램을 작성해 보자.

① MsgBox 함수로 5의 제곱 값을 출력하기 위한 소스 코드를 입력한 후 "MsgBox.vbp"로 저장한다.

```
Private Sub Form_Click()
    Data = InputBox("제곱 값 구하기", "입력")
    msg = "제곱 값 " & Data * Data

    prn = vbOKCancel + vbInformation + vbDefaultButton2
    n = MsgBox(msg, prn, "제곱 값")

    If n = vbCancel Then
      End
    End If
End Sub
```

② 예제를 실행한 후 폼 창을 클릭하면 화면과 같은 InputBox 창이 나타난다. 이때, 텍스트 창에 '5'라고 입력한 후 [확인] 버튼을 클릭한다.

③ 과정 ②에서 입력한 값의 제곱 값이 메시지 창에 출력된다. 이때, [취소] 버튼을 클릭하면 실행 중이던 프로그램을 종료한다.

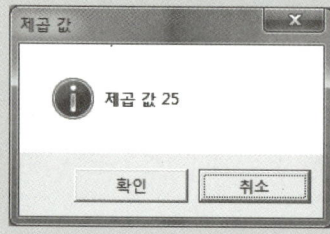

프로그램을 실행하면 폼 내부를 마우스로 클릭하면 InputBox가 표시되고 예를 들어 5를 입력하면 SuJa에 5가 대입된다. 이어서 MsgBox가 실행되어 "숫자의 제곱 : " & Data*Data가 상자 내에 표시된다.

MsgBox에서 취소 버튼을 클릭하면 'If n=vbCancel Then / End / End If'의 End에 의해 프로그램 전체의 실행이 끝난다. 확인을 누르면 프로그램 실행이 End Sub으로 이어져 Form_Click( ) 프로시저의 실행만 끝난다. 즉, 프로그램은 계속 실행 상태를 유지하여 폼 내부를 마우스로 클릭하면 Form_Click( ) 프로시저가 다시 실행된다.

> **Tip** **& 연산자와 결과값**
>
> Message = ... & ...는 다음과 같이 처리된다.
>
> Message = "제곱 값 : " & Data * Data
>
> 1) 우선 5*5 → 25가 구해진다.
> 2) 25를 문자열로 바꾸어 왼쪽 문자열과 결합한다.
>
> 결과적으로 Data=5일때 Message에 대입되는 값은 문자열인 "제곱 값 : 25"이다.

연습문제

[퀴즈1] 다음 프로그램을 완성하시오.(저장 파일명 : 사칙연산계산기.frm, 사칙연산계산기.vbp)

● 결과 화면

● 조건

- 사칙연산(+, -, ×, /)을 수행할 수 있는 계산기를 만든다.

● 활용 예

- 입력받은 연산식을 그대로 보여줄 수 있다.
- 연산 결과를 Text1이 아닌 메시지 박스의 형태로 출력할 수 있다.

[퀴즈2] 다음 프로그램을 완성하시오.(저장 파일명 : 반복실행.frm, 반복실행.vbp)

● 결과 화면

CHAPTER 06 프로시저와 대화상자

Visual Basic

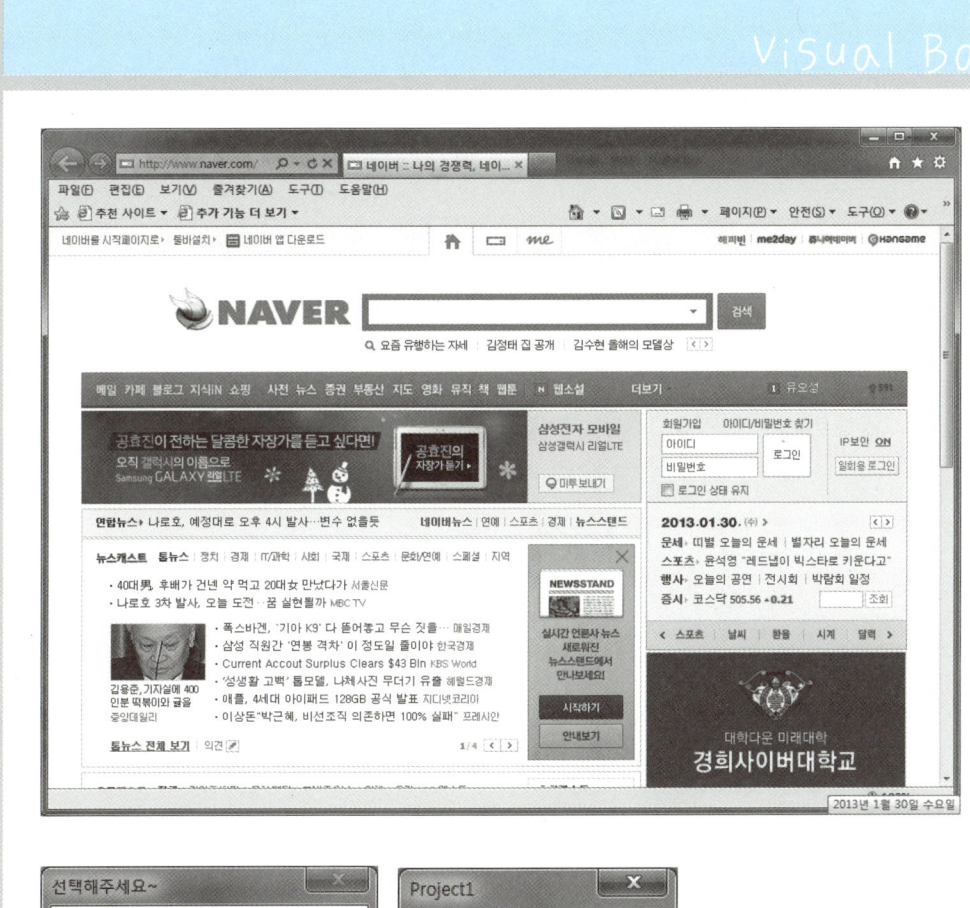

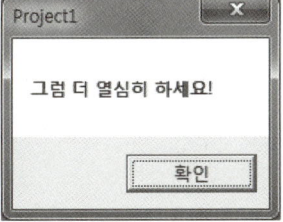

● 조건

- 콤보박스에서 선택한 사이트를 새 창으로 출력한다.

- 운동을 했는지 묻는 메시지 창에서 [예(Y)] 버튼을 클릭하면 "참 잘했어요!" 메시지 창을 보여주고, [아니오(N)] 버튼을 클릭하면 "그럼 더 열심히 하세요!" 메시지 창을 보여준다.

[문제 1] 메서드는 어디에 사용되는가?

　　가. 프로시저와 함수

　　나. 코드 창과 속성 창

　　다. 폼과 컨트롤

[문제 2] 프로그램 내 어느 위치에서든 이용 가능한 프로시저는 무엇인가?

　　가. Global

　　나. Local

　　다. rpivate

　　라. Dynamic

[문제 3] 지역(local) 프로시저를 선언하는 키워드는?

　　가. Dim

　　나. Sub

　　다. Event

　　라. Local

[문제 4] 오직 한 개의 값만 반환하는 프로시저를 무엇이라 하는가?

　　가. 1-파라메타 프로시저

　　나. 로컬 프로시저

　　다. 전역 프로시저

　　라. 함수

[문제 5] 함수의 값을 얻는 적정한 방법은?

　　가. 매개변수 목록으로부터

　　나. 할당문의 우변

　　다. 프로시저 서두의 Dim문의 변수로부터

　　라. Call 명령으로

[문제 6] 경고 대화상자를 생성하는 것은?

　　가. InputBox

　　나. MsgBox

　　다. CommonDialog

　　라. AlertBox

[문제 7] 사용자로부터 텍스트 입력을 요구하는 방법으로 적합한 것은?

　　가. MsgBox 함수와 스트링 변수를 사용한다.

　　나. InputBox 함수를 이용한다.

　　다. 범용 대화상자 컨트롤을 이용한다.

　　라. 메뉴 항목이 단축키를 갖도록 한다.

Chapter 07 수행문과 함수

1. 수행문 이해하기

비주얼 베이직에서는 '수행문'이라는 용어 대신 '문(Statement)'이라는 용어를 사용한다. 이는 메소드(Method)와 구별하기 위한 것으로 메소드를 이해하려면 수행문에 대한 이해가 필요하다.

수행문과 메소드

수행문은 정해진 처리를 수행하고, '정해진 처리를 수행'하는 것으로서 수행문 이외에 메소드와 프로시저가 있다.

수행문과 메소드, 프로시저의 차이점은 다음과 같다.

  1) 수행문

  처리 대상 개체가 존재하지 않는다(Beep, Kill, ChDir…).

  2) 메소드

  개체에 대해서만 처리를 수행하거나 값을 구할 수 있다(개체.Print, 개체.Circle…).

  3) 프로시저

  코드의 집합체로 구성되며, 프로그램의 실행 단위가 된다(사용자가 정의한 수행문에 해당).

개체(Object)의 예로는 폼(Form), 명령 버튼, 이동줄… 등이 있다. 지금까지 실습한 각 프로그램은 모두 Form1이라는 제목이 표시되어 있는 창에서 실행되었는데, 이 창(폼)도 하나의 개체이다. Print 메소드는 이 개체에 자료를 출력하고, 수행문과 메소드는 정해진 처리를 수행한다는 점에서 성격적으로 동일하다.

Print 메소드

자료를 출력하는 가장 손쉬운 방법은 Print 메소드를 사용하는 방법이다. 다음에 몇 가지 예를 표시하였다.

```
Print 10, -20, 30
```

10, -20, 30을 14열 간격으로 표시한다. 30을 표시한 후 커서(보이지 않는다)는 다음 줄로 이동한다. Print 대신 로 입력해도 된다. 자동적으로 Print로 바뀐다.

```
Print 1 ; -2 ; 3 ;
```

이와 같이 세미콜론(;)를 사용하면 양수는 2칸, 음수는 한 칸 띄워서 표시한다. 표시 후 커서는 다음 줄로 이동하지 않는다. 만일 3 다음에 있는 세미콜론을 지우면 다음 줄로 이동한다.

```
Print "Visual" ; "Basic"
```

수치의 경우 세미콜론은 각 자료 사이에 공란을 띄우나 문자열의 경우에는 공란을 띄우지 않는다. 즉 VisualBasic으로 표시된다. 만약 세미콜론 대신 콤마(,)를 사용하면 어떻게 될까? 다음과 같은 경우를 살펴보자.

```
Print
```

위의 경우, 아무런 내용도 출력하지 않고 커서를 다음 줄로 이동시키기만 한다. 즉, 공란의 줄을 한 칸 띄운다. 코드 입력 시에는 로 입력해도 된다.

■ **프로그램 예**

다음의 프로그램 예(Print.vbp)를 실습해 보자.

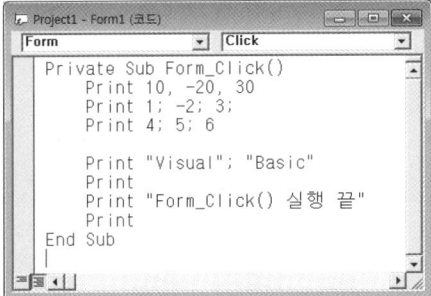

방법은 다음과 같다.

1) Ctrl+N 키(또는 [파일]→[새 프로젝트] 메뉴)를 누른다.
2) 표시되는 대화상자에서 [아니오]를 마우스로 클릭한다.
3) 표시되는 대화상자에서 '표준EXE'를 마우스로 더블 클릭한다.
4) 화면에 폼(Form1)이 표시된다. 폼 내부를 마우스로 더블 클릭한다.
5) 코드를 입력하는 창이 표시된다.
6) 코드 창 오른쪽 위의 콤보박스를 마우스로 클릭한 후 C 키를 누른다. 그러면 콤보박스에 'Click'이 표시된다.
7) 앞 페이지에 있는 그림에 나와있는 코드를 입력한다. 입력이 끝났으면 PRINT1이라는 파일 이름으로 저장시킨다.

이와 같이 하여 프로그램이 완성되었다. 프로그램을 실행시키려면 F5 키([시작]→[실행 메뉴])를 누른다. 프로그램을 실행시켜도 폼에는 아무 것도 표시되지 않는다. 폼 내부 아무 곳이나 마우스로 클릭해 보기 바란다. 클릭할 때 마다 아래와 같은 내용이 표시될 것이다. 프로그램을 종료시키려면 Alt+F4 키를 누른다.

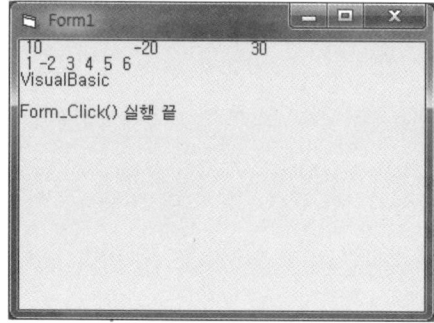

Print Spc( )과 Tab( )

```
Print 자료1 ; Spc(5) ; 자료2 ; Spc(5) ; 자료3
```

각 자료 사이에 5칸의 공란을 출력한다. 여기서 Spc(5)는 '길이가 5인 공란의 문자열'이다.

```
Print Tab(3) ; 자료1 ; Tab(10) ; 자료2 ; Tab(15) ; 자료3
```

자료1은 3열의 위치에서, 자료2는 10열의 위치에서 자료3은 15열의 위치에서 시작되게 한다.

다량의 자료를 출력할 때에는 대개 Print Tab( )의 형식으로 사용한다. 다음에 프로그램 예(Spc.vbp)를 살펴보자. 다음과 같이 소스를 입력하자.

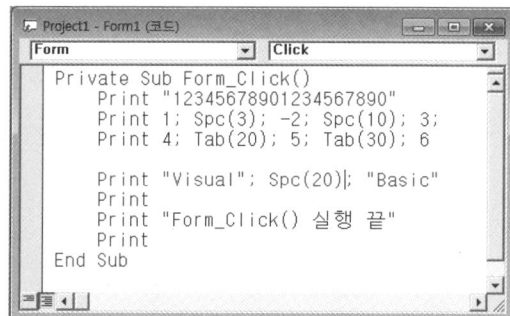

프로그램을 실행해 결과를 확인한다.

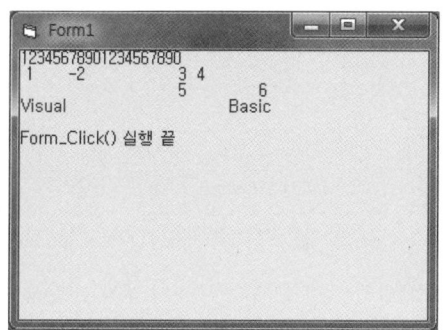

프로그램 실행 결과에서 확인할 수 있듯이 자리를 가지런히 맞추고자 할 때에는 Print 메소드에서 Tab( )을 사용하면 된다.

양식을 지정하여 수치를 출력하려면 양식을 지정하여 수치를 출력할 때(예 : 1234 → 1,234)에는 Format( ) 함수를 사용한다.

수행문의 종류

수행문은 대부분 디렉토리나 파일에 관련된 것으로 다음과 같다.

1) 디렉토리 관련 수행문

ChDir, MkDir, RmDir, ChDrive

2) 파일 입·출력 수행문

　　Open, Close, Input, Print, Get, Put, ...

3) 파일 처리 수행문

　　Kill, Name

4) 기타 수행문

　　Beep, MsgBox, Date, Time, Randomize

열거한 수행문 이외에도 여러 문이 더 존재한다. 이들은 대부분 도스(DOS)와 호환성을 위한 것으로 비주얼 베이직에서는 별 효용 가치가 없다.

수행문과 제어문, 선언문

일반 프로그래밍 언어에서는 '수행문은 처리를 수행', '제어문은 프로그램 실행 흐름을 제어', '선언문은 자료를 준비'하는 것으로 명확히 구별하여 사용하나, 베이직에서는 용어상으로 이들 세 개 사이에 구별이 없다.

도스(DOS) 기반의 베이직에서는 모두 명령(Command)이고, 비주얼 베이직에서는 모두 문(Statement)이다. 시작 단계에서는 헷갈리는 면이 없어 편리하나 어느 정도 익숙해지면 개념상으로 혼동이 야기된다. 따라서 일반 프로그래밍 언어에 준해 '비주얼 베이직의 문(Statement)'들을 수행문, 제어문, 선언문으로 구별하여 설명한다.

디렉토리와 드라이브 처리 수행문

디렉토리와 드라이브를 처리하기 위한 수행문의 종류와 기능은 다음과 같다.

수행문	기능
ChDir 경로	현재 디렉토리를 '경로에 해당하는 디렉토리'로 변경
MkDir 경로	'경로에 해당하는 디렉토리'를 작성
RmDir 경로	'경로에 해당하는 디렉토리'를 삭제
ChDrive 드라이브명	현재 드라이브를 변경

Tip 디렉토리 관련 함수

1) ChDir "\" : 현재 디렉토리를 루트 디렉토리로 변경한다.

2) MkDir "\VB\IMSI" : \VB 디렉토리 아래에 IMSI라는 디렉토리를 작성. 이때 \VB 디렉토리가 존재하지 않으면 에러로 처리된다.

3) RmDir "\VB\IMSI" : \VB\IMSI 디렉토리를 삭제한다.

● 실습하기 (Directory.vbp)

C 드라이브의 현재 디렉토리를 \WINDOWS로 변경하고, TEST 폴더를 생성 및 삭제해 보자.

① C 드라이브의 현재 디렉토리를 \WINDOWS로 변경하고, TEST 폴더를 생성 및 삭제하기 위한 소스 코드를 입력한 후 "Directory.vbp"로 저장한다.

```
Private Sub Form_Click()
    ChDrive "C:"
    ChDir "\WINDOWS"

    Print "현재 디렉토리 : " & CurDir
    Print
    MkDir "\TEST"
    Print "TEST 디렉토리가 생성되었습니다."
    del = "TEST 디렉토리를 삭제할까요?"
    MsgBox dle, vbYesNo, "삭제"

    RmDir "\TEST"
    Print "TEST 디렉토리를 삭제했습니다."
End Sub
```

② 폼 창을 클릭함과 동시에 C 드라이브의 현재 디렉토리를 \WINDOWS로 변경하고, TEST 폴더를 생성한다.

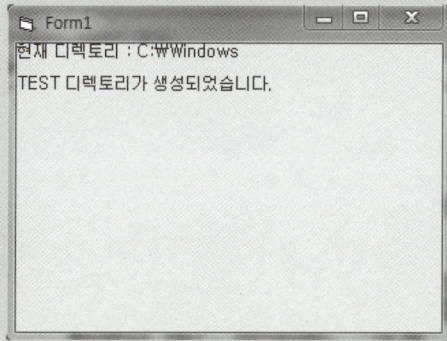

③ [내 컴퓨터]를 이용해 TEST 폴더가 생성된 것을 확인한다.

④ TEST 폴더를 삭제하기 위한 메시지 창이 나타나면 [예(Y)] 또는 [아니오(N)] 버튼을 클릭해 폴더를 삭제 처리한다.

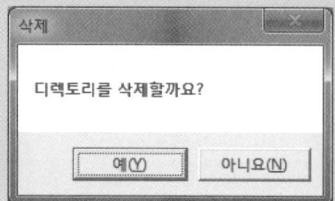

여기서는 메시지 박스의 어떤 버튼을 클릭해도 TEST 디렉토리는 삭제된다.

⑤ 과정 ④의 메시지 창에서 [예(Y)] 또는 [아니오(N)] 버튼을 클릭하면 폼 창에 TEST 폴더가 삭제되었다는 메시지를 출력한다.

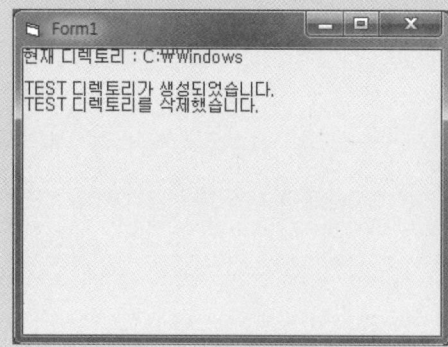

⑥ C 드라이브에 TEST 폴더가 삭제된 것을 확인할 수 있다.

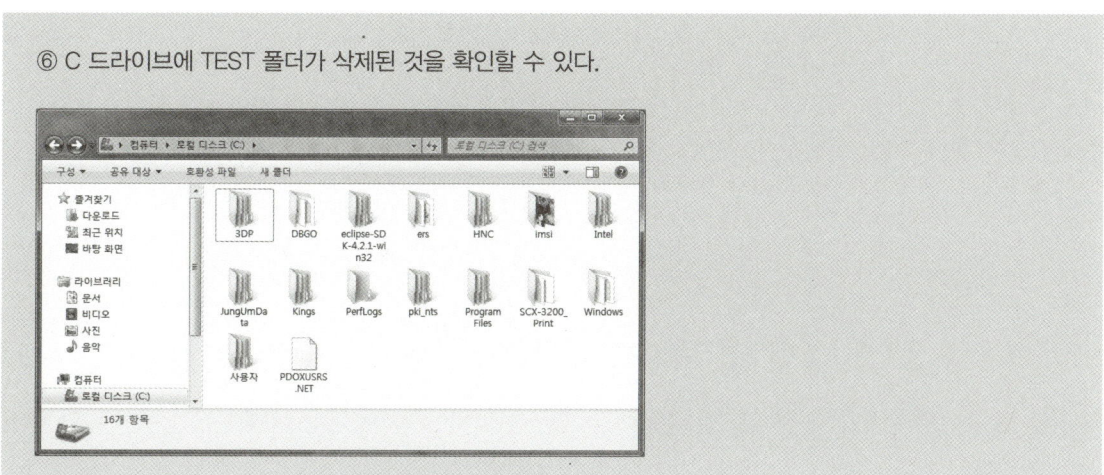

> **Tip** **CurDir 함수**
>
> CurDir 함수는 '현재 디렉토리의 경로'를 구할 때 사용되는 함수이다.

파일 입출력 처리 수행문

비주얼 베이직에서 파일을 처리하는 방법에는 크게 두 가지가 있다. 바로 순차 처리와 랜덤 처리이다.

1) 순차 처리 : 파일의 내용을 '처음 → 끝' 순으로 순서대로 입출력한다.

2) 랜덤 처리 : 파일의 내용을 '임의적인 순서(레코드 번호)'로 입출력한다.

이제 이들 방식에 대해 자세히 알아보자.

■ **순차 입력(Sequential Input : Line Input 수행문)**

파일의 내용을 '처음→끝' 순으로 순서대로 읽어들여 처리하는 방법이다. 다음의 수행문을 사용한다.

```
Open 파일명 For Input As #n
```
앞에 반드시 파일이 수록된 디렉토리의 경로를 붙여야 한다.

파일을 입력용으로 열고 n번 번호를 부여한다. 그리고 이 파일에 대해서는 읽기만 가능하고 쓰기는 불가능하다. 이때, n은 1부터 255 사이의 정수를 지정할 수 있다.

```
Line Input #n, 변수명
```

n번 파일의 '현재의 입·출력 위치'에서 1줄을 읽어 변수에 수록, 문자 단위로 읽어들일 때에는 Input( ) 함수를 사용한다. 예를 들어 x=Input(5, #2)는 2번 파일의 현재의 입·출력 위치에서 5문자를 읽어들여 x에 저장한다.

```
Close #n
```

n번 파일을 닫으면 이후 n번 파일에 대해서는 입출력은 불가능하다.

유의할 점은 파일 입·출력 전에는 반드시 해당 파일을 열어야 하고(Open 수행문), 출력이 끝난 후에는 닫아준다.

이번에는 파일명을 입력받아 해당 파일의 시작 부분 10줄을 표시하는 프로그램을 표시하는 실습을 해보자. 당연한 이야기이겠지만, 텍스트 파일의 내용만 정상적으로 표시되고 이진 파일은 정상적으로 표시되지 않는다.

● **실습하기 (Sequence.vbp)**

파일명을 입력받아 해당 파일의 시작 부분 10줄을 표시하자.

① 파일명을 입력받아 해당 파일의 시작 부분 10줄을 표시하기 위한 소스 코드를 입력한 후 "Sequence.vbp"로 저장한다.

```
Private Sub Form_Click( )
    Dim msg, f_name, f_line, f_data
    msg = "입력명(경로)을 입력해요!!"
    
    f_name = InputBox(msg, "파일명")
    
    Open f_name For Input As #1
    For i = 1 To 10
    Line Input #1, f_line
    If EOF(1) Then Exit For
    f_data = f_data & f_line & Chr(10)
    Next
    Close #1
    
    MsgBox f_data, vbOKOnly, f_name & "파일(처음 10줄)"
End Sub
```

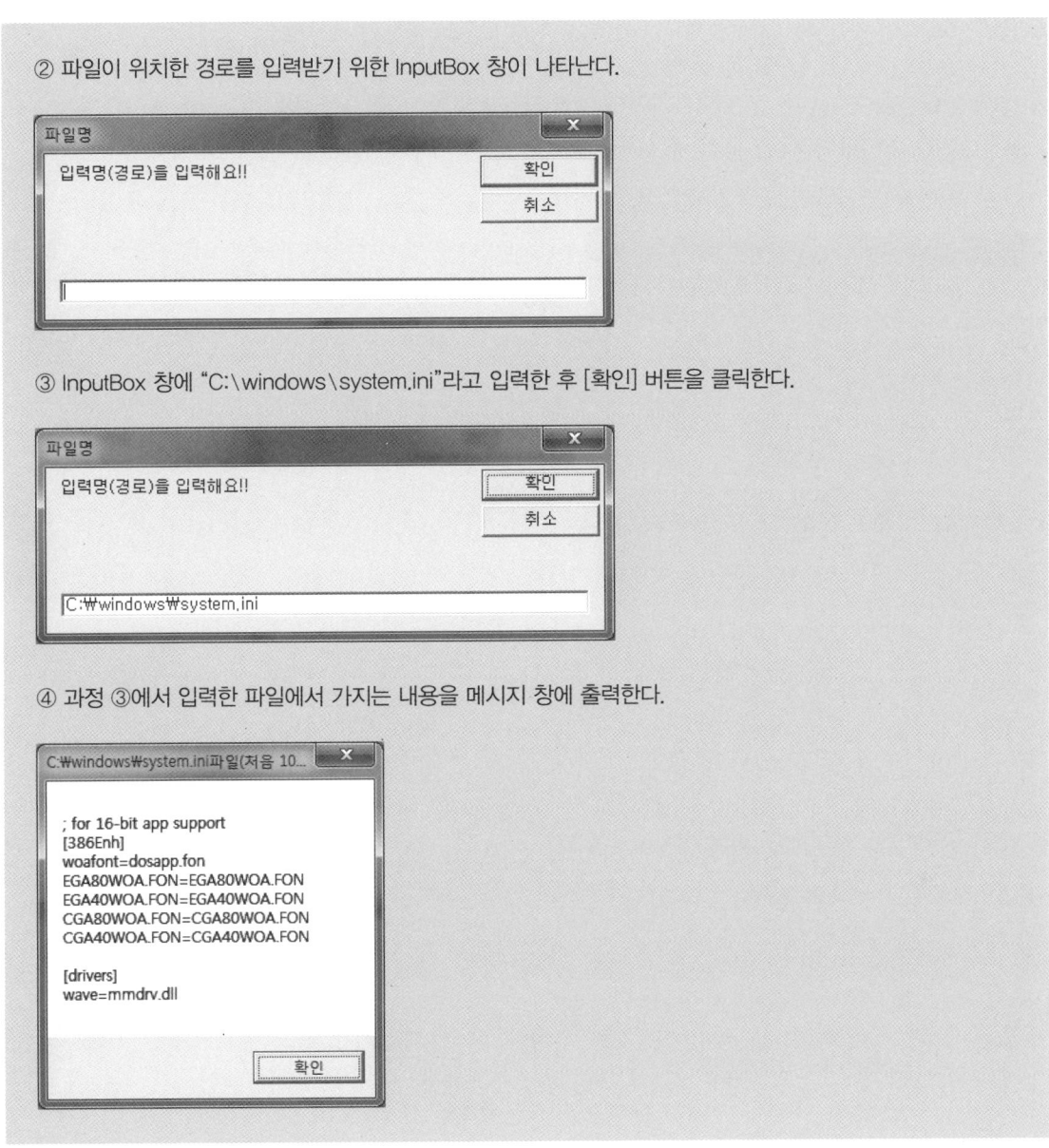

② 파일이 위치한 경로를 입력받기 위한 InputBox 창이 나타난다.

③ InputBox 창에 "C:\windows\system.ini"라고 입력한 후 [확인] 버튼을 클릭한다.

④ 과정 ③에서 입력한 파일에서 가지는 내용을 메시지 창에 출력한다.

핵심 코드는 다음과 같다.

```
Dim msg, f_name, f_line, f_data
```

프로시저 중에서 사용할 변수를 선언한다. 없어도 되지만 본격적인 프로그램을 작성할 때에는 프로시저 시작 부분에서 해당 프로시저에서 사용되는 변수를 Dim으로 선언해 주는 것이 좋다. 해당 변수들은 해당 프로시저의 지역 변수임을 명확히 알 수 있기 때문이다.

```
Open f_name For Input As #1
```

f_name 변수에서 가지는 값이 "C:\WINDOWS\SYSTEM.INI"인 경우에는 이 파일을 '순차 읽기용'으로 열고(For Input) 파일 번호 1을 부여한다. 이후 1번 파일을 대상으로 한 입출력은 C:\WINDOWS\SYSTEM.INI 파일에 입출력된다.

```
Line Input #1, f_line
```

1번 파일의 현재의 입출력 위치에서 1줄을 읽어 f_line에 수록한다. 수행문을 실행한 후 파일의 입출력 위치는 다음 줄로 이동한다.

```
If EOF(1) Then Exit For
```

1번 파일의 '현재의 입출력 위치'가 파일의 끝이면(If EOF(1)) For~Next 루프를 빠져 나간다(Exit For). EOF(n) 함수는 n번 파일의 '현재의 입출력 위치'가 파일의 끝이면 참(True), 아니면 거짓(False)을 구한다.

```
f_data = f_data & f_line & Chr(10)
```

Line Input 수행문은 파일에서 1줄을 읽는데 해당줄 끝의 '줄바꿈 문자(Chr(10))'는 읽지 않는다.

■ **순차 출력(Sequential Output : Print 수행문)**
파일에 자료를 순서대로 출력하는 방법으로 다음의 수행문을 사용한다.

```
Open 파일명 For Output As #n
```

파일을 새로이 생성하고, n번 파일 번호를 부여한다. 이 파일에 대해서는 출력만 가능하고(For Output) 입력은 불가능하다. 만약 디스크 상에 파일이 존재하지 않으면 새로 작성되고, 존재하면 파일의 기존 내용은 지워진다.

```
Print #n 자료1, 자료2...
```

n번 파일에 지정한 자료를 출력한다. 자료 지정/출력 방법은 Print 메소드의 경우와 동일하다. 자료 출력 후에는 '줄바꿈 문자(Chr(10))'가 자동적으로 출력된다.

```
Close #n
```

n번 파일을 닫는다.

● 실습하기 (Sequence1.vbp)

5개의 레코드를 순차적으로 "student.txt" 파일에 출력하자.

① 5개의 레코드를 순차적으로 "student.txt" 파일에 출력하기 위한 소스 코드를 입력한 후 "Sequence1.vbp"로 저장한다.

```
Private Sub Form_Click()
    Dim stu(1 To 5)
    Dim jumsu(1 To 5)

    stu(1) = "홍길동"
    jumsu(1) = 85

    stu(2) = "성춘향"
    jumsu(2) = 76

    stu(3) = "이몽룡"
    jumsu(3) = 89

    stu(4) = "홍길동"
    jumsu(4) = 92

    stu(5) = "마시마로"
    jumsu(5) = 80
    Open "D:\student.txt" For Output As #1

    For i = 1 To 5
      Print #1, stu(i), jumsu(i)
    Next

    Close #1
      MsgBox "파일 출력 종료"
End Sub
```

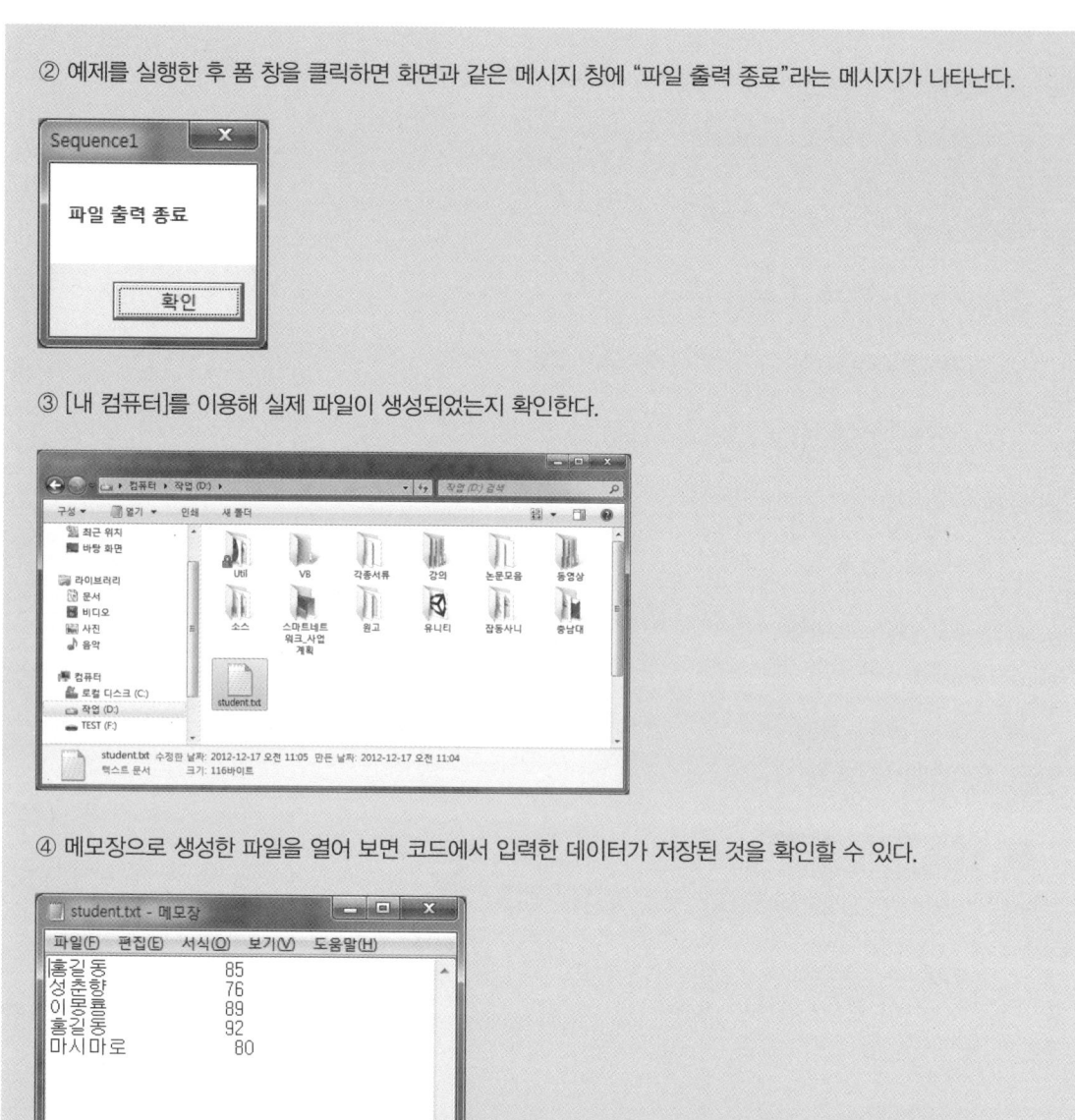

핵심 코드는 다음과 같다.

```
Open "D:\student.txt" For Output As #1
```

D:\ 디렉토리에 student.txt 파일을 새로 생성하고 파일 번호 1을 부여하여 쓰기용으로 연다(For Output). 이 프로그램은 실행 시 마다 D:\student.txt 파일은 매번 새로 생성되며, 이전의 파일 내용은 없어진다. 이전의 파일 내용을 유지시키려면 'For Append'로 Open시킨다.

```
Close #1
```

1번 파일이 닫혀지면 파일 끝에 파일 끝 코드(코드가 26인 문자)가 자동으로 추가된다.

■ **순차 추가 출력(Sequential Append : Print 수행문)**

Open … For Output으로 파일을 열면 파일의 기존 내용은 지워진다. 파일의 기존 내용을 그대로 유지한 채 파일에 추가적으로 자료를 출력할 때에는 파일을 다음과 같이 연다.

```
Open 파일명 For Append As #n
```

파일이 디스크에 존재하지 않으면 새로 생성하여 열고, 존재하면 해당 파일의 내용을 유지한 채 연다. 이 파일에 대해서는 출력만 가능하며 출력 자료는 기존 파일의 뒤에 추가된다.

● 실습하기 (Sequence2.vbp)

텍스트 파일에 새로운 내용을 추가한 후 폼 창에 출력하는 프로그램을 작성해 보자.

① 텍스트 파일에 새로운 내용을 추가한 후 폼 창에 출력하기 위한 소스 코드를 입력한 후 "Sequence2.vbp"로 저장한다.

```
Private Sub Form_Click()
    Form1.AutoRedraw = True

    'sutdent.txt 파일을 쓰기 전용으로 열고, 2개의 레코드 추가
    Open "D:\student.txt" For Append As #2
    Print #2, "짱구"; 79
    Print #2, "둘리"; 75
    Close #2

    MsgBox "student.txt 파일 내용 보여주기"

    Form1.Cls
    Open "D:\student.txt" For Input As #2

    Print "student.txt 파일 내용"

    Do While Not EOF(2)
      Line Input #2, fileline
      Print fileline
```

```
        Loop

        Close #2
End Sub
```

② 예제를 실행한 후 폼 창을 클릭하면 화면과 같은 메시지 창이 나타난다.

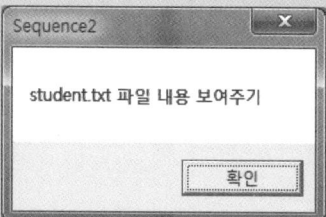

③ 과정 ②의 메시지 창에서 [확인] 버튼을 클릭하면 폼 창에 코드에서 입력한 데이터가 추가되어 나타나는 것을 확인할 수 있다.

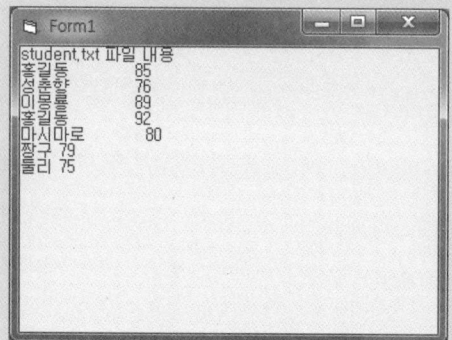

④ 메모장을 이용해 추가된 데이터를 확인한다.

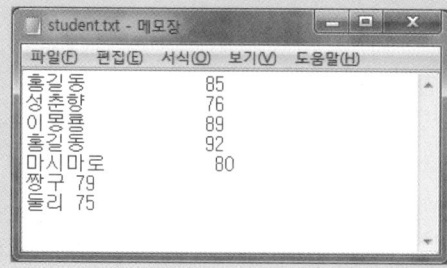

■ 랜덤 입출력(Random Input/Output : Get, Put 수행문)

보관용 자료 파일은 지금까지 설명한 '순차 처리 방식'으로 처리하고, 사용되는 자료 파일은 지금까지 설명한 방식으로 처리하지 않는다. 처리에 많은 어려움이 따르기 때문이다. 이때에는 '랜덤 입출력 방식'으로 파일을 열어서 사용한다(Open~For Random). 이 경우, 파일은 랜덤 파일의 형식으로 작성되며, 레코드 단위로 처리된다.

랜덤 파일의 레코드 구조는 다음과 같다.

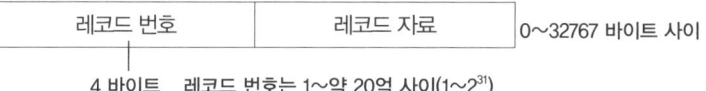

랜덤 파일의 레코드에는 내부적으로 '레코드 번호용 필드(폭은 4바이트)'가 존재하며, Get, Put 수행문은 이 레코드 번호를 사용하여 자료를 레코드 단위로 입출력한다.

랜덤 입출력시에는 다음의 수행문을 사용한다.

```
Open 파일명 For Random As #n Len=바이트수
```

파일을 랜덤 입출력용으로 열고 n번 파일 번호를 부여한다. 이 파일의 한 레코드의 길이는 '바이트수'로 간주된다. 이때 '바이트수'로는 레코드용 실제 자료보다 4바이트 더 크게 설정한다(레코드 번호용).

```
Get #n, m, 변수
```

n번 랜덤 파일에서 m번째 레코드를 읽어들여 변수에 수록한다. 이때 레코드의 '레코드 번호' 필드는 읽혀지지 않는다.

```
Put #n, m, 자료
```

n번 랜덤 파일의 m번째 레코드에 '자료'를 출력한다.

● **실습하기** (Random.vbp)

5개의 데이터를 입력한 후 레코드 번호를 입력받아 해당 레코드에 저장된 데이터를 표시하자.

① 5개의 데이터를 입력한 후 레코드 번호를 입력받아 해당 레코드에 저장된 데이터를 표시하기 위한 소스 코드를 입력한 후 "Random.vbp"로 저장한다.

```
Private Sub Form_Click()
   Dim ran(1 To 5)

     ran(1) = "홍길동 92"
     ran(2) = "이몽룡 81"
     ran(3) = "성춘향 86"
     ran(4) = "이방자 73"
     ran(5) = "박향단 65"

     '랜덤 파일로 만들고, 5개의 레코드 출력
     Open "D:\Random_File.txt" For Random As #1 Len = 13

     For i = 1 To 5
       Put #1, i, ran(i)
     Next

     cnt = LOF(1) / 13
     Title = "레코두 개수 : " & cnt
     n = InputBox("레코드 번호?", Title, "1")
     Get #1, n, f_record

     Title = n & "번 레코드 : " & f_record
     MsgBox Title, vbInformation

     Close #1
End Sub
```

② 예제를 실행한 후 폼 창을 클릭하면 화면과 같이 InputBox 창으로 검색하고자 하는 레코드 번호를 입력받는다. 여기서는 "3"이라고 입력한 후 [확인] 버튼을 클릭한다.

③ 메시지 창에 3번에 해당하는 레코드 데이터를 출력한다.

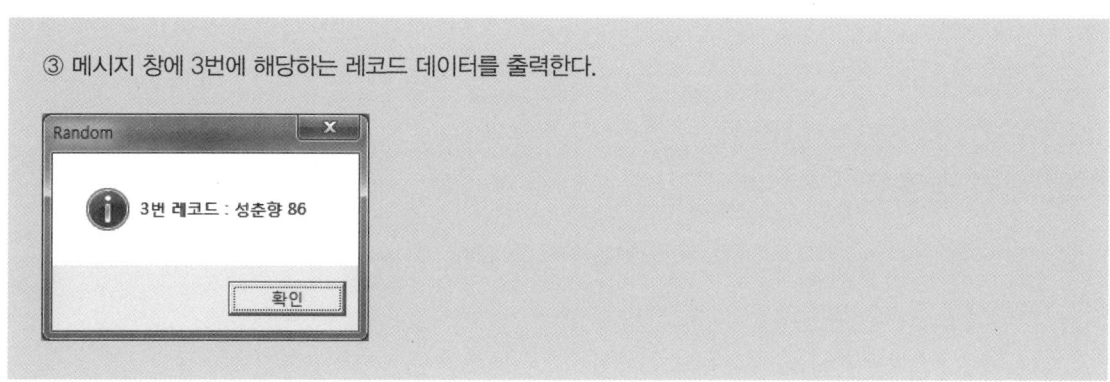

핵심 코드는 다음과 같다.

```
Open "D:\Random_File.txt" For Random As #1 Len=13
```

디스크에 D:\Random_File.txt 파일을 새로 작성하고 '랜덤 입출력 겸용'으로 연다. 레코드의 실제 폭은 9바이트이므로 Len은 4바이트 더 큰 13으로 설정한다(한글은 1자가 2바이트).

랜덤 파일 모드를 지정하여 열려면 다음과 같이 실행한다.

1) 읽기용

　　Open~For Random Access Read

2) 쓰기용

　　Open~For Random Access Write

3) 읽기 · 쓰기 겸용

　　Open~For Random Access ReadWrite

```
Put #1, i, ran(i)
```

1번 파일의 i번째 레코드에 ran(i)을 출력한다.

```
cnt = LOF(1) / 13
```

LOF(1) 함수 값은 1번 파일의 현재의 바이트수이다. 따라서 이를 레코드의 폭인 13으로 나누면 현재의 레코드 개수를 구할 수 있다.

```
Get #1, n, f_record
```

1번 랜덤 파일에서 n번째 레코드를 읽어들여 f_record에 수록한다. 이때 파일에서 레코드 번호 필드는 읽혀지지 않는다.

파일 처리 수행문

파일 처리 수행문에서 사용되는 명령어와 기능은 다음과 같다.

명령	기능
Kill 파일명	디스크에서 파일을 삭제
Name 파일명1 As 파일명2	파일명1을 파일명2로 변경
FileCopy 파일명1, 파일명2	파일명1을 파일명2에 복사

예를 들어, 다음과 같은 경우 C:\ 디렉토리에서 TEST.TXT 파일을 삭제한다.

```
Kill "C:\TEST.TXT"
```

이때 디스크에 이 파일이 존재하지 않으면 "파일을 찾을 수 없습니다."라는 오류(오류 번호 53)가 발생한다.

```
Name "\TEST.TXT" As "\IMSI.TXT"
```

위의 경우, 디렉토리의 TEST.TXT 파일의 파일명을 IMSI.TXT로 바꾼다.

● **실습하기 (File_Process.vbp)**

파일명을 입력받아 해당 파일을 삭제해 보자.

① 파일명을 입력받아 해당 파일을 삭제하기 위한 소스 코드를 입력한 후 "File_Process.vbp"로 저장한다.

```
Private Sub Form_Click( )
    On Error GoTo err

    f_name = InputBox("파일명?")
    n = MsgBox("삭제?", vbYesNo, f_name)

    If n = vbYes Then
        msg = f_name & "파일을 삭제합니다."
        Kill f_name
    Else
        msg = f_name & "파일 삭제를 취소합니다."
    End If

    MsgBox msg
    End

'에러 처리 루틴
err:
    msg = f_name & "파일이 존재하지 않습니다."

    '에러가 발생한 다음 문장으로 이동한다.
    Resume Next
End Sub
```

② 폼 창을 클릭하면 InputBox 창이 나타난다. 이때, 삭제하고자 하는 파일의 경로와 파일명을 입력한 후 [확인] 버튼을 클릭한다.

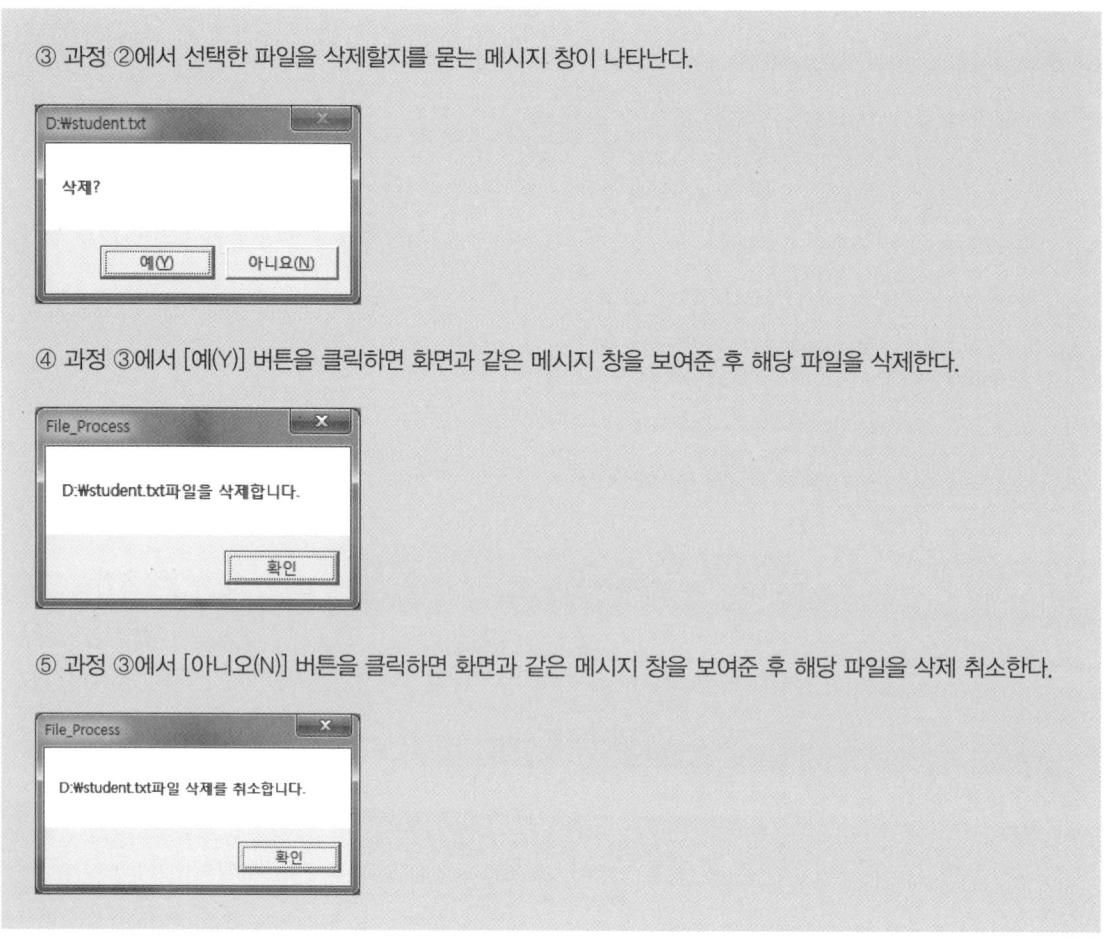

핵심 코드는 다음과 같다.

```
On Error GoTo Err
```

이후 실행 중 에러가 발생하면 무조건 Err: 루틴으로 실행이 이동된다. 만약 Resume Next 문을 만나면 에러를 발생시킨 문장 다음으로 실행이 복귀한다.

```
Kill f_name
```

f_name의 파일을 디스크에서 삭제한다. 삭제할 때 에러가 발생하면 실행이 무조건 Err: 루틴으로 분기하고, Resume Next 문을 만나면 이 Kill 수행문이 포함되어 있는 If 문 다음으로 실행이 복귀한다.

위 프로그램에서 Kill 수행문이 포함되어 있는 'If ~ End If' 전체가 하나의 If 문이다. 따라서 Kill 수행문 실행 시 에러가 발생하면(예를 들어 파일이 없거나, 디렉토리를 지정했거나 등등) Err: 루틴으로 분기하고 Resume Next 문을 만나면 Kill f_name 다음의 Else 위치로 실행이 복귀하는 것이 아니라 'If ~ End If' 다음의 MsgBox Msg 위치로 실행이 복귀한다. 파일 입출력 관련 부분은 Chapter 12. 파일처리 단원에서도 자세히 배울 것이다.

2. 함수(Function)

함수는 비주얼 베이직 프로그램을 좀 더 용이하게 하도록 제공하는 것으로 일반적으로 사용되는 함수와 사용자가 임의로 정의한 함수가 있다. 이번 단원에서는 비주얼 베이직에서 기본적으로 제공하는 수학, 문자열, 파일 처리 등과 관련된 함수에 대해 알아보자.

수학 함수

비주얼 베이직에서 제공하는 수학 함수의 종류와 값은 다음과 같다.

함수	함수값	예/비고
Int(x)	x를 넘지 않는 최대 정수	Int(3.14) → 3
Fix(x)	x의 정수 부분	Fix(-3.14) → -3
Abs(x)	x의 절대값	
Sqr(x)	x의 제곱근	Sqr(2) → 1.414
Hex(x)	x의 16진수 값(문자열)	Hex(254) → FE
Sgn(x)	x가 양수이면 1, 음수이면 -1, 0이면 0	Sgn(-10) → -1
Rnd	0~0.9999... 사이의 난수	
Sin(x)	x의 사인값	x는 각도가 아닌
Cos(x)	x의 코사인값	라디안 단위
Tan(x)	x의 탄젠트값	라디안=각도/180*π
Exp(x)	e^x값	Exp(1) → 2.718
Log(x)	log x값	Log(2.718) → 0.999

■ Int( ) 함수

Int(x) 함수는 x 이하인 최대 정수를 구하고, 사용 예는 다음과 같다.

```
Int(3.14) → 3
Int(-3.14) → -4
```

Int(음수의 소수점 수) 함수는 해당 '음수의 정수 부분-1' 값을 구한다.

■ Hex() 함수

Hex() 함수는 입력받은 값을 16진수 값으로 변환할 때 사용하는 함수이다. 이번에는 실습을 통해 Hex() 함수를 알아보자.

● 실습하기 (Hex.vbp)

10진수를 입력받아 16진수로 변환하자.

① 10진수를 입력받아 16진수로 변환하기 위한 소스 코드를 입력한 후 "Hex.vbp"로 저장한다.

```
Private Sub Form_Click()
    n = InputBox("정수를 입력해요!!", 입력)

    msg = msg + "16진수 :" & Hex(n)
    MsgBox msg, vbInformation
End Sub
```

② 10진수를 입력받아 16진수로 변환해서 출력하기 위한 예제에서 "14"라고 입력한 후 [확인] 버튼을 클릭한다.

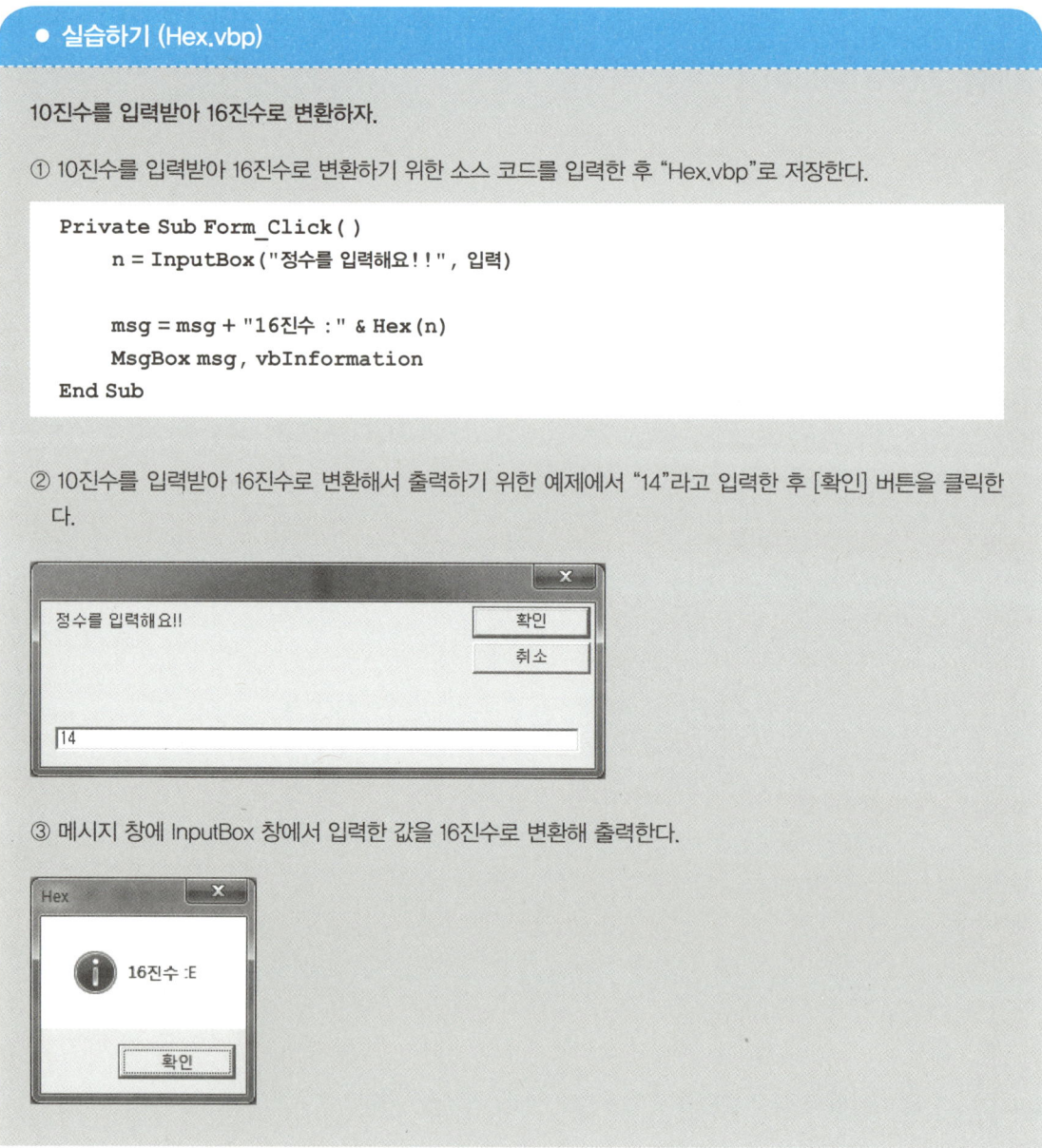

③ 메시지 창에 InputBox 창에서 입력한 값을 16진수로 변환해 출력한다.

■ Rnd 함수

Rnd 함수는 0부터 0.9999 사이의 난수를 구할 때 사용한다.

```
nansu = Int(15*Rnd+25)
```

발생되는 난수의 범위는 다음과 같다.

```
Int(15*Rnd) + 20  →  25~39 사이의 정수
     │
     │0~0.9999 사이│
     │
     │0~14.9999 사이│
```

특정 범위의 정수 난수를 발생시킬 때에는 이와 같은 방법을 사용한다.

● 실습하기 (Rnd.vbp)

Rnd 함수를 이용해 10부터 20사이의 정수 중에서 난수 50개를 발생시켜 보자.

① Rnd 함수를 이용해 10부터 20사이의 정수 중에서 난수 50개를 발생시키기 위한 소스 코드를 입력한 후 "Rnd.vbp"로 저장한다.

```
Private Sub Form_Click()
    Randomize
    
    Print "10부터 20사이의 난수 50개"
    
    For i = 1 To 50
      nansu = Int(9 * Rnd) + 10
      Print nansu;
      
      If (i Mod 10) = 0 Then Print
    Next
End Sub
```

② Rnd 함수로 10부터 20사이의 정수 중에서 난수 50개를 발생시킨다.

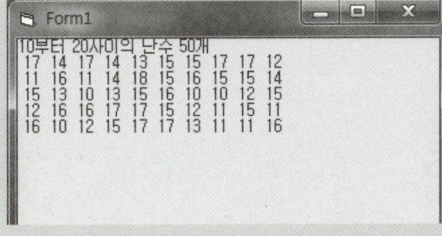

핵심 코드는 다음과 같다.

```
Randomize
```

난수 발생을 초기화한다. Rnd 함수를 사용할 때에는 대부분 사전에 Randomize 수행문을 실행 시킨다. 그렇지 않으면 처음 프로그램을 실행할 때 '3 1 4 2'의 난수가 발생했다면 다음 번 프로그램 실행 시에도 '3 1 4 2'의 난수가 발생한다. 즉, 프로그램을 실행할 때마다 항상 동일한 난수가 발생된다.

■ Sin(x), Cos(x), Tan(x) 함수

이 함수들은 x의 사인값, 코사인값, 탄젠트값을 구한다. Sin(x), Cos(x), Tan(x)에서 x는 각도 단위가 아닌 라디안 단위로 사용된다는 점에 유의해야 한다. 각도 d를 라디안으로 변환하려면 'd/180×π'으로 해주면 된다.

● 실습하기 (Sin_Tan.vbp)

Sin과 Tan 함수를 이용해 Sin 30도와 Tan 45도 값을 구하자.

① Sin과 Tan 함수를 이용해 Sin 30도와 Tan 45도 값을 구하기 위한 소스 코드를 입력한 후 "Sin_Tab.vbp"로 저장한다.

```
Private Sub Form_Click()
    Const pi = 3.141592654
    Print "Sin 30도와 Tan 45도 값 구하기"
    Print Sin(30 * pi / 180)
    Print Tan(45 * pi / 180)
End Sub
```

② Sin과 Tan 함수를 이용해 Sin 30도와 Tan 45도 값을 구한다.

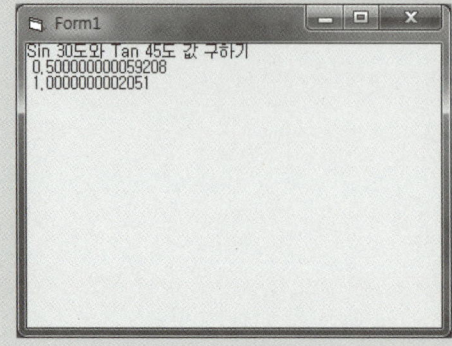

문자열 처리 함수

비주얼 베이직에서 문자열 처리 함수를 이용해 입력한 문장을 처리할 수 있다.

함수	함수값
LCase(문자열)	문자열의 영어 대문자를 모두 소문자로 바꾼 값
UCase(문자열)	문자열의 영어 소문자를 모두 대문자로 바꾼 값
Left(문자열, n)	문자열의 왼쪽 n문자(바이트)
Right(문자열, n)	문자열의 오른쪽 n문자
Mid(문자열, m, n)	문자열의 m번째 이후 n문자. n을 생략하면 m번째 이후 모든 문자.
LTrim(문자열)	문자열 왼쪽의 공란을 잘라 없앤 값
RTrim(문자열)	문자열 오른쪽의 공란을 잘라 없앤 값
Trim(문자열)	문자열 왼쪽과 오른쪽의 공란을 잘라 없앤 값
Len(문자열)	문자열의 길이(바이트수)
InStr([n,] 문자열1, 문자열2)	문자열1의 n번째 문자 이후에 '문자열2'가 포함되어있는 위치로 포함되어 있지 않으면 0이다.

비주얼 베이직에서 문자열을 처리하기 위한 함수에 대해 알아보자.

● 실습하기 (String.vbp)

입력받은 문자열을 대↔소문자로 변환하고, 왼쪽과 오른쪽부터 몇 번째 위치했는지를 알아내는 프로그램을 작성해 보자.

① 입력받은 문자열을 대↔소문자로 변환하고, 왼쪽과 오른쪽부터 몇 번째 위치했는지를 알기 위한 소스 코드를 입력한 후 "String.vbp"로 저장한다.

```
Private Sub Form_Click()
    s = "Visual Basic"

    Print LCase(s)  '소문자로 변환
    Print UCase(s)  '대문자로 변환
    Print Left(s, 6)  '왼쪽 6자
    Print Right(s, 5)  '오른쪽 5
    Print Mid(s, 3, 6)  '3번째부터 6글자
    Print Len(s)  '12
    Print Len("문자열 길이")  '6
End Sub
```

② 입력받은 문자열을 대↔소문자로 변환하고, 왼쪽과 오른쪽부터 몇 번째 위치했는지를 출력한다.

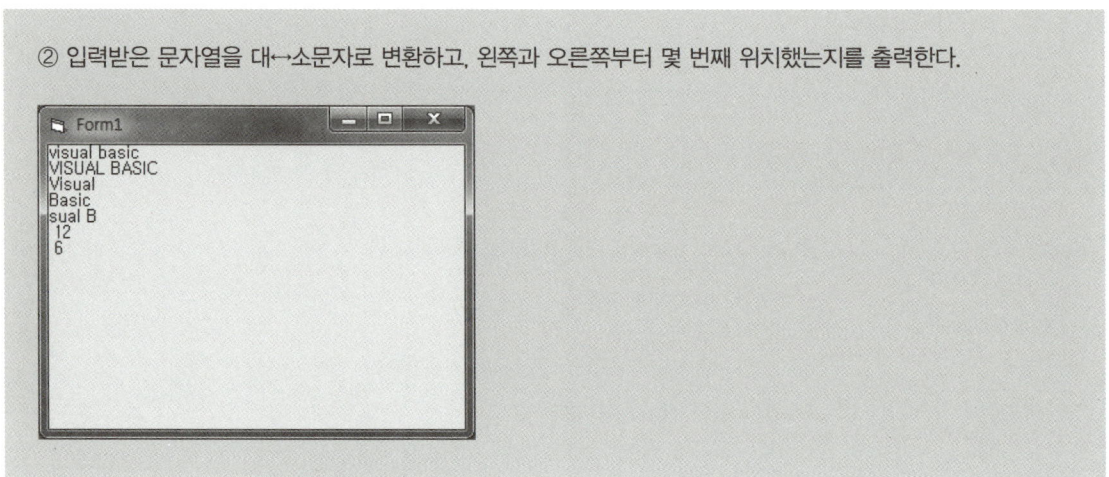

> **Tip** **Mid 문**
>
> Mid 문의 사용 형식은 다음과 같다.
>
> ```
> Mid(str1, n, [,ℓ]) = str2
> ```
>
> str1의 n번째 이후 ℓ 문자를 str2(의 처음 n문자)로 바꾼다. ℓ 을 생략하면 n번째 이후의 'str2의 길이' 만큼의 문자열이 str2로 바뀐다.
>
> Mid 문를 이용한 사용 예는 다음과 같다.
>
> ```
> a="ABCDEFG":Mid(a, 2, 4)="vbasic"
> ```
>
> Mid문 수행 후 a="AvbasFG"가 된다.
>
> ```
> a="ABCDEFG":Mid(a, 4)="123"
> ```
>
> Mid문 수행 후 a="ABC123G"가 된다.

■ InStr( ) 함수

InStr([n,] 문자열1, 문자열2)는 '문자열1'중에 '문자열2'가 포함되어 있는 위치를 구한다. 포함되어 있지 않으면 0을 구하며, n을 지정하면 n번째 문자(바이트)부터 조사를 시작한다. 한글과 한자는 1자가 2바이트이다.

x="The␣BASIC␣is␣BASIC"일 때 다음에 예를 살펴보자(␣기호는 공백을 나타낸다).

```
InStr(x, "BASIC")
```

첫 번째로 "BASIC"이 포함되어 있는 위치인 5를 구하고, 5바이트 이후에 첫 번째로 포함되어 있다.

```
InStr(7, x, "BASIC")
```

위와 같으나 7번째 문자(바이트)부터 조사를 시작하고, 14를 구한다.

```
InStr(x, "DUCK")
```

"DUCK"는 포함되어 있지 않으므로 0을 구한다.

● 실습하기 (InStr.vbp)

4개의 문자열 중에서 "BASIC"이 포함되어 있는 문자열만 표시해 보자.

① 4개의 문자열 중에서 "BASIC"이 포함되어 있는 문자열만 표시하기 위한 소스 코드를 입력한 후 "InStr. vbp"로 저장한다.

```
Private Sub Form_Click()
    Dim x(3)
    x(0) = "BASIC BASIC"
    x(1) = "비주얼 베이직"
    x(2) = "Visual Basic"
    x(3) = "비주얼 Basic"
    
    For i = 0 To 3
      n = InStr(x(i), "BASIC")
      
      If n <> 0 Then Print n, x(i)
    Next
End Sub
```

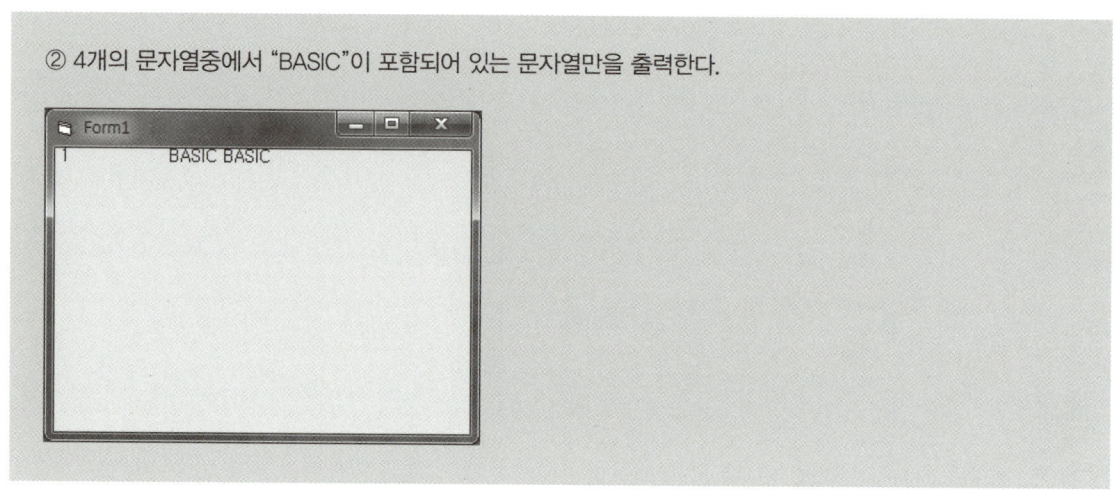

② 4개의 문자열중에서 "BASIC"이 포함되어 있는 문자열만을 출력한다.

파일 관련 함수

비주얼 베이직에서 파일을 처리하기 위한 함수는 다음과 같다.

함수	함수값
EOF(n)	n번 파일의 현재의 입출력 위치가 파일 끝이면 참(True), 아니면 거짓(False)
LOF(n)	열려져 있는 n번 파일의 현재의 바이트수
Dir(파일 형태)	'파일 형태'에 일치하는 첫 번째 파일의 이름
Dir	'파일 형태'에 일치하는 다음 번 파일의 이름
FileLen(파일명)	파일의 바이트수

EOF( ) 함수와 LOF( ) 함수는 현재 열려져 있는 파일을 대상으로 값을 구하고, Dir( ), Dir, FileLen( ) 함수는 디스크상의 파일을 대상으로 값을 구한다.

```
filename = Dir("C:\WINDOWS\C*.EXE")
```

C:\WINDOWS 디렉토리에서 C*.EXE에 해당하는(파일명 첫 글자가 C이고 확장이 EXE인) 첫 번째 파일을 조사하여 있으면 그 파일명을 구하고, 없으면 공문자열(길이가 0인 문자열 : "")을 구한다.

"C:\WINDOWS\C*.EXE"에 일치하는 다음 번 파일명을 구하려면 Dir 함수를 단독으로 사용하면 된다(filename = Dir).

색상 함수

비주얼 베이직에서 사용되는 색상 처리 함수의 종류와 값은 다음과 같다.

함수	함수값
QBColor(n)	코드 n에 대한 RGB 색상 코드
RGB(r, g, b)	Red가 r, Green이 g, Blue가 b인 색에 대한 RGB 색상 코드. r, g, b는 0~255 사이

색상 함수에 대해 알아보자.

■ QBColor( ) 함수

QBColor(n) 함수의 n에 대한 색상은 다음과 같다.

n(색상 코드)	색상	n(색상 코드)	색상
0	검정	8	회색
1	파랑	9	옅은 파랑
2	초록	10	옅은 초록
3	청록(Cyan)	11	옅은 청록
4	빨강	12	옅은 빨강
5	자홍(Magenta)	13	옅은 자홍
6	갈색	14	노랑
7	옅은 회색	15	하양

이 함수는 개체의 색상 속성(BackColor, ForeColor, FillColor)의 값을 설정할 때 사용된다.

● 실습하기 (Color.vbp)

입력된 글자를 RGB 색상으로 출력하자.

① 입력된 글자를 RGB 색상으로 출력하기 위한 소스 코드를 입력한 후 "Color.vbp"로 저장한다.

```
Private Sub Form_Click()
    AutoRedraw = True
    FontSize = 10

    Print "색상 코드", "RGB 코드"

    For i = 0 To 15
        ForeColor = QBColor(0) : Print i, Hex(QBColor(i))
        ForeColor = QBColor(i) : Print "Visual Basic"
    Next
End Sub
```

② 입력된 글자를 RGB 색상으로 출력한다.

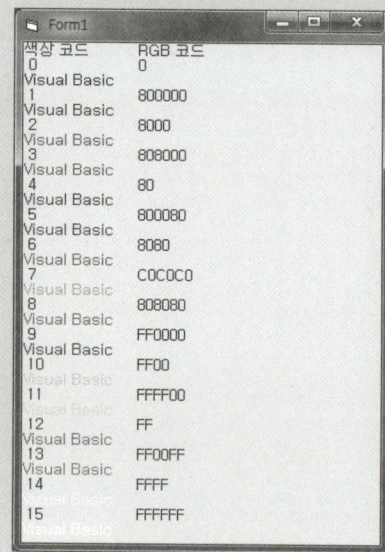

핵심 코드는 다음과 같다.

```
AutoRedraw = True
```

AutoRedraw는 언뜻 변수처럼 보이나 변수가 아니고, 속성(Property)이다. 이 프로그램에서 프로그램이 실행되는 곳은 폼이고 이 폼의 개체 이름은 Form1이다. 이 문장을 정확히 기술하면 다음과 같다.

```
     Form1.FontSize = 10
   이 개체의  이 속성값을  이 값으로 설정
```

AutoRedraw 속성의 내정 값은 False로 개체의 크기가 변경되거나 개체 위에 다른 개체가 표시되고 나면 개체에 표시되어 있는 내용이 다시 그려지지 않으나, True로 설정하면 다시 그려진다.

프로그램 실행 시 Form1 창의 크기를 축소한 후 다시 확대시킨다. 확대 시 Form1 창의 내용이 다시 표시될 것이다. 이 문장을 'AutoRedraw= True'로 변경한 후 프로그램 실행 시 Form1 창의 크기를 축소한 후 다시 확대한다. 이때, 다시 확대한 부분은 지워진다.

```
FontSize=10
```

이 문장을 정확히 기술하면 'Form1.FontSize=10'이며, Form1 창에서의 글자의 크기를 10 포인트로 설정한다. 이와 같이 개체 이름(Form1)을 생략하면 이 코드가 실행되고 있을 때 '촛점이 설정되어 있는 개체'(이 프로그램에서는 폼)가 대상이 된다.

```
ForeColor=QBColor(i)
```

'Form1.ForeColor=QBColor(i)'과 같은 코드로 Form1 창에서 자료/도형이 i번 색상으로 그려진다.

프로그램에서 Form_Click( ) 프로시저는 폼 개체(Form1)를 마우스로 클릭할 때 실행되는 프로시저이다. 즉 Form_Click( ) 프로시저에 대한 개체는 폼(Form1)이며, 마우스로 폼을 클릭하면 폼이 활성화되고 AutoRedraw, FontSize, ForeColor 속성은 폼에 대한 속성을 설정한다.

■ **RGB( ) 함수**

QBColor( ) 함수는 16가지색 밖에는 사용할 수 없으나 RGB( ) 함수는 거의 모든 색을 사용할 수 있다.

```
RGB(r, g, b)

Red→r, Green→g, Blue→b인 색상
r, g, b는 0~255 사이
```

RGB( ) 함수의 사용 예는 다음과 같다.

```
x = RGB(255, 0, 0)
```

위의 경우, 빨간색의 RGB 색상 코드를 구하여 x에 대입한다.

```
x = RGB(50, 100, 150)
```

빨강=50, 초록=100, 파랑=150 비율인 색상의 RGB 색상 코드를 구하여 x에 대입한다.

```
x = RGB(255, 255, 255)
```

하얀색의 RGB 색상 코드를 구하여 x에 대입한다.

● 실습하기 (RGB.vbp)

폼 창의 내부를 특정 색으로 지우자.

① 폼 창의 내부를 특정 색으로 지우기 위한 소스 코드를 입력한 후 "RGB.vbp"로 저장한다.

```
Private Sub Form_Click()
    Form1.BackColor = RGB(0, 255, 0)
    Form1.Cls

    MsgBox "녹색으로 폼 창을 지워요! RGB 코드 : &H" & Hex(BackColor)
    Form1.BackColor = RGB(150, 200, 250)
    Form1.Cls

    MsgBox "RGB 코드 &H" & Hex(BackColor) & "색으로 지워요!"

    For i = 1 To 255
      Form1.BackColor = RGB(i, 0, 0)
       Form1.Cls
    Next
End Sub
```

② 폼 창의 내부를 특정 색으로 지운다.

핵심 코드는 다음과 같다.

```
Form1.BackColor=RGB(0, 255, 0)
```

Form1 개체(폼)의 배경색을 초록색으로 설정한다. 이 프로그램의 경우 'Form1.'은 생략해도 된다.

```
Form1.Cls
```

Form1 창 내부를 지운다(Cls : Clear Screen). 여기서 Cls는 메소드로 Form1 개체에 대해서 기능을 발휘한다.

에러 관련 함수

비주얼 베이직으로 작성한 프로그램을 실행하던 도중에 에러가 발생했을 때, 이 에러를 처리하기 위한 함수가 있다. 이 함수들의 종류와 값은 다음과 같다.

함수	함수값
Err	가장 최근에 발생한 에러의 코드(실행 시의 에러)
Error	가장 최근에 발생한 에러의 메시지
Error(i)	에러 코드가 i인 에러의 메시지

Err 함수, Error 함수는 '프로그램 실행 시의 에러'를 처리할 때 사용된다. 프로그램이 실행되고 있는 도중 배열의 첨자가 잘못되면 Err 함수는 9를, Error 함수는 "첨자 사용이 잘못되었습니다."를 구한다. 실행 도중 에러가 발생하면 실행이 중단되는데, 중단되지 않게 하려면 On Error~GoTo 문을 사용한다.

● **실습하기 (Error.vbp)**

Error 함수를 이용해 비주얼 베이직으로 작성하던 코드에 에러가 발생했을 때 사용되는 값을 출력하자.

① Error 함수를 이용해 비주얼 베이직으로 작성하던 코드에 에러가 발생했을 때 사용되는 값을 출력하기 위한 소스 코드를 입력한 후 "Error.vbp"로 저장한다.

```
Private Sub Form_Click()
    Print "에러 처리 함수"
    
    For i = 1 To 10
      Print i, Error(i)
    Next
    Print , ""
    
    For i = 73 To 80
      Print i, Error(i)
    Next
End Sub
```

② Error 함수를 이용해 비주얼 베이직으로 작성하던 코드에 에러가 발생했을 때 사용되는 값을 출력한다.

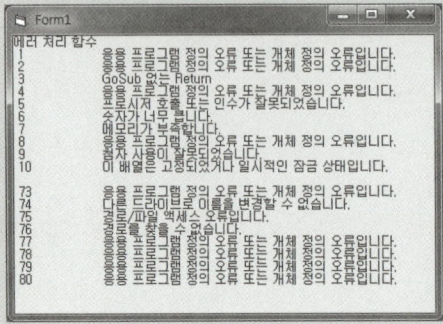

날짜/시간 함수

비주얼 베이직으로 작성하는 프로그램 중에서 날짜와 시간에 관련된 함수의 종류와 기능은 다음과 같다.

함수	함수값	비고
Date	현재의 컴퓨터 시스템 날짜	〈연/월/일〉 형식
Date$	현재의 컴퓨터 시스템 날짜	
Time	현재의 컴퓨터 시스템 시간	
Now	현재의 컴퓨터 시스템 날짜와 시간	

● **실습하기 (Date_Time.vbp)**

Date, Time, Now 함수로 시스템의 시간을 가져와 출력하자.

① Date, Time, Now 함수로 시스템의 시간을 가져와 출력하기 위한 소스 코드를 입력한 후 "Date_Time.vbp"로 저장한다.

```
Private Sub Form_Click()
    Print "시스템 날짜(Date)"; Tab(30); Date
    Print "시스템 날짜(Date$)"; Tab(30); Date$
    Print "시스템 날짜(Time)"; Tab(30); Time
    Print "시스템 날짜/시간"; Tab(30); Now
    Print "오늘은 " & Right(Date, 2); "일 입니다.!"
End Sub
```

② Date, Time, Now 함수로 시스템의 시간을 가져와 출력한다.

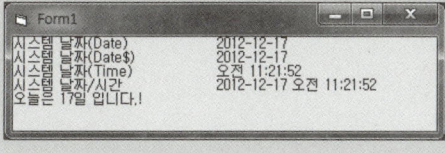

Format( ) 함수

자료를 지정한 양식으로 변환한 값을 구할 때 사용하는 함수로 사용 형식은 다음과 같다.

```
Format(자료, 양식 문자열)
```

여기서 '자료'는 '양식 문자열'에 따라 변환한 값을 말한다. Format( ) 함수에 대해 자세히 알아보자.

■ 수치 자료의 경우

다음 문자를 사용하여 '양식 문자열'을 구성한다.

양식 문자	기능
0	대응 위치의 자리에 숫자가 있으면 해당 숫자를, 없으면 0으로 변환
#	0과 같으나 대응 위치에 숫자가 없으면 무시한다.
%	% 형식으로 변환(『수치×100%』 형식으로 변환)
.	소수점 위치
,	천 단위 구분 기호
E	지수 형식으로 변환
₩특수 문자	해당 위치에『특수 문자』(₩, +, -, %, d, m, ...)를 삽입
일반문자	해당 위치에 해당 문자를 그냥 삽입

0, #, E, %는 지정 자리수에 맞게 반올림하여 변환한다.

양식문자열	1234.567	-1234.567	0
"0.00"	1234.57	-1234.57	0.00
"#,###"	1,235	-1,235	(공란)
"#,##0"	1,235	-1,235	0
"#,##0 ; (#,##0)"	1,235	(1,235)	0
"#,##0.0%"	123,456.7%	-123,456.7%	0.0%
"00.0E+00"	12.3E+02	-12.3E+02	00.0E+00
"₩₩#,##0원"	₩1,235원	-₩1,235원	₩0원

₩, +, -, #, 0, E, @, *, !.. 자체를 출력시키려면 앞에 ₩를 붙여야 한다.

● 실습하기 (Format.vbp)

수치 자료를 특정 양식으로 출력하는 프로그램을 작성해 보자.

① 수치 자료를 특정 양식으로 출력해서 보여주기 위한 소스 코드를 입력한 후 "Format.vbp"로 저장한다.

```
Private Sub Form_Click()
    ReDim n(3)
    n(0) = 1234.567
    n(1) = -1234.567
    n(2) = 0
    n(3) = 87654321

    fmt = "\\00,000원"

    Print "Format() 함수"
    For i = 0 To 3
      Print "금액 : " & Format(n(i), fmt)
    Next i

    Print "-------------------"
    fmt = "\\#,###원;(\\#,###)원;\-"

    For i = 0 To 3
      Print "금액 : " & Format(n(i), fmt)
    Next
    Print "-------------------"
    Print Format(n(3), "000.0E+00")
End Sub
```

② 수치 자료를 특정 양식으로 출력해서 보여준다.

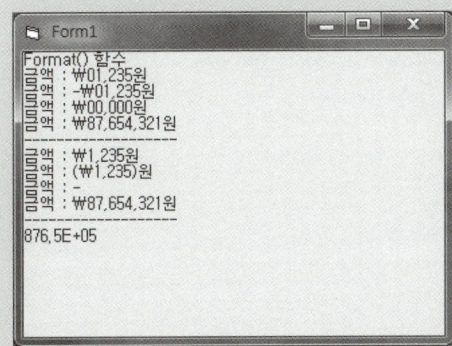

핵심 코드는 다음과 같다.

```
Form1.FontName="궁서체"
```

폼(Form1)의 글꼴을 한글(바탕체, 돋움체, 궁서체)로 설정하지 않으면 ₩는 \로 출력한다.

```
fmt="₩₩#,###원 ; (₩₩#,###)원 ; ₩-"
```

₩를 출력시키려면 ₩₩를 사용하고, '원' 기호(₩)는 특수 문자가 아니므로 그대로 사용한다.

```
양수 양식 : ₩₩#,###원
음수 양식 : (₩₩#,###)원
0 양식 : ₩-
```

따라서 수치가 0인 경우에는 '-'가 출력된다.

■ 날짜/시간 자료의 경우

다음 문자를 사용하여 '양식 문자열'을 구성한다.

양식문자	기능	비고
yy	연도를 두 자리로 나타낸다(00~99)	year
yyyy	연도를 네 자리로 나타낸다(1900)	
m	월을 그대로 나타낸다(1~12)	month
mm	월을 두 자리로 나타낸다(01~12)	날짜를 표시하는 경우
d	일을 그대로 나타낸다(1~31)	day
dd	일을 두 자리로 나타낸다(01~31)	
h, hh	시를 나타낸다(1~59 또는 01~59)	hour
m, mm	분을 나타낸다(1~59 또는 01~59)	시간을 표시하는 경우
s, ss	초를 나타낸다(1~59 또는 01~59)	second

@(양식 문자)는 대응 위치에 숫자 혹은 문자가 있으면 그 자체로, 없으면 공란(␣)으로 변환한다. 사용 예는 다음과 같다.

```
x = Format(123, "@@@@@")
```

"␣␣123"을 구하여 x에 대입한다.

● 실습하기 (Format1.vbp)

날짜/시간 자료를 특정 양식으로 출력하자.

① 날짜/시간 자료를 특정 양식으로 출력하기 위한 소스 코드를 입력한 후 "Format1.vbp"로 저장한다.

```
Private Sub Form_Click()
    Print Now
    fmt = "지금은 m월 d일 h시 m분 s초입니다."

    Print Format(Now, fmt)
    Print Format(Now, "yy년 m월 dd일")
    Print Format(Now, "yyyy년 dm월 d일")
    Print Format(Now, "hh시 mm분 ss초")
    Print Format(Now, "h시 m분 s초")
End Sub
```

② 날짜/시간 자료를 특정 양식으로 출력한다.

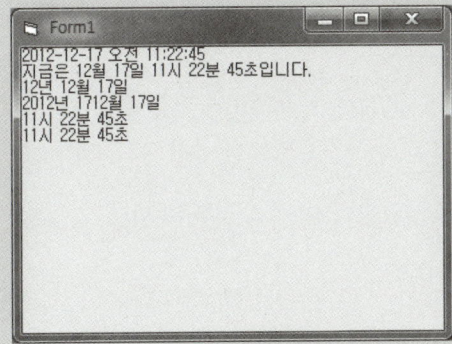

연습문제

[퀴즈1] 다음 프로그램을 완성하시오.(저장 파일명 : 비만도측정.frm, 비만도측정.vbp)

● 결과 화면

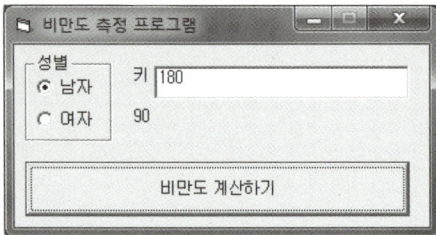

● 조건

- 성별을 선택한 후 키를 입력받는다.
- [비만도 계산하기] 버튼을 클릭해 비만도를 계산한다.
- 남자 : 키 $- 100 \times 0.9$ 　　　　　- 여자 : 키 $- 100 \times 0.9 - 10$

[퀴즈2] 다음 프로그램을 완성하시오.(저장 파일명 : 마우스선그리기.frm, 마우스선그리기.vbp)

● 결과 화면

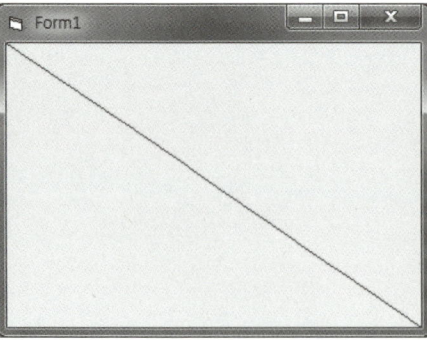

● 조건

- 마우스를 클릭했을 때 대각선을 그린다.
- 대각선의 선색은 빨간색으로 한다.

[퀴즈3] 다음 프로그램을 완성하시오.(저장 파일명 : 마우스원그리기.frm, 마우스원그리기.vbp)

● 결과 화면

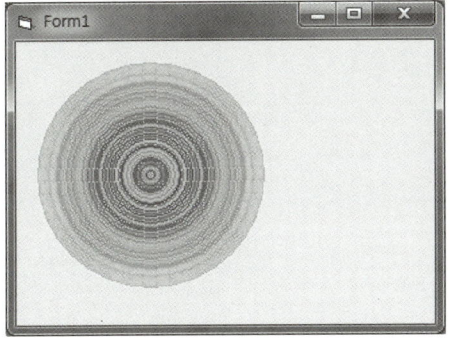

● 조건

　- 마우스를 움직일 때 마다 원의 색을 난수를 발생해 다시 그린다.

[퀴즈4] 다음 프로그램을 완성하시오.(저장 파일명 : 마우스점찍기.frm, 마우스점찍기.vbp)

● 결과 화면

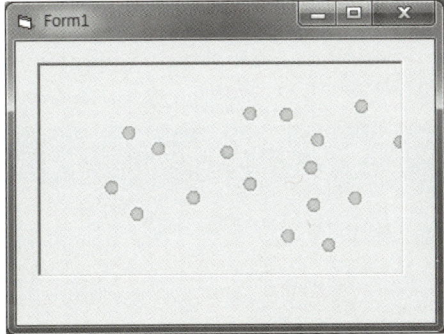

● 조건

　- 마우스를 클릭할 때마다 녹색 점을 찍는다.

Chapter 08 속성과 메소드

1. 속성(Property)

지금까지 거의 모든 프로그램에서 각종 속성(Property)을 사용해 왔으며, 속성 별로 필요한 기능에 대해서는 중간중간 설명을 했다. 여기서는 앞에서 설명한 것 이외에 자주 사용되는 속성에 대해 알아보자.

개체와 크기와 위치 속성

개체의 크기와 관련된 속성 중에서 다음과 같은 속성들이 자주 사용된다.

- 크기 : Height, Width, ScaleHeight, ScaleWidth
- 위치 : Left → 개체 제일 왼쪽의 좌표. 값을 바꾸면 좌우 방향으로 이동

   Top → 개체 제일 위의 좌표. 값을 바꾸면 상하 방향으로 이동

● 실습하기 (Image_Size.vbp)

D 드라이브에 저장되어 있는 이미지를 Image 컨트롤에 맞게 출력하자.

① 컨트롤 도구 모음에서 Image 컨트롤(🖼)을 선택한 후 폼 창에 디자인한다. 이때, Image 컨트롤의 크기는 사용자가 임의로 한다.

② D 드라이브에 저장되어 있는 이미지를 Image 컨트롤에 맞게 출력하기 위한 소스 코드를 입력한 후 "Image_Size.vbp"로 저장한다.

```
Private Sub Form_Click()
    Static flag
    flag = flag + 1
    
    '폼의 크기 확대
    If (flag Mod 2) = 0 Then
      Form1.Width = Form1.Width * 2
      Form1.Height = Form1.Height * 2
      x = 0
    
    '폼의 크기 축소
    Else
      Form1.Width = Form1.Width / 2
      Form1.Height = Form1.Height / 2
      x = Form1.Width / 2
    End If
    
    'Image1 컨트롤의 크기를 폼 크기의 반으로 설정
    Image1.Left = x
    Image1.Top = 0
    Image1.Width = Form1.ScaleWidth / 2    '폭 변경
    Image1.Height = Form1.ScaleHeight      '높이 변경

End Sub

Private Sub Form_Load()
    Image1.Stretch = True  '그림의 크기 자동 조절
    Image1.BorderStyle = vbFixedSingle  '단일선의 외곽선
    Image1.Picture = LoadPicture("D:\펭귄.jpg")  '컨트롤에 이미지 표시
End Sub
```

③ D드라이브에 저장되어 있는 이미지가 Image 컨트롤에 맞게 출력된다.

④ 마우스로 폼 내부를 마우스로 클릭할 때마다 폼과 이미지가 '확대 ↔ 축소' 된다.

객체의 색과 무늬 속성

객체에서 사용되는 색과 무늬를 설정하기 위한 속성의 종류와 값은 다음과 같다.

속성	속성값
BackColor	개체의 바탕색
ForeColor	개체, Circle(원), Line(선, 네모), PSet(점)이 그리는 그림의 색
FillColor	개체 또는 원/네모 내부를 칠하는 색
FillStyle	개체 또는 원/네모 내부를 채우는 모양
DrawWidth	원·네모의 외곽선의 두께, 점의 두께

각 값은 다음과 같은 메소드를 사용한다.

1) 원 : Circle 메소드로 작도

2) 네모 : Line 메소드로 작도

3) 점 : PSet 메소드로 작도

위의 각 속성들은 폼을 만들 때 속성 상자에서 지정할 수도 있고 프로그램 중에서 지정할 수도 있다. BackColor, ForeColor, FillColor의 경우 프로그램중에서 지정할 때에는 QBColor( ) 함수나 RGB( ) 함수를 사용한다. FillColor, FillStyle, DrawWidth는 주로 원/네모를 그릴 때 사용된다.

FillStyle 기호 상수값은 다음과 같다.

기호 상수	실제값	기능	기호 상수	실제값	기능
vbFSSolid	0	단색	vbUpwardDiagonal	4	\선 반복
vbFSTransparent	1	외곽선만	vbDownwardDiagonal	5	/선 반복
vbHorizontalLine	2	− 선 반복	vbCross	6	+ 반복
vbVerticalLine	3	| 선 반복	vbDiagonalCross	7	× 반복

● **실습하기 (Visible_Property.vbp)**

타원에 색과 무늬를 그려보자.

① 타원에 색과 무늬를 그리기 위한 소스 코드를 입력한 후 "Color_Property.vbp"로 저장한다.

```
Private Sub Form_Load( )
AutoRedraw = True

    For i = 0 To 5
        ForeColor = QBColor(i) '선 색
        FillColor = QBColor(i) '내부 색
        FillStyle = i '내부 모양
        DrawWidth = i + 1 '외곽선 두께

        Circle (900 + 900 * i, 1000), 900, , , , 3
    Next
End Sub
```

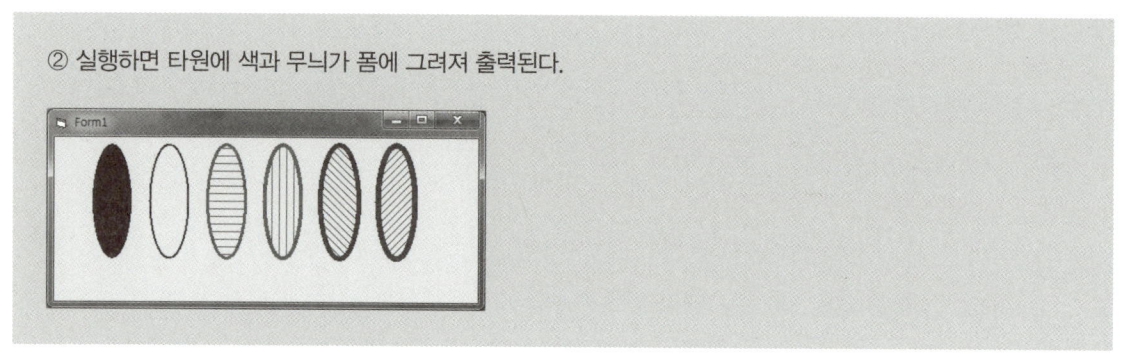

② 실행하면 타원에 색과 무늬가 폼에 그려져 출력된다.

객체의 표시 및 선택 속성

화면에 객체를 표시하고, 선택하기 위한 속성과 값은 다음과 같다.

속성	속성값
Default	True이면 엔터키를 눌렀을 때 해당 명령 버튼이 선택된다.
Cancel	True이면 Esc 키를 눌렀을 때 해당 명령 버튼이 선택된다.
Visible	False이면 해당 컨트롤은 실행 시 표시되지 않는다.
Enabled	False이면 해당 컨트롤은 선택할 수 없다(흐리게 표시된다).
TabStop	False이면 Tab 키로는 해당 컨트롤로 초점이 이동되지 않는다.
TabIndex	Tab 키를 눌렀을 때 이 속성값에 따라 초점이 이동된다.

폼 창에 객체를 표시하고, 선택하기 위한 여러 가지 속성에 대해 알아보자.

■ **Default와 Cancel 속성**

명령 버튼에서 사용하며 "Default=True"로 설정된 명령 버튼은 엔터키를 눌렀을 때 선택된다(해당 명령 버튼의 Click 이벤트를 발생시킨다). 단, 다른 명령 버튼에 초점(focus)이 있을 때에는 그 명령 버튼이 선택된다.

"Cancel=True"로 설정된 명령 버튼은 Esc 키를 눌렀을 때 선택된다. Default 속성과는 달리 다른 명령 버튼에 초점이 있을 때에도 Cancel=True인 명령 버튼이 선택된다. Default와 Cancel 속성은 전체 명령 버튼 중에서 어느 하나만을 True로 설정할 수 있다.

■ **Visible 속성과 Enabled 속성**

"Visible=False"로 설정된 컨트롤은 실행 시 폼에 표시되지 않는다. Enabled=False로 설정된 컨트롤은 실행 시 폼에서는 표시되나 흐리게 표시되며 초점이 해당 컨트롤로는 이동되지 않아 선택할 수 없다. 이들 두 속성은 특정 상태가 되면 특정 컨트롤을 선택할 수 없게 만들 때 사용된다.

■ **TabStop 속성과 TabIndex 속성**

폼을 작성할 때 작성된 순서대로 각 컨트롤에 0, 1, 2, 3…의 TabIndex가 자동적으로 부여되고, 실행 시 Tab 키를 누르면 TabIndex 값 순으로 초점이 이동한다. Shift + Tab 키를 누르면 TabIndex 값이 역순으로 초점이 이동한다.

사용자가 컨트롤의 TabIndex 값을 바꾸면, 바꾼 후의 값에 따라 Tab / Shift + Tab 키를 눌렀을 때 초점이 이동한다. 어느 한 컨트롤의 TabIndex 값을 바꾸면 나머지 모든 컨트롤의 TabIndex 값은 자동적으로 조정된다.

Tab 과 Shift + Tab 키를 눌렀을 때 TabStop=False로 설정된 컨트롤로는 초점이 이동되지 않는다. 이 두 속성은 '사용자 정의 대화상자'에서 Tab 과 Shift + Tab 키에 의한 초점 이동 순서를 특정 순서가 되게 하거나 특정 컨트롤로는 초점이 이동되지 않게 할 때 사용된다.

● **실습하기** (Visible_Property.vbp)

폼에 Command1, Command2, Command3, Check1 컨트롤을 디자인하고, 각 버튼을 클릭했을 때의 메시지를 처리하자.

① 컨트롤 도구 모음에서 Command 컨트롤과 Check 컨트롤을 선택한 후 폼 창에 디자인한 후 각 컨트롤의 Caption 속성에 "버튼1", "버튼2", "버튼3", "보이기"라고 입력한다.

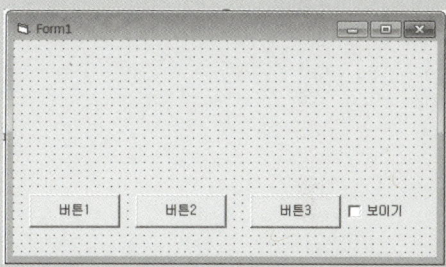

② 폼에 Command1, Command2, Command3, Check1 컨트롤을 디자인하고, 각 버튼을 클릭했을 때의 메시지를 처리하기 위한 소스 코드를 입력한 후 "Visible_Property.vbp"로 저장한다.

```
'Command2 보여주기
Private Sub Check1_Click()
    If Check1.Value = 1 Then
      Command2.Visible = True
      Command1.TabStop = True
    Else
      Command2.Visible = False
      Command1.TabStop = False
```

```
            End If
    End Sub

    'ESC키를 눌렀을 때 메시지 창 보여주기
    Private Sub Command1_Click()
        msg = "ESC 키를 눌렀어요!!" & Chr(10)
        msg = msg & "버튼1이 선택되었군요!!"
        MsgBox msg
    End Sub

    'Check1을 선택했을 때 보여주기
    Private Sub Command2_Click()
        msg = "Check1을 선택했군요!!"
        msg = msg & "버튼2가 선택되었군요!!"
        MsgBox msg
    End Sub

    '프로그램 종료
    Private Sub Command3_Click()
        msg = "버튼3을 선택되었군요!!"
        MsgBox msg
        End
    End Sub

    '폼이 로드될 때 버튼2만 비활성화
    Private Sub Form_Load()
        Command2.Default = True
        Command1.Cancel = True
        Command1.TabStop = False
        Command2.Visible = False
    End Sub
```

③ 예제를 실행하면 화면에서 보는 것과 같이 "버튼2"가 보이지 않는다.

④ "보이기" 체크 박스를 선택하면 "버튼2"가 폼 창에 나타난다.

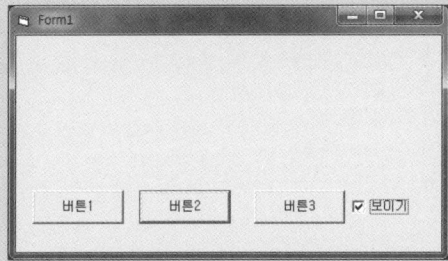

⑤ 키보드에서 ESC키를 누름과 동시에 눌린 키와 해당 버튼이 선택되었다는 메시지 창이 나타난다.

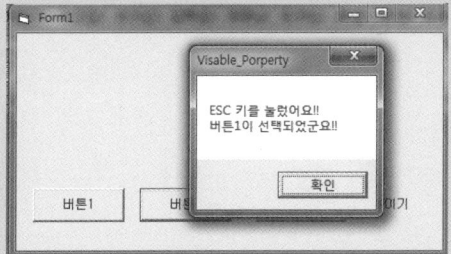

⑥ "버튼2"를 클릭하면 화면과 같은 메시지 창이 나타난다.

실행 초기에는 [버튼2] 버튼은 보이지 않는다(Command2.Visible=False). Tab 키를 누르면 초점이 'Command3↔Check1' 사이로만 이동한다(Command1.TabStop=False). 마우스로 [보이기] 체크 항목을 클릭해 체크 상태로 설정한다. 그러면 [버튼2]가 나타나고(Command2.Visible=True), Tab 키를 누르면 초점이 'Command1→Command2→Command3→Check1' 순으로 이동한다. 즉 Command1로도 초점이 이동한다(Command1.TabStop=True).

마우스로 [보이기] 체크 항목을 클릭해 □로 해제한다. 그러면 [버튼2]가 사라진다(Command2.Visible=False).

초점이 어느 컨트롤에 있든지 간에 [Esc] 키를 누르면 'Esc 키를 눌렀습니다'가 표시되어 있는 MsgBox가 출력된다(Command1.Cancel=True). [보이기] 체크 박스를 체크 후, 즉 초점이 Check1에 있을 때 엔터키를 누르면 위의 제일 아래 그림과 같은 대화상자가 표시된다(Command2.Default=True). 초점이 [버튼1]에 있을 때 엔터키를 누르면 Command1_Click( ) 프로시저가 실행된다. 즉, Default가 True인 [버튼2]가 선택되지 않고 초점이 있는 명령 버튼이 선택된다).

글자 모양과 크기 속성

글자 모양과 관련된 속성의 종류는 다음과 같다.

```
FontBold, FontUnderline, FontItalic, FontName, FontSize
```

이 속성에 대해서는 너무나 잘 알 것이고, 필자가 이야기하고 싶은 것은 이들 속성은 '실행된 시점 이후에 출력되는 글자'의 모양과 크기만을 결정하고 이미 출력되어 있는 글자의 모양과 크기는 변경하지 않는다는 점이다. 따라서 한 개체 내에서도 여러 가지 모양과 크기의 글자를 출력시킬 수 있다. 이는 비단 위의 속성뿐만 아니라 '출력과 관련된 속성(FillColor, DrawWidth....)'은 모두 마찬가지이다.

● 실습하기 (Shape_Property.vbp)

글자 크기와 모양 속성으로 폼 창에 글자를 출력하자.

① 글자 크기와 모양 속성으로 폼 창에 글자를 출력하기 위한 소스 코드를 입력한 후 "Shape_Property.vbp"로 저장한다.

```
Private Sub Form_Load( )
AutoRedraw = True

    FontBold = False
    FontSize = 14
    FontName = "궁서체"
    Print "비주얼 "

    Fontinderline = True
    FontSize = 20
    FontName = "돋움체"
    Print "베이직"
End Sub
```

② "비주얼 베이직"이라는 글자를 글자 크기, 모양, 글꼴을 지정해서 출력한다.

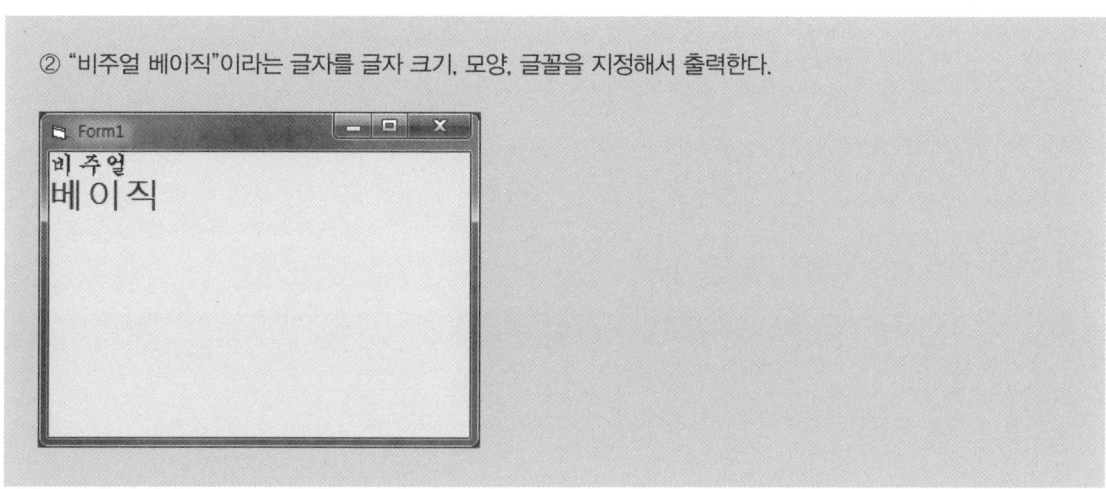

DrawMode 속성

이미 도형이 그려져 있는 곳 위에 새로운 도형을 그릴 때 어떠한 방식으로 그릴 것인가를 지정한다. 취할 수 있는 값은 1~16 사이 중 어느 하나인데 사용 빈도가 높은 값은 다음 네 값중 어느 하나이다. 괄호 안은 비주얼 베이직 상수 값이다.

1) 1(vbBlackNess)

    무조건 검은색으로 그린다.

2) 2(vbNotMergePen)

    기존 점의 색과 그리는 점의 색을 합한 색을 반전시킨 색으로 그린다.

3) 6(vbInvert)

    기존 점색의 반전색으로 그린다.

4) 13(vbCopyPen)

    ForeColor 색(내정 값은 검정)으로 그린다.

배경 그림 위에서 도형이 이동되게 하려면 다음과 같은 과정을 거친다.

① DrawMode = 2(vbNotMergePen) 또는 6(vbInvert)으로 한다.

② 도형을 그린다.

③ 잠시 쉰다.

④ ②와 같은 위치에 도형을 다시 그린다. 이 결과 그려져 있는 도형이 지워진다.

⑤ 다른 곳으로 이동하여 ②~④를 반복한다.

예를 들어 배경색이 하얀색일 때 검은색의 원이 오른쪽으로 이동되게 하는 경우를 생각해 보자.

②~③에 의해 그려진 원은 그려져 있는 상태를 유지하고 ④에 의해 원을 그린 위치에 원을 다시 그릴 때에는 검은색의 반전인 흰색으로 그려진다. 즉, 그려져 있는 원이 지워진다. 조금 오른쪽으로 이동하여 ②~④를 반복하면 시각적으로 원이 오른쪽으로 이동하는 것처럼 보인다. 다음 예제 프로그램을 실습해 보자.

● 실습하기 (DrawMode_Property.vbp)

폼 창에 그림을 보여주고, 그림 위에 원을 그리자.

① 폼 창에 그림을 보여주고, 그림 위에 원을 그리기 위한 소스 코드를 입력한 후 "DrawMode_Property.vbp"로 저장한다.

```
Private Sub Form_Click()
    Form1.Cls
    Form1.DrawMode = InputBox("DrawMode(1-16)?", , 2)

    '하얀색으로 원을 그린다.
    If DrawMode = 14 Then ForeColor = QBColor(15)

    '-)방향으로 원을 그린다.
    For x = 1000 To ScaleWidth - 1000 Step 100
       Circle (x, ScaleHeight * 0.5), 900

       For i = 0 To 1000
         DoEvents
       Next

       Circle (x, ScaleHeight * 0.5), 900
    Next

    Circle (x, ScaleHeight * 0.5), 900
End Sub

Private Sub Form_Load()
    Form1.Picture = LoadPicture("D:\아기.jpg")
End Sub
```

② 예제를 실행하면 폼 창에 배경 그림이 나타난다.

③ 폼 창을 클릭하면 DrawMode를 선택하기 위한 메시지 창이 나타난다. 이때, 1부터 16까지의 값을 입력할 수 있다. 여기서는 "4"라고 입력한 후 [확인] 버튼을 클릭한다.

④ 배경 그림 위에 원을 그린다.

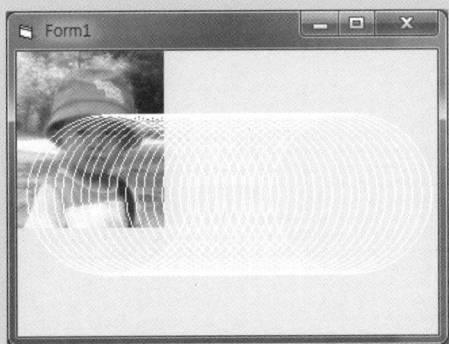

마우스로 폼을 클릭하면 DrawMode 값을 입력받는 상자가 표시된다. 1~16중 어느 한 값을 입력하면 입력한 값에 따라 원이 오른쪽으로 반복하여 그려진다.

핵심 코드는 다음과 같다.

```
Form1.Cls
```

Form1 내부를 지운다. 이때 Picture 속성으로 설정하여 표시된 그림은 지워지지 않는다. 그래픽 메소드(Print, Circle, Line, PSet)에 위해 그려진 그림만 지워진다.

```
If Form1.DrawMode = 13 Then ForceColor = QBColor(15)
```

DrawMode가 13(vbCopyPen)인 경우에는 무조건 ForeColor로 설정된 색으로 원을 그린다. 이 문장은 원이 흰색으로 그려지게 하는데, 이 If 문을 지우면 원이 검은색으로 그려진다. 이는 ForeColor의 내정 값이 검정이기 때문이다.

```
For i=0 To 1000
DoEvents
Next
```

For~Next 사이에 DoEvents 문만 있는 For 루프이다. 이와 같은 For 루프는 루프 반복 실행에 따른 시간만 소요한다. 이 프로그램에서는 이 For 루프 실행 도중에는 For 루프 위의 Circle에 의해 그려진 원이 '그려진 상태'를 유지하고, For 루프 종료 후에는 For 루프 아래의 Circle 메소드에 의해 그려진 원이 지워진다(DrawMode=2 또는 6인 경우).

2. 메소드(Method)

비주얼 베이직에서 속성의 개수는 많으나, 메소드의 개수는 몇 개 안 된다. 따라서 메소드 중에서도 비교적 사용 빈도가 높은 메소드에 대해 알아보자.

그래픽 메소드(Circle, Line, PSet)

Print, Circle, Line, PSet 메소드는 폼, 그림 상자, Printer 개체에 대해서만 사용할 수 있다.

■ Circle 메소드

원, 타원, 호를 그릴 때 사용하는 것으로 사용 형식에서 [ ]는 경우에 따라 생략할 수도 있음을 의미한다.

```
[개체.]Circle [Step] (x, y), r [,색] [,시작 각도] [,끝 각도] [,비율]
```

사용 형식에서 사용되는 각 매개 변수는 다음과 같다.

x, y, r	원 중심의 좌표와 반지름
Step(x, y)	원의 중심을 (CurrentX+x, CurrentY+y)로 한다.
색	테두리선의 색으로 QBColor( ), RGB( ) 함수로 지정한다.
시작 각도, 끝 각도	이를 지정하면 해당 각도 부분의 호가 그려진다. 이때, 음수로 지정하면 원 중심과 해당 호 부분을 선으로 연결한다(부채꼴을 그린다). 단위는 '각도'가 아닌 '라디안'이며(라디안=각도/180*π), 0~2π 또는 –0~–2π 사이의 값만 사용할 수 있다. 이 범위 밖의 값은 오류를 발생시킨다.
비율	'y 반지름 : x 반지름'의 비율. 생략하면 1:1 즉, 원으로 그려진다.

원 · 타원 · 호를 그린 후 해당 개체의 CurrentX, CurrentY는 (x, y)으로 이동한다. 좌표 x, y는 대상 개체(폼, 그림 상자, Printer 개체) 내에서의 상대적인 좌표이다.

```
Form1.Circle (1000, 1000), 450
```

Form1 객체에 중심이 (1000, 1000) 반지름이 450인 원을 그린다. 원을 그린 후 Form1에서의 CurrentX=1000, CurrentY=1000이 된다. 원의 테두리 선 두께, 색, 원 내부를 채우는 무늬는 다음 속성에 의해 결정된다.

```
DrawWidth : 선 두께, ForeColor : 선의 색, FillStyle : 무늬
```

다음과 같은 예는 원 테두리선을 빨간색으로 그리고(QBColor(12)), ForeColor가 설정되어 있어도 빨간색으로 그려진다.

```
Form1.Circle (1000, 1000), 450, QBColor(12)
```

다음과 같은 경우, 중심이 (CurrentX+1000, CurrentY+0), 반지름이 450인 원을 그린다. 위의 Circle 메소드가 실행된 후 이 Circle 메소드가 실행된다면 중심이(1000+1000, 1000+0)인 원이 그려진다.

```
Form1.Circle Step(1000, 0), 450
```

시작 각도가 90°이고, 끝 각도가 360°인 호를 그린다. 이를 'Circle..., 90, 360'으로 해서는 안 된다. 각도는 라디안 단위로 인식되고 0~2π(0~360°) 이내이어야 하기 때문이다.

이 예의 경우 '색'은 생략하였는데 '색' 위치에 ', ,'는 적어야 한다. 이 예와 같이 Circle 앞에 '개체'를 생략하면 현재 초점을 갖고 있는 개체(그림 상자 또는 폼)에 그려진다.

```
Circle (1000, 1000), 450, , 90/180*3.14, 360/180*3.14
```

다음과 같은 경우, 시작 각도는 30°, 끝 각도가 90°인 부채꼴을 그린다.

```
Circle (1000, 1000), 450, -30/180*3.14, -90/180*3.14
```

'y 반지름 : x 반지름 = 2 : 1'인 타원, 즉 세로로 긴 타원을 그린다.

```
Circle (1000, 1000), 450, , , , 2
```

● 실습하기 (Circle_Method.vbp)

Circle 메소드를 이용해 다양한 형태의 원을 그려보자.

① Circle 메소드로 다양한 형태의 원을 그리기 위한 소스 코드를 입력한 후 "Circle_Method.vbp"로 저장한다.

```
Private Sub Form_Resize()
    Const pi = 3.141592

    Scale (0, 0)-(700, 200)
    FillStyle = vbstransparent
    Cls

    Circle (50, 100), 45, QBColor(12)
    Circle Step(100, 0), 45

    s = 90 * pi / 180
    k = 360 * pi / 180

    Circle Step(100, 0), 45, , , , 2
    Circle Step(100, 0), 45, , , , 0.5
    FillStyle = vbCross
    Circle Step(100, 0), 45
End Sub
```

② Circle 메소드로 다양한 형태의 원을 그린다.

핵심 코드는 다음과 같다.

```
Scale(0, 0)-(700, 200)
```

폼의 좌표계를 변경한다. 즉, 왼쪽 위 꼭지점의 좌표는 (0, 0), 오른쪽 아래 꼭지점의 좌표는 (700, 200)으로 한다. 이와 같이 좌표계를 설정하면 폼의 특정 위치에 대한 좌표를 쉽게 계산할 수 있으며, 폼의 크기를 바꾸어도 폼의 동일한 위치에 그림이 그려진다.

```
FillStyle = vbFSTransparent
```

Circle과 Line 메소드는 외곽선만 그리게 한다. 이 문장을 지우면 폼이 처음 표시될 때(Form_Resize( )가 실행된다)에는 위 그림과 같이 왼쪽 6개는 원·부채꼴의 외곽선만 그리고, 폼의 크기를 바꾸면 원·부채꼴의 내부가 그물과 같은 망 무늬로 채워진다. 이는 Form_Resize( )가 처음 실행 시 실행된 'FillStyle=vbCross'는 이후 Form_Resize( )가 다시 실행될 때에도 계속 유효하기 때문이다.

■ Line 메소드

선, 네모를 그린 후 CurrentX, CurrentY 값을 '선의 마지막 점'의 값으로 변경한다.

[개체.]Line [[Step](x1, y1)]-[Step](x2, y2), 색, [B][F]
                      시작점   끝점

Line 메소드에서 사용되는 매개 변수의 기능은 다음과 같다.

Step(x1, y1)	CurrentX, CurrentY를 x1, y1만큼 이동시킨 후 이곳에서부터 선을 그린다.
Step(x2, y2)	CurrentX, CurrentY를 x2, y2만큼 이동시킨 후 이곳까지 선을 그린다.
색	선의 색. QBColor( ), RGB( ) 함수로 지정한다.
B	네모를 그린다(Box).
BF	내부가 채색된 네모를 그린다(Fill). F는 반드시 B와 함께 사용한다.

좌표 x1, x2, y1, y2는 대상 개체 내에서의 상대적인 좌표이다.

```
Form1.Line (1000, 100)-(1000, 2000)
```

Form1에 두 점 (1000, 100), (1000, 2000)을 잇는 선을 그린다. 선을 그린 후 CurrentX=1000, CurrentY=2000이 된다. 선의 두께는 DrawWidth 속성에 의해 결정된다.

```
Form1.Line -Step(500, 0), QBColor(12)
```

두 점 (CurrentX, CurrentY), (CurrentX+500, CurrentY+0)을 잇는 선을 그린다. 선은 빨간색으로 그려진다(QBColor(12)).

```
Line (2500, 100)-(3000, 2000),,B
```

현재 초점을 갖고 있는 개체 내에서 두 점 (2500, 100), (3000, 2000)을 네모로 연결한다(B). 네모 내부는 FillStyle 속성으로 지정된 무늬로 채워진다.

```
Line (2500, 100)-(3000, 2000), QBColor(12), BF
```

위와 같으나 빨간색의 네모를 그리고, QBColor(12)를 생략하면 검은색의 네모를 그린다.

```
DrawWidth=3 : FillStyle=6 : Line (2500, 100)-(3000, 2000),,B
```

테두리선은 보통 굵기의 3배, 내부 무늬는 망무늬인 네모를 그린다.

AutoRedraw, DrawWidth, FillStyle 속성과 Line 메소드를 이용해 앞에는 개체가 생략되어 있는데, Form_Load( ) 프로시저 실행 시에는 폼이 초점을 갖고 있으므로 이들은 폼에 대해 기능을 발휘한다. 창 크기를 바꾸면 가운데 사각형도 망무늬로 채워진다.

● 실습하기 (Line_Method.vbp)

Line 메소드를 이용해 사각형을 그려보자.

① Line 메소드로 사각형을 그리기 위한 소스 코드를 입력한 후 "Line_Method.vbp"로 저장한다.

```
Private Sub Form_Resize()
    Scale (0, 0)-(500, 100) '좌표계 변경
    Cls

    DrawWidth = 2 '선 두께
    Line (50, 10)-(50, 90)
    Line -Step(50, 0)
    Line (150, 10)-(150, 90), QBColor(12) '빨간선

    Line (200, 10)-(250, 90), , B '네모
    Line (300, 10)-(350, 90), QBColor(12), BF '빨간 네모

    DrawWidth = 4
    FillStyle = vbCross '내부 무늬
    Line (400, 10)-(450, 90), , B '망 무늬
End Sub
```

② Line 메소드로 사각형과 선을 그려 폼 창에 출력한다.

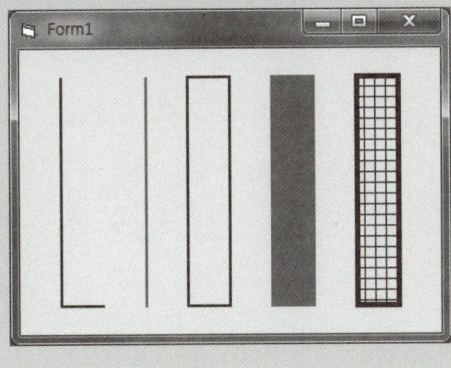

■ PSet 메소드

점을 그릴 때 사용하는 메소드로 점의 두께는 DrawWidth 속성에 의해 결정된다. 이때, 점을 그린 후 CurrentX, CurrentY의 값은 그려진 점의 좌표값으로 바뀐다.

PSet 메소드의 사용 형식은 다음과 같다.

```
[개체.]PSet [Step](x, y) [, 색]
```

PSet 메소드에서 사용된 매개 변수는 다음과 같은 기능을 한다.

```
Step(x, y) : CurrentX, CurrentY를 x, y만큼 이동시킨 후 이곳에 점을 그린다.
```

좌표 x, y는 대상 개체 내에서의 상대적인 좌표이다.

```
Form1.PSet (1000, 2000)
```

Form1의 좌표 (1000, 2000)인 곳에 점을 그린다. 점을 그린 후 Current X=1000, CurrentY=2000이 된다.

```
Form1.DrawWidth=3 : Form1.PSet (1000, 2000)
```

위와 같으나 보통 점보다 3배 큰 점을 그린다.

```
Form1.PSet Step (30, 40), QBColor(12)
```

(CurrentX+30, CurrentY+40) 위치에 빨간색의 점을 그린다.

● 실습하기 (Pset_Method.vbp)

PSet 메소드를 이용해 점의 크기를 오른쪽으로 갈수록 점점 커지도록 프로그램을 작성해 보자.

① PSet 메소드를 이용해 점의 크기를 오른쪽으로 갈수록 점점 커지게 하기 위한 소스 코드를 입력한 후 "PSet_Method.vbp"로 저장한다.

```
Private Sub Form_Activate()
    Form1.Scale (0, 0)-(1000, 200)
    
    Form1.CurrentX = 10
    Form1.CurrentY = 100
    
    For i = 1 To 9
      Form1.DrawWidth = i * 4
      Form1.PSet Step(100, 0), QBColor(i)
    Next
End Sub
```

② 실행하면 점의 크기가 오른쪽으로 갈수록 점점 커지게 된다.

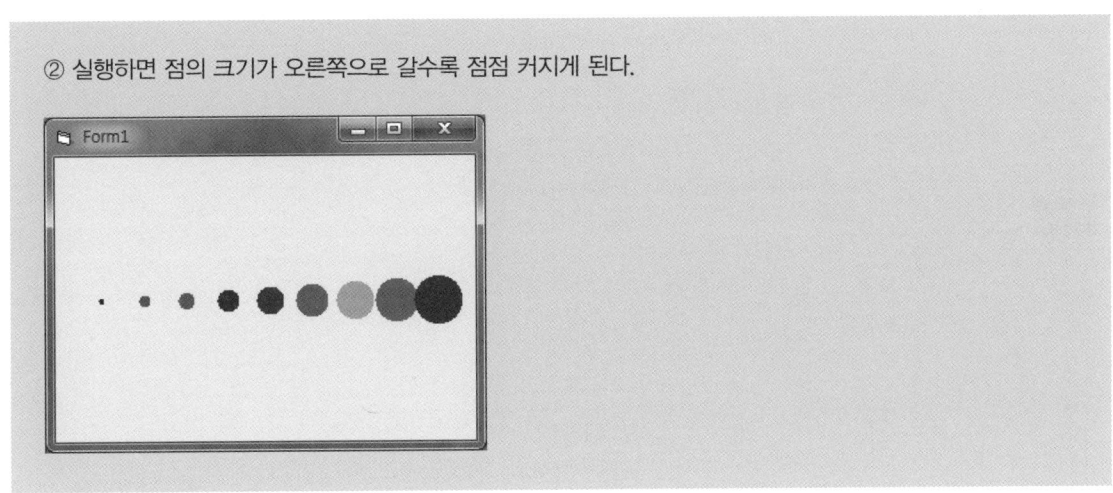

- **Scale 메소드**

좌표 단위의 기본 값은 트윕으로, 화면 전체 크기인 경우 '폭=12000 트윕, 높이=9000 트윕'이다(800 ×600 해상도 화면의 경우). 트윕은 인쇄 출력을 기준으로 한 단위인데(인쇄 시 1cm에 567 트윕이 인쇄된다) 이 단위에 익숙하지 못한 독자들이 대부분일 것으로 생각된다.

또 폼의 경우에는 크기가 가변적이다. 예를 들어 '폼의 왼쪽에서부터 3/5 위치'를 지정하려면 'ScaleWidth*3/5'를 사용해야 한다. 그러나 Scale 메소드를 사용하면 개체의 좌표계를 자신에게 편리한 방향으로 설정할 수 있다. 이 메소드는 폼, 그림 상자, Printer 개체에 대해서만 사용할 수 있고, 사용 형식은 다음과 같다.

```
[개체.]Scale [(x1, y1)-(x2, y2)]
```

다음과 같은 경우를 살펴보자.

```
Form1.Scale (0, 0)-(2000, 1000)
```

Form1의 좌표계를 다음과 같이 바꾼다.

```
Picture1.Scale
```

Picture1의 좌표계를 트윕 단위로 환원시킨다.

> **Tip ScaleMode 속성**
>
> 좌표 단위를 설정하고 폼, 그림 상자(PictureBox), 프린터(Printer)에 대해서만 사용할 수 있다. 설정 가능한 주요 값은 다음과 같다.
>
> | 기호 상수 | 실제 값 | 좌표 단위 |
> | --- | --- | --- |
> | vbTwips | 1 | 트윕. 내정 값 |
> | vbPixels | 3 | 화소 단위. 모니터 혹은 프린터 해상도의 최소 단위 |
> | vbCharacters | 4 | 문자 |
> | vbMillimeters | 6 | 밀리미터(mm) |
> | vbCentimeters | 7 | 센티미터(cm) |

모니터, 프린터 해상도의 최소 단위는 화소(Pixel)로 그림, 글자는 궁극적으로 화소 단위로 표시, 인쇄된다. 좌표 사용 단위의 내정 값은 vbTwips이며, '1화소의 폭과 높이는 15트윕(800×600 해상도 화면의 경우)'이다. 따라서 예를 들어 다음은 모두 동일한 위치에 점을 찍는다.

```
PSet (0, 0), PSet (5, 7), PSet (10, 15), PSet (15, 15)
```

이와 같은 사실을 감안하면 폼이나 그림 상자에 그림을 그릴 때에는 좌표 사용 단위(ScaleMode)를 vbPixels로 설정하는 것이 그림을 그리는 속도가 빠르고, 그림을 선명하게 그린다.

```
Form1.ScaleMode = vbPixels
```

Form1의 좌표 단위를 화소 단위로 설정한다.

```
Picture1.ScaleMode = vbCharacters
```

Picture1의 좌표 단위를 문자 단위로 설정한다.

■ **TextWidth 메소드와 TextHeight 메소드**

문자열의 폭과 높이를 구하고 폼, 그림 상자, Printer 개체에 대해서만 사용할 수 있다.

```
[개체.]TextWidth(문자열)  ⇨ 문자열의 폭
[개체.]TextHeight(문자열) ⇨ 문자열의 높이
```

폼, 그림 상자, Printer 개체에 문자열을 출력하는 경우 FontSize, FontName, … 등의 값에 따라 동일한 문자라도 출력 시 차지하는 폭과 높이가 다르다. TextWidth 메소드, TextHeight 메소드는 현재 설정되어 있는 값에 의거하여 문자열을 출력하는 경우에 차지하는 폭과 높이를 구한다.

● 실습하기 (TextWidth_TextHeight.vbp)

폼의 중앙이나 이미 출력되어 있는 문자열을 기준으로 한 특정 위치에 다른 문자열을 출력해 보자.

① 폼의 중앙이나 이미 출력되어 있는 문자열을 기준으로 한 특정 위치에 다른 문자열을 출력하기 위한 소스 코드를 입력한 후 "TextWidth_TextHeight.vbp"로 저장한다.

```
Private Sub Form_Resize()
    Scale (0, 0)-(1000, 1000)
    Cls
    FontSize = 20: FontBold = True
    
    '문자열의 폭과 높이
    h = "비주얼 베이직": e = "Visual Basic"
    
    p = TextWidth(h): n = TextHeight(h)
    
    '가운데 한글 문자열 출력
    CurrentX = 500 - p / 2: CurrentY = 500 - n / 2
    Print h
    
    FontSize = 12: FontBold = False
    
    '한글 문자열의 오른쪽 위에 영문 출력
    CurrentX = 500 + p / 2: CurrentY = 500 - n / 2
    Print e
    
    '한글 문자열의 아래 가운데 이후에 영문 출력
    CurrentX = 500: CurrentY = 500 + n / 2
    Print e
End Sub
```

② TextWidth, TextHeight는 주로 폼의 중앙이나 이미 출력되어 있는 문자열을 기준으로 한 특정 위치에 다른 문자열을 출력한다.

■ 컨트롤 이동과 크기 변경하기

프로그램에서 컨트롤을 이동시킬 때 주로 Left, Top 속성을 사용하지만, Move 메소드를 사용하는 것이 보다 효율적이다. 뿐만 아니라 이동과 동시에 크기도 변경시킬 수 있다. Move 메소드는 타이머와 범용 대화상자를 제외한 모든 컨트롤에 대해 사용할 수 있다.

```
[컨트롤.]Move 왼쪽 [, 위[, 폭 [, 높이]]]
```

컨트롤을 이동하고, 크기를 변경하기 위한 사용 예는 다음과 같다.

```
Image1.Move 100, 200
```

Image1을 좌표 (100, 200) 이후로 이동시킨다.

```
Image1.Move 100, 200, 300, 400
```

위와 같으나 이동과 동시에 '폭=300, 높이=400'으로 변경한다. 이때, Move 메소드는 Left, Top, Width, Height 속성의 기능을 동시에 갖추고 있는 메소드라 할 수 있다.

● 실습하기 (Move_Method.vbp)

Move 메소드를 이용해 Image 컨트롤을 클릭함과 동시에 이미지가 커지도록 하는 기능을 구현해 보자.

① 도구 모음에서 Image 컨트롤(　)을 선택한 후 폼 창에 디자인한다.

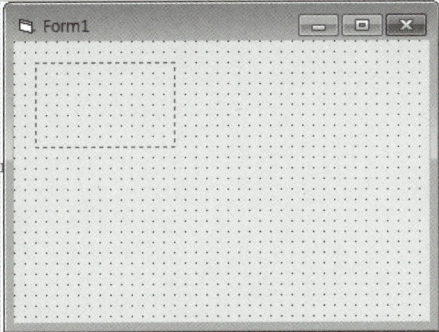

② Move 메소드를 이용해 Image 컨트롤을 클릭함과 동시에 이미지의 크기를 늘여주기 위한 소스 코드를 입력한 후 "Move_Method.vbp"로 저장한다.

```
Dim j, s, p, n

Private Sub Form_Load()
    Image1.Stretch = True
    Image1.BorderStyle = 1
    Image1.Picture = LoadPicture("D:\image.gif")

    Form1.Scale (0, 0)-(1000, 1000)

    j = 400: s = 400: p = 200: n = 200
    Image1.Move j, s, p, n
End Sub

Private Sub Image1_Click()
    Do While j >= 5
        j = j - 10
        s = s - 10
        p = p + 20
        n = n + 20

        Image1.Move j, s, p, n
    Loop
End Sub
```

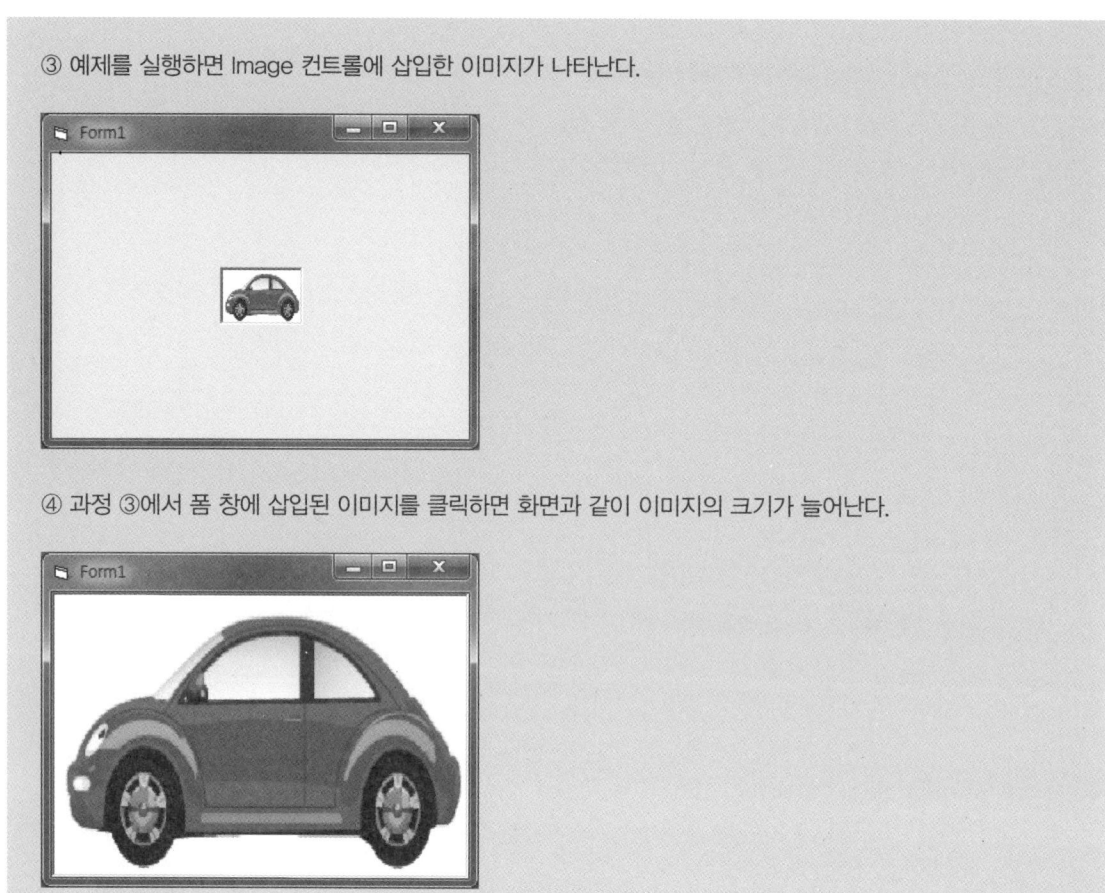

프로그램을 실행 시키면 폼 한 가운데에 이미지(Image1)가 조그맣게 나타난다. 이때, 이미지를 마우스로 클릭하면 크기가 차츰차츰 확대되어 폼 내부(클라이언트 영역)의 크기가 되면 확대를 멈춘다.

Do While 루프가 한 번 실행할 때 마다 변수 j와 s는 10씩 감소, p와 n은 20씩 증가된다. 그래서 중심은 원래의 중심을 그대로 유지한 채 크기만 확대된다. 이 프로그램은 'Form1.Scale (0, 0)-(1000, 1000)'으로 Form1의 좌표계를 (0, 0)~(1000, 1000)으로 설정하였기 때문에 위와 같은 간단한 Do While 루프로도 실행 결과와 같은 처리를 수행한다.

■ 인쇄 메소드(NewPage, EndDoc)

비주얼 베이직에는 인쇄를 수행하는 수행문이나 메소드는 존재하지 않는다. 대신 Printer 개체를 사용하여 인쇄를 수행한다. Printer 개체에 대해서는 다음의 메소드를 사용할 수 있다.

- 그래픽 메소드(Print, Circle, Line, PSet), NewPage, EndDoc

Printer 개체에 대해 Print, Circle, Line, PSet 메소드를 사용하면 지금까지 설명한 방식대로 글자, 원, 타원, 선, 점을 프린터에 출력한다. 이때, NewPage와 EndDoc 메소드는 인쇄 보조용으로 사용된다.

- Printer.NewPage → 프린터의 인쇄 헤드를 다음 용지로 이동
- Printer.EndDoc → 프린터 프로그램에게 인쇄 종료를 통보

프린터 출력 루틴의 끝에는 Printer.EndDoc를 적어야 한다. 이는 Printer 개체는 인쇄 내용을 윈도우의 프린터 프로그램에게 넘겨주기만 하고 실제 인쇄는 프린터가 수행하기 때문인데, 프린터는 Printer.EndDoc 메소드를 전송받기 전까지는 Printer 개체에 출력된 내용을 보관하고 인쇄는 하지 않는다.

■ **클립보드 메소드**

클립보드에 수록되어 있는 내용을 이용하고자 할 때에는 Clipboard 개체에 대해 GetFormat, GetText, GetData 메소드를 사용한다.

```
Clipboard.GetFormat(1)
```

클립보드에 수록되어 있는 내용이 문자열이면 True, 아니면 False를 구한다. 1 대신 비주얼 베이직 상수 vbCFText를 사용하는 것이 바람직하다.

```
Clipboard.GetFormat(2)
```

수록되어 있는 내용이 비트맵 이미지(그림)이면 True, 아니면 False를 구한다. 2 대신 비주얼 베이직 상수 vbCFBitmap을 사용하는 것이 바람직하다.

```
Clipboard.GetText( )
```

클립보드에 수록되어 있는 문자열을 구한다.

```
Clipboard.GetData( )
```

클립보드에 수록되어 있는 비트맵 이미지(그림)를 구한다.

예를 들어 5개의 프로그램을 동시에 사용하고 있는 상태에서도 클립보드는 단 하나만 존재하며, 한 시점에서는 클립보드에 한가지 종류의 자료만 수록된다. 클립보드의 내용이 문자열이면 이를 폼에 출력하고, 클립보드의 내용이 그림이면 이를 Image1 컨트롤에 출력한다.

● 실습하기 (Clipboard_Method.vbp)

클립보드에 저장되어 있는 문자열 또는 이미지를 화면에 출력하자.

① 도구 모음에서 Image 컨트롤(🖼)을 선택한 후 폼 창에 디자인한다.

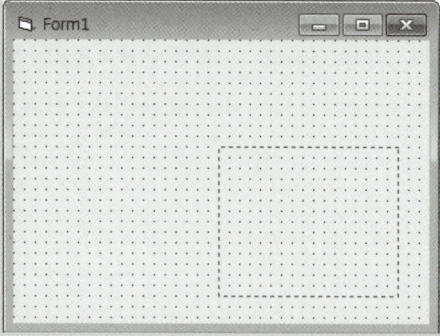

② 클립보드에 저장되어 있는 문자열 또는 이미지를 화면에 출력하기 위한 소스 코드를 입력한 후 "Clipboard_Method.vbp"로 저장한다.

```
Private Sub Form_Click()
    If Clipboard.GetFormat(1) Then
      Cls
      Form1.Print Clipboard.GetText()
    ElseIf Clipboard.GetFormat(2) Then
      Image1.Picture = Clipboard.GetData
    End If
End Sub

Private Sub Form_Load()
    Image1.Stretch = True
    Image1.BorderStyle = 1
End Sub
```

③ 예제를 실행한 후 폼 창을 클릭하면 클립보드에 저장되어 있는 이미지나 문자열을 출력한다.

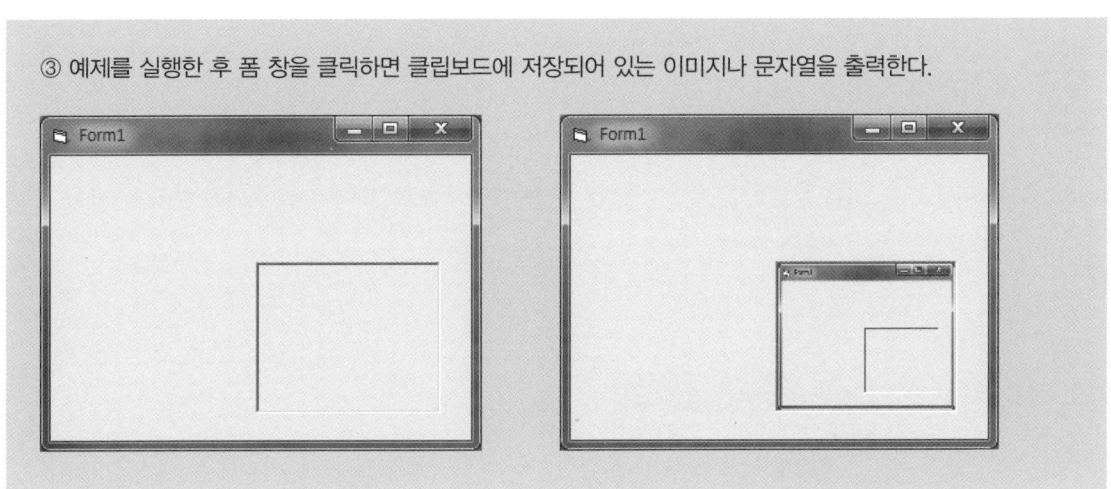

프로그램을 실행시킨 후 코드 창에서 아무 문장이나 선택(마우스 드래그)한 후 Ctrl+C 키를 누른다. 그러면 선택한 문장이 클립보드에 문자열의 형태로 수록된다. 이어 프로그램 실행 창의 폼 부분을 마우스로 클릭하면 코드 창에서 선택한 문장이 폼에 표시된다.

만약 PrtSc 키를 누르면 화면의 이미지가 클립보드에 그림의 형태로 출력되고, 폼 창을 클릭하면 클립보드에 저장된 이미지가 Image 컨트롤에 출력된다.

연습문제

[퀴즈1] 다음 프로그램을 완성하시오.(저장 파일명 : 키보드 입력 값 확인하기.frm, 키보드 입력 값 확인하기.vbp)

● 결과 화면

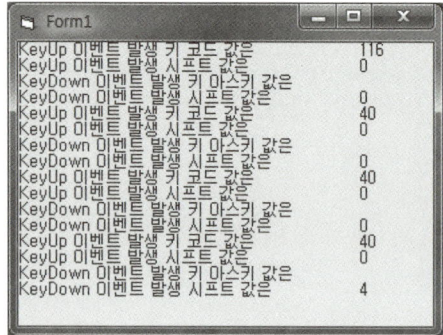

● 조건

- Print 함수를 이용해 키보드로부터 입력받은 이벤트를 출력한다.

[퀴즈2] 다음 프로그램을 완성하시오.(저장 파일명 : 글자색지정하기.frm, 글자색지정하기.vbp)

● 결과 화면

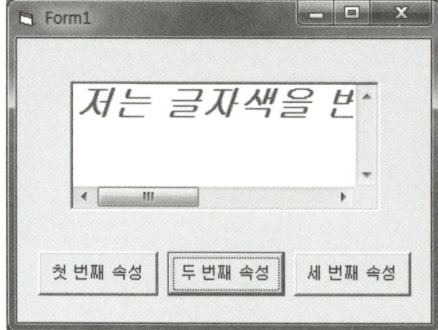

CHAPTER 08 속성과 메소드

● 조건

- [첫 번째 속성] 버튼을 클릭하면 파란색 글자로 출력한다.
- [두 번째 속성] 버튼을 클릭하면 녹색 글자로 기울여 출력한다.
- [세 번째 속성] 버튼을 클릭하면 갈색 글자로 가운데 줄을 출력한다.

[퀴즈3] 다음 프로그램을 완성하시오.(저장 파일명 : 프린터 출력.frm, 프린터 출력.vbp)

● 결과 화면

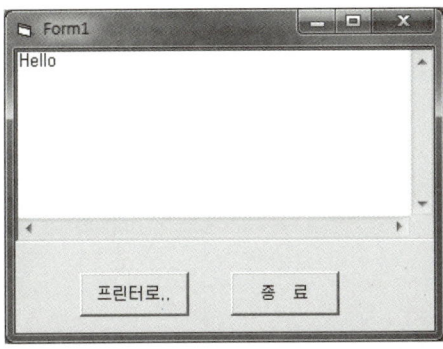

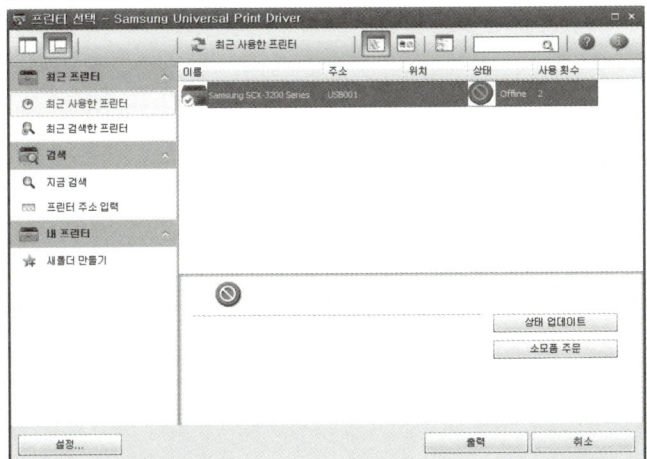

● 조건

- Text에 입력받은 글자를 프린터로 출력한다.

Chapter 09 이벤트 처리

1. 마우스 이벤트 처리

윈도우 기반 프로그램은 마우스를 중심으로 조작하게 되어 있다. 따라서 프로그램을 작성할 때 '마우스 이벤트 처리'가 중요한 몫을 담당한다. 지금까지의 프로그램에서는 Click(한 번 클릭), DblClick(두 번 클릭) 이벤트만 사용했는데 이 단원에서는 지금까지 사용하지 않는 여러 마우스 이벤트에 대해 설명한다.

마우스 이벤트의 종류

마우스 이벤트(Mouse Event)에는 다음과 같은 것들이 있다.

사건	발생 시점
Click	마우스 버튼을 한 번 눌렀을 때
DblClick	마우스 버튼을 두 번 눌렀을 때
MouseDown	마우스 버튼을 눌렀을 때
MouseUp	마우스 버튼을 놓았을 때
MouseMove	마우스를 이동시키고 있을 때
DragOver	컨트롤이 자신의 위로 끌려가고 있을 때
DragDown	컨트롤을 끌다가 마우스 버튼을 놓았을 때 또는 '컨트롤개체.Drag 1' 메소드를 실행 시켰을 때

Click, DblClick 이벤트에 대해서는 지금까지 여러 차례 설명하였으므로 이곳에서는 설명을 생략한다.

MouseDown, MouseUp, MouseMove 이벤트

대상 개체가 Form인 경우 각 이벤트 프로시저의 원형(ProtoType)은 다음과 같다.

```
Form_MouseDown(Button As Integer, Shift As Integer, x As Single, y As Single)
Form_MouseUp( Button As Integer, Shift As Integer, x As Single, y As Single)
Form_MouseMove(Button As Integer, Shift As Integer, x As Single, y As Single)
```

x, y는 마우스 버튼을 누른 곳(_MousDown( )), 마우스 버튼을 뗀 곳(_MouseUp( )), 마우스가 현재 이동하고 있는 곳(_MouseMove( ))의 좌표이다.

■ **Button 인자**

Button 인자는 마우스의 버튼이 클릭되었을 때, 어느 버튼이 클릭되었는지를 전달받는다.

1) 왼쪽 버튼 : 1

2) 오른쪽 버튼 : 2

3) 가운데 버튼 : 4

예를 들어 왼쪽 버튼과 가운데 버튼을 동시에 클릭했으면 1+2인 3이 Button에 전달된다. 아무 버튼도 눌려지지 않았으면 0이 Button에 전달된다.

■ **Shift 인자**

[Shift], [Ctrl], [Alt] 키의 상태가 Shift 인자에 전달된다.

1) [Shift] 키 : 1

2) [Ctrl] 키 : 2

3) [Alt] 키 : 4

예를 들어 [Ctrl], [Shift] 키를 누른 채 마우스 버튼을 클릭했으면 _MouseDown( ) 프로시저의 Shift 인자에 1+2인 3이 전달된다. 아무 키도 눌려지지 않았으면 0이 Shift에 전달된다.

마우스 드래그

위에서 소개한 MouseDown, MouseUp, MouseMov 이벤트를 이용하면 마우스 드래그 기능을 구현할 수 있다. 예를 들면 마우스 버튼을 클릭한 채(MouseDown 이벤트) 마우스를 이동시키면 (MouseMove 이벤트) 마우스가 이동한 위치에 원이 그려진다. 마우스 버튼에서 손을 떼면(MouseUp 이벤트) '원 그리기'가 중단되고 '삑' 소리가 울린다.

● **실습하기 (Mouse_Event.vbp)**

마우스 이벤트를 이용해 폼 창에 그림을 그려보자.

① 마우스 이벤트로 폼 창에 글자를 출력하기 위한 소스 코드를 입력한 후 "Mouse_Event.vbp"로 저장한다.

```
Dim m_danchu

Private Sub Form_Click()
    Beep
End Sub

Private Sub Form_MouseDown(Button As Integer, Shift As Integer, X As Single, Y As Single)
    m_danchu = True
End Sub

Private Sub Form_MouseMove(Button As Integer, Shift As Integer, X As Single, Y As Single)
    If m_danchu = True Then  '버튼이 눌려져 있으면
      Form1.Circle (X, Y), 100  '원을 그린다
    End If
End Sub

Private Sub Form_MouseUp(Button As Integer, Shift As Integer, X As Single, Y As Single)
    m_danchu = False
End Sub
```

② 폼 창에 마우스로 드래그하면 그림이 그려지는 것을 확인할 수 있다.

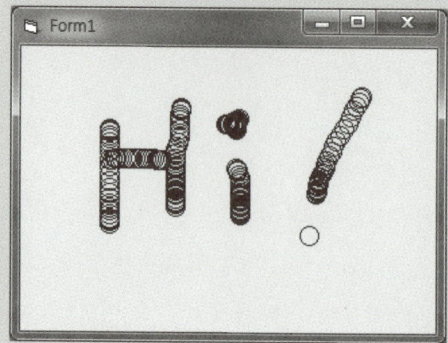

핵심 코드는 다음과 같다.

```
Private Sub Form_MouseMove(Button As Integer, Shift As Integer, x As Single, y As Single)
    If m_danchu = True Then '버튼이 눌려져 있으면
        Form1.Circle (x, y), 100 '원을 그린다
    End If
End Sub
```

폼에서 마우스를 이동시키면 위의 프로시저가 실행된다. 마우스 버튼이 눌려져 있는 상태이면 Form_MouseDown( ) 프로시저가 실행되고 이곳에서 전역 변수 m_danchu=True로 된다. 따라서 위 프로시저의 If 블록 내부가 실행되어 'Form1.Circle (x, y), 100'에 의해 마우스 포인터의 현재 위치(x, y)를 중심으로 하는 원이 그려진다.

마우스 버튼에서 손을 떼면 Form_MouseUp( ) 프로시저에 의해 m_danchu= False로 되고 If 블록 내부는 실행되지 않는다. 따라서 원을 그리지 않는다. Form_MouseMove( ) 프로시저에서 Button 인자를 사용하면 Form_MouseDown( ), Form_MouseUp( ) 프로시저에 코드를 붙이지 않고서도 동일한 기능이 수행되게 할 수 있다.

● 실습하기 (Mouse_Event1.vbp)

MouseMove 이벤트의 Button, Shift 인자를 사용하여 마우스로 드래그하면서 폼에 그림을 그려보자.

① MouseMove 이벤트의 Button, Shift 인자를 사용하여 마우스로 드래그하면서 폼에 그림을 그리기 위한 소스 코드를 입력한 후 "Mouse_Event1.vbp"로 저장한다.

```
Private Sub Form_MouseMove(Button As Integer, Shift As Integer, X As Single, Y As Single)
    If Button = 1 And Shift = 0 Then
        Form1.Circle (X, Y), 50
    End If
    
    If Button = 1 And Shift = 2 Then
        Form1.Line (X, Y)-(X + 100, Y + 100), B
    End If
    
    If Button = 1 And Shift = 6 Then
```

```
            Form1.DrawWidth = 5
            Form1.PSet (X, Y)
            Form1.DrawWidth = 1
        End If
    End Sub
```

② MouseMove 이벤트의 Button, Shift 인자를 사용하여 마우스로 드래그하면 폼에 그림을 그린다.

핵심 코드는 다음과 같다.

```
If Button=1 And Shift=0 Then Form1.Circle (x, y), 50
```

폼(Form1 개체)에서 마우스를 이동시키면 Form_MouseMove( ) 프로시저가 실행되고 각 정보가 다음의 인자에 전달된다.

```
Button : 왼쪽 버튼이 눌려져 있으면 1, 아무 버튼도 눌려져 있지 않으면 0
Shift : Shift 키 → 1, Ctrl 키 → 2, Alt 키 → 4
x, y : 마우스 포인터의 현재 위치
```

마우스 왼쪽 버튼을 클릭했으면 Button=1이 되고, Shift , Ctrl , Alt 세 키가 다 눌려져 있지 않으면 Shift=0이 된다. 따라서 이 경우에는 'Form1.Circle, (x, y), 50'이 실행되어 마우스 포인터의 현재 위치 (x, y)를 중심으로 하고 반지름이 50인 원을 그린다. 여기서 Form1.은 생략하고 'Circle (x, y), 50'으로 해도 된다. 이는 현재 초점이 맞추어져 있는 개체는 Form1이기 때문이다.

```
If Button=1 And Shift=6 Then
    Form1.DrawWidth=5
    Form1.PSet (x, y)
    Form1.DrawWidth=1
```

마우스를 움직일 때 왼쪽 버튼을 누르고 있으면 Button=1이 된다. 또 Ctrl 키(Shift → 2)와 Alt 키 (Shift → 4)를 동시에 누르고 있다면 Shift=6이 된다. 이 경우에는 이 If 블록 내부가 실행되어 PSet 메소드에 의해 점이 그려진다.

DrawWidth 속성은 그래픽 메소드(Circle, Line, Pset)가 그리는 점의 두께를 지정한다. 'Form1. DrawWidth=5 / Form1.PSet (x, y)'는 마우스 포인터의 현재 위치(x, y)에 보통 두께보다 5배 큰 점을 그린다. 이어서 'Form1.DrawWidth=1'은 점의 두께를 1로 환원시킨다. 만일 이를 지우면 이후 원과 네모도 두꺼운 외곽선으로 그려진다.

DragOver 이벤트와 DragDown 이벤트

DragOver와 DragDown 이벤트가 발생하면 Img 컨트롤 위로 다른 컨트롤(또는 Img 컨트롤 자기 자신)이 끌려가고 있을 때에는 Img_DragOver( ) 프로시저가 실행되고, 컨트롤을 끌어서 Img 컨트롤 위에 놓으면 Img_DragDown( ) 프로시저가 실행된다.

DragOver와 DragDown 이벤트 프로시저의 인자에서 대상 개체가 Img 컨트롤인 경우 각 이벤트 프로시저의 원형(Prototype)은 다음과 같다.

```
Img_DragOver(Source As Control, x As Single, y As Single, State As Integer)
Img_DragDown(Source As Control, x As Single, y As Single)
```

각 인자에는 다음과 같은 정보가 전달된다.

- Source : 마우스로 끌고 있는 컨트롤의 이름
- x, y : 컨트롤을 끌고 있는 마우스 포인터의 현재 위치
- State : 끌고 있는 컨트롤(Source Control)의 현재 위치

각 값은 다음과 같다.

- 0 → 대상 컨트롤(Target) 범위의 내부
- 1 → 대상 컨트롤(Taget) 범위의 밖
- 2 → 대상 컨트롤 범위 내부에서 위치가 바뀐 경우

2. 키보드 이벤트 처리

비주얼 베이직을 공부하는 단계에서는 키보드 입력의 세부적인 처리에 대해서는 신경을 쓰지 않으나, 실제 프로그램을 작성할 때에는 특수키나 토글키 등을 특별한 방법으로 사용되게 해야 할 필요성이 수시로 발생한다. DOS에서 프로그램을 작성하는 경우에는 이러한 처리가 다소 까다로우나 비주얼 베이직에서는 손쉽다.

이제 키보드와 관련된 이벤트 대해 알아보자.

키보드 이벤트의 종류

키보드 이벤트(Keyboard Event)의 종류와 기능은 다음과 같다.

이벤트	발생 시점
KeyPress	일반키(ANSI 키)를 눌렀을 때
KeyUp	키에서 손을 떼었을 때
KeyDown	키를 눌렀을 때(일반키, 특수키 불문)

KeyPress 이벤트

일반키를 누른 경우에만 발생하고 특수키(F1, ↑, page up, Home, Alt+A ...)를 누른 경우에는 발생하지 않는다. 예를 들어 대상 개체가 Form인 경우 KeyPress 이벤트 프로시저의 원형은 다음과 같다.

```
Form_KeyPress(KeyAscii As Integer)
                └──────┬──────┘
               눌려진 키의 아스키 코드
```

■ **일반키와 특수키**

일반키와 특수키는 다음과 같다.

1) 일반키

아스키 코드를 갖고 있는 키(A, 1, ! " ...)로 한글/한자는 『두 개 코드의 조합』으로 되어 있다.

2) 특수키

아스키 코드를 갖고 있지 않은 키로 ↑, ↓, ←, →, PgUp, PgDn, Home, End, F1 F2, F3 ..., Alt+A, Alt+↑, Alt+Home..., Alt+F1, Alt+F2... 등이 있다.

특수키를 누른 경우에는 KeyPress 이벤트는 발생하지 않고 KeyDown 이벤트만 발생한다. 일반키를 누른 경우에는 KeyPress 이벤트와 KeyDown 이벤트가 동시에 발생한다.

● 실습하기 (Key_Event.vbp)

KeyPress와 KeyDown 이벤트를 이용해 키보드로부터 입력받은 값을 출력하자.

① KeyPress와 KeyDown 이벤트를 이용해 키보드로부터 입력받은 값을 출력하기 위한 소스 코드를 입력한 후 "Key_Event.vbp"로 저장한다.

```
Private Sub Form_KeyDown(KeyCode As Integer, Shift As Integer)
    Print "KeyDown 이벤트 발생"
End Sub

Private Sub Form_KeyPress(KeyAscii As Integer)
    Print "KeyPress 이벤트 발생"
    Print "키 코드 : "; Hex(KeyAscii);
    Print Tab(35); "누른키 : "; Chr(KeyAscii)
End Sub
```

② 프로그램을 실행한 후 일반키 [A]를 누르면 Form_KeyDown( )이 표시된 후 'Form_KeyPress( ) 키의 코드 : 41 키 : A'가 표시된다. 그러나 [F1], [↑], [Alt]+[A] 등의 특수키를 누르면 Form_KeyDown( )만 표시된다. 즉 Form_KeyDown( ) 프로시저만 실행되고 Form_KeyPress( ) 프로시저는 실행되지 않는다.

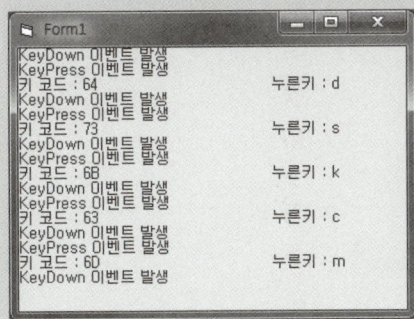

핵심 코드는 다음과 같다.

```
Print "Form_KeyPress( )";
```

Form_KeyPress( ) 프로시저가 실행되고 있을 때 초점은 폼(Form1 개체)에 있다. 따라서 Print는 폼에 지정한 자료를 출력한다. 즉, Print는 Form1.Print와 동일하다. 이와 같이 메소드 왼쪽에 개체 이름을 생략하면 현재 초점이 맞추어져 있는 개체가 대상이 된다. 예를 들어 Hex(10)는 10진수 "10"을 16진수로 바꾼 문자열인 "A"를 출력한다.

```
Print Tab(35) ; ... ; Chr(KeyAscii)
```

Chr(n) 함수 값은 아스키 코드가 n인 문자이고, KeyAscii의 값은 눌려진 키의 아스키 코드이다. 따라서 Chr(KeyAscii)는 예를 들어 A 키를 누른 경우 문자 A를 구한다.

KeyDown과 KeyUp 이벤트

KeryPress 이벤트는 일반키가 눌려졌을 때에만 발생하나 KeyDown 이벤트는 일반키, 특수키, 토글키(Command, Num Lock, Scroll Lock, Ins) 막론하고 키가 눌려지기만 하면 발생한다. 키를 눌렀다가 떼었을 때에는 다음과 같은 순으로 이벤트가 발생한다.

일반키 : KeyDown → KeyPress → KeyUp
특수키, 토글키 : KeyDown → KeyUp
　　　　　　　　키를 눌렀을 때　키에서 손을 떼었을 때

예를 들어 대상 개체가 Form인 경우 KeyDown, KeyUp 이벤트 프로시저의 원형은 다음과 같다.

```
Form_KeyDown(KeyCode As Integer, Shift As Integer)
Form_KeyUp (KeyCode As Integer, Shift As Integer)
```

인자 KeyCode에는 눌려진 키의 코드가 전달된다.

■ Shift 인자

키를 눌렀을 때 Shift, Ctrl, Alt 키의 상태가 Shift 인자에 전달된다.

1) Shift 키 : 1
2) Ctrl 키 : 2
3 Alt 키 : 4

예를 들어 Ctrl+A 키를 눌렀다면 Shift에는 2가, Ctrl+Alt+Z 키를 눌렀다면 Shift 에는 2+4인 6이 전달된다.

● **실습하기** (Key_Event1.vbp)

눌려진 키의 KeyCode, KeyAscii 값을 출력해 보자.

① 눌려진 키의 KeyCode와 KeyAscii 값을 출력하기 위한 소스 코드를 입력한 후 "Key_Event1.vbp"로 저장한다.

```
Private Sub Form_KeyDown(KeyCode As Integer, Shift As Integer)
    If CurrentY >= Height - TextHeight("A") Then
      Cls
    End If

    Print "KeyDown 이벤트 발생"
    Print "KeyCode : " & KeyCode
End Sub

Private Sub Form_KeyPress(KeyAscii As Integer)
    If CurrentY >= Height - TextHeight("A") Then
      Cls
    End If

    Print "KeyPress() 이벤트 발생"
    Print "KeyAscii : " & KeyAscii
End Sub

Private Sub Form_KeyUp(KeyCode As Integer, Shift As Integer)
    Print "KeyUp 이벤트 발생"
End Sub
```

② 키보드를 누를 때마다 이벤트가 폼 창에 발생한다.

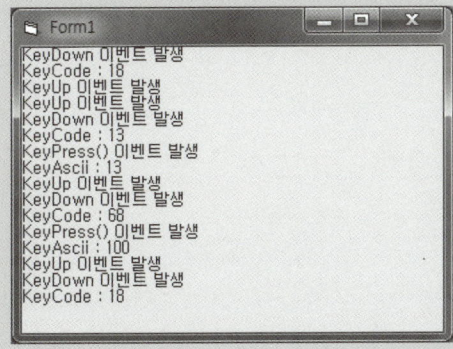

프로그램을 실행 시킨 후 A키를 누르면 Form_KeyDown( ), Form_KeyPress( ), Form_KeyUp( ) 프로시저가 차례대로 실행되고 'KeyCode : 65, KeyAscii : 65'가 표시된다. a키를 누르면 'KeyCode : 65, KeyAscii : 97'이 표시된다. A, a 상관없이 KeyCode는 같은 65이다. 1과 ! 키의 KeyCode도 같은 49이다. F1 키를 누르면 'KeyCode : 112'만 표시된다. 표시 내용이 창의 바닥에 도달하면 창이 지워지고(Form1.Cls) 위 부분부터 다시 표시된다.

핵심 코드는 다음과 같다.

```
If CurrentY >= Height - TextHeight("A") Then
    Cls
```

CurrentY는 Form1에서 현재의 Y 좌표(단위는 트윕)이고 Height는 Form1의 높이이다. 따라서 이 If 문은 현재의 커서 위치(마지막으로 출력한 문자 다음에 위치해 있다)가 폼의 바닥(Form1.Height - TextHeight("A"))에 도달했으면 폼을 지운다(Cls). Cls 메소드는 대상 개체 내부를 지우고 커서를 개체 내의 제일 왼쪽 위로 보낸다. TextHeight("A")는 현재 설정되어 있는 글꼴의 각종 사항에 따라 폼에 A를 출력할 때 차지하는 높이를 구한다.

KeyAscii 값과 KeyCode 값은 다음과 같다.

1) KeyAscii

   눌려진 키(일반 키)의 아스키 코드이다.

2) KeyCode

   키보드상의 위치에 의거한 코드이다.

키보드에서 눌려진 값에 해당하는 아스키 코드 값은 다음과 같다.

키	KeyAscii	KeyCode	비고
A	65	65	KeyCode 값은 서로 동일
a	97	65	
1	49	49	KeyCode 값은 서로 동일
!	33	49	
F1	-	112	기능키(특수키)
Ctrl	-	17	Shift 키
CapsLock	-	20	토글키

프로그램 중에서 F1, Ctrl, ↑, CapsLock ... 등의 키 입력을 처리할 때에는 _Key Down( ) 프로시저의 KeyCode 인자를 사용한다.

■ 특수키 입력 처리하기

프로그램을 작성하다 보면 다음과 같은 키들의 입력을 처리해야 할 필요가 발생한다.

1) `Shift` 키 : `Shift`, `Ctrl`, `Alt`

2) 기능키 : `F1`, `F2`, …

3) 이동키 : `↑`, `↓`, `←`, `→`, `page up`, `page down`, `Home`, `End`

4) `Alt` + 키 : `Alt` + `X`, `Alt` + `F1`, `Alt` + `↑` …

KeyDown( ) 프로시저의 Shift, KeyCode 인자를 사용하면 위 키들의 입력을 처리할 수 있다.

● 실습하기 (Key_Event2.vbp)

폼 상태에서 `↑``↓``←``→`, `Shift` + `↑``↓``←``→`, `Ctrl` + `↑``↓``←``→` 키를 누르면서 원을 서로 다른 무늬로 그려보자.

① 다음과 같이 소스 코드를 입력한 후 "Key_Event2.vbp"로 저장한다.

```
Dim x, y, msg

Private Sub Form_KeyDown(KeyCode As Integer, Shift As Integer)
    If KeyCode = 88 And Shift = 4 Then End

    If KeyCode = 112 Then MsgBox msg, vbInformation

    Select Case KeyCode
      Case 37 :
            x = x ? 300

      Case 38 :
            y = y - 300

      Case 39 :
            x = x + 300

      Case 40 :
            y = y + 300

      Case Else :
            Beep
            Exit Sub
    End Select
```

```
        Select Case Shift
          Case 0:
                FillStyle = vbFSTransparent

          Case 1:
                FillStyle = vbDiagonalCross

          Case 2:
                FillStyle = vbFSSolid
        End Select

        Circle (x, y), 150
End Sub

Private Sub Form_Load()
    x = Form1.ScaleWidth / 2

    y = Form1.ScaleHeight / 2

    Form1.Caption = "도움말은 F1키"

    msg = "방향키 : 원" & Chr(10)
    msg = msg & "Shift + 방향키 : 망무늬 원" & Chr(10)
    msg = msg & "Ctrl + 방향키 : 검은색 원" & Chr(10)
    msg = msg & "Alt + X : 실행 종료"
End Sub
```

② 특수키를 이용해 그림을 그린다.

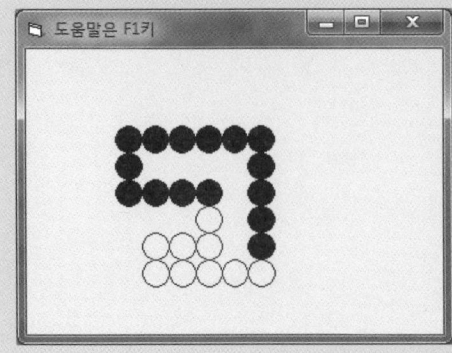

③ 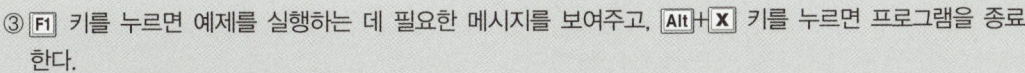 키를 누르면 예제를 실행하는 데 필요한 메시지를 보여주고, Alt+X 키를 누르면 프로그램을 종료한다.

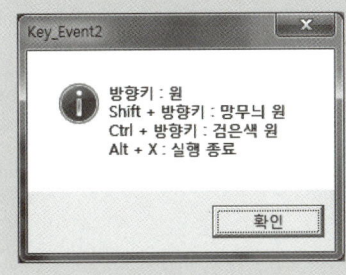

핵심 코드는 다음과 같다.

```
If KeyCode=88 And Shift=4 Then
    End
```

88은 X 키의 KeyCode로 Alt 키를 누른 채 키가 눌러지면 Shift에 4가 전달된다. 따라서 이 If 문은 누른 키가 X 키이고(KeyCode=88) 동시에 Alt 키가 눌려져 있으면(Shift=4), 즉 Alt+X 키를 눌렀으면 End 문을 실행하여 프로그램을 종료시킨다.

```
Case 37 : x = x-300
```

37은 ← 키의 KeyCode로 키를 누른 경우에 x 좌표를 300 트윕만큼 감소시킨다.

↑ ↓ ← → 키를 누르면 하얀색 원이, Shift+↑ ↓ ← → 키를 누르면 망무늬 원이, Ctrl+↑ ↓ ← → 키를 누르면 검은색 원이 그려지고, 누른 화살표 방향으로 이동한다. 실행 도중 아무 때나 F1 키를 누르면 도움말 MsgBox가 출력되고, Alt+X 키를 누르면 실행이 종료된다. 키가 눌려지면 KeyDown 이벤트의 KeyCode와 Shift 인자에 눌려진 키의 코드가 전달된다. 이 프로그램에서 사용한 KeyCode와 Shift, Ctrl, Alt 키의 Shift 인자 값은 다음과 같다.

키	KeyCode	키	Shift
←	37	Shift	1
↑	38	Ctrl	2
→	39	Alt	4
↓	40		
X	88		
F1	112		

폼에 초점이 있는 상태에서 키가 눌려지면 Form_KeyDown( ) 프로시저가 실행된다.

> FillStyle 속성 : 개체나 원(Circle), 네모(Line) 내부를 채우는 무늬를 지정한다.

3. 기타 이벤트 처리

주요 이벤트는 주로 마우스와 키보드에 몰려 있으나 다른 개체들도 여러 가지 이벤트를 가지고 있다. 마우스와 키보드 이외의 이벤트 처리 방법에 대해 알아보자.

기타 이벤트의 종류

마우스, 키보드 이벤트 이외에 다음과 같은 이벤트들이 존재한다.

사건	발생 시점	발생 개체
GotFocus	초점을 얻을 때	모든 개체
LostFocus	초점을 잃을 때	모든 개체
Activate	폼이 활성화될 때	폼
Deactivate	다른 폼이 활성화될 때	폼
Scroll	이동 줄의 스크롤 바를 마우스로 드래그할 때	이동줄
Resize	개체 크기가 변하거나 폼이 표시될 때	폼, 그림 상자
Change	내용, 값이 바뀌었을 때	대부분의 개체
Timer	Interval로 지정한 시간이 지났을 때	타이머

GotFocus 이벤트와 LostFocus 이벤트

초점이 A 개체로 이동(마우스로 A 개체를 클릭하거나, [Tab], [Shift]+[Tab] 키를 눌러 이동)하면 A_GotFocus( ) 이벤트 프로시저가 실행되고, 초점이 A 개체에서 다른 개체로 이동하면 A_LostFocus( ) 프로시저가 실행된다.

● 실행하기 (Focus.vbp)

Text 컨트롤에 Focus 이벤트가 발생 유무를 판단해 보자.

– 변경된 속성

컨트롤명	속성명	값
Text1	Text	"Text1"
Text2	Text	"Text2"

① 컨트롤 도구 모음에서 Text 컨트롤을 폼 창에 디자인한다.

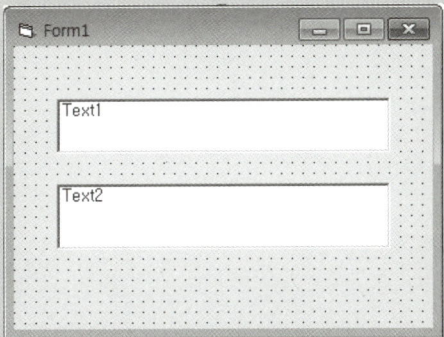

② Text 컨트롤에 Focus 이벤트가 발생 유무를 판단하기 위한 소스 코드를 입력한 후 "Focus.vbp"로 저장한다.

```
Private Sub Form_Load()
    Text1.FontSize = 20
    Text2.FontSize = 20
End Sub

Private Sub Text1_GotFocus()
    Beep
    Text1.BackColor = RGB(0, 255, 0)
    Text2.BackColor = RGB(255, 255, 255)

    Text1.Text = "Text1에 포커스"
End Sub

Private Sub Text1_LostFocus()
    Text1.BackColor = RGB(255, 255, 255)
    Text2.BackColor = RGB(0, 255, 0)

    Text1.Text = "Text1은 포커스 잃음"
End Sub
```

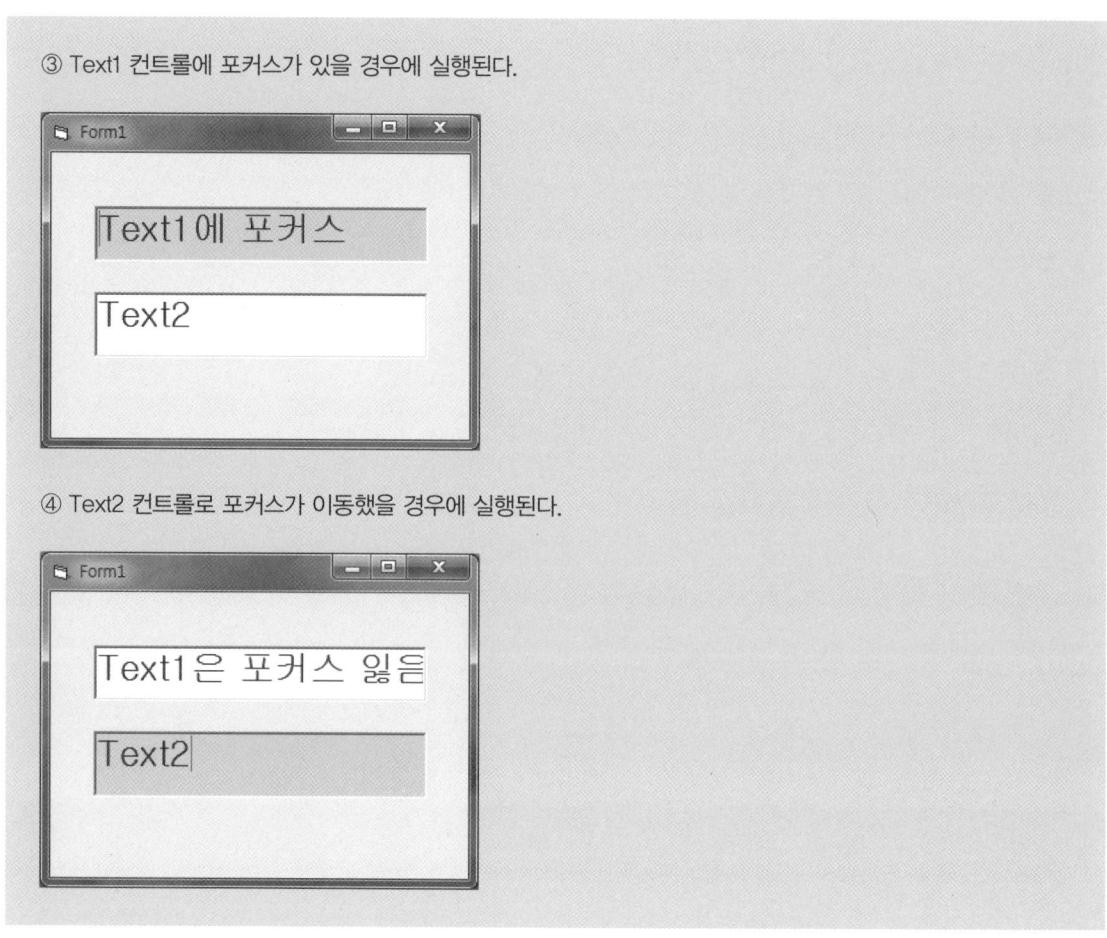

③ Text1 컨트롤에 포커스가 있을 경우에 실행된다.

④ Text2 컨트롤로 포커스가 이동했을 경우에 실행된다.

Text 컨트롤에 Focus 이벤트가 발생했는지에 따라 메시지를 다르게 출력한다. 프로그램을 실행시키면 Text1 글상자에 초점이 설정되고 바탕색이 초록색으로 표시된다(Text1.BackColor=RGB(0, 255, 0)). Tab 키를 누르거나 마우스로 Text2 글상자를 클릭하면 초점이 Text2 글상자로 이동하고 Text2 글상자의 배경색이 초록색으로 표시된다(Text1_LostFocus( )가 실행된다).

Scroll 이벤트

수평 · 수직 이동줄의 바(bar)를 마우스로 드래그할 때 발생한다. 이동줄 상에서 바를 마우스로 드래그하면 Scroll 이벤트가 연속하여 발생한다. Scroll 이벤트 발생 후 Value 속성값이 바뀌었으면 Change 이벤트가 발생한다. 또한 마우스 드래그를 마치면 Change 이벤트가 발생한다. 이동줄의 바를 마우스로 드래그하되 바를 드래그하기 전의 위치로 돌려보내면 Change 이벤트는 발생하지 않는다. 이동줄에서 바의 위, 아래나 ▲, ▼를 누르면 Change 이벤트만 발생한다.

● 실습하기 (Scroll.bar)

수평 스크롤 바(HScroll)에 이벤트가 발생했을 때 메시지를 폼 창에 출력하자.

– 변경된 속성

컨트롤명	속성명	값
HScroll1	Value	
Text1	Text	"Text1"

① 컨트롤 도구 모음에서 HScroll 컨트롤과 Text 컨트롤을 폼 창에 드래그해 디자인한다.

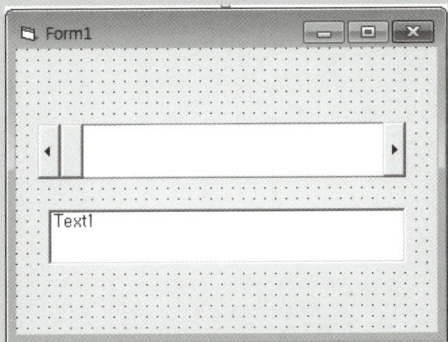

② 수평 스크롤 바(HScroll)에 이벤트가 발생했을 때 메시지를 폼 창에 출력하기 위한 소스 코드를 입력한 후 "Scroll.vbp"로 저장한다.

```
Private Sub HScroll1_Change()
    Form1.FontBold = True
    
    Print "Change 이벤트 발생"
    Print Tab(30); "Value : " & HScroll1.Value
    
    Form1.FontBold = False
End Sub

Private Sub HScroll1_Scroll()
    Print "Scroll 이벤트 발생"
    Print Tab(30); "Value : " & HScroll1.Value
End Sub
```

③ 예제를 실행한다.

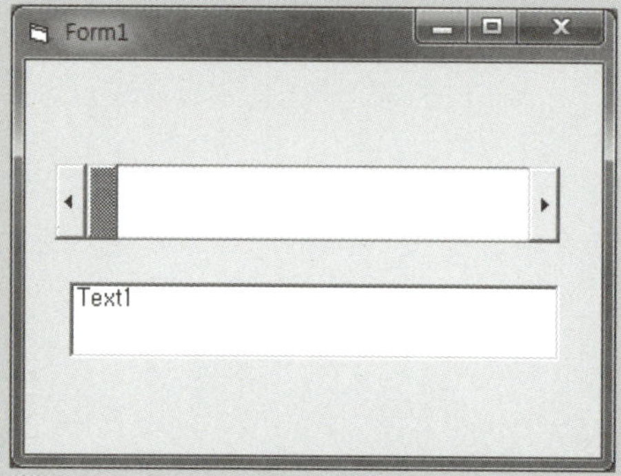

④ 수평 스크롤 바를 이동했을 경우에 이벤트 메시지를 폼 창에 출력한다.

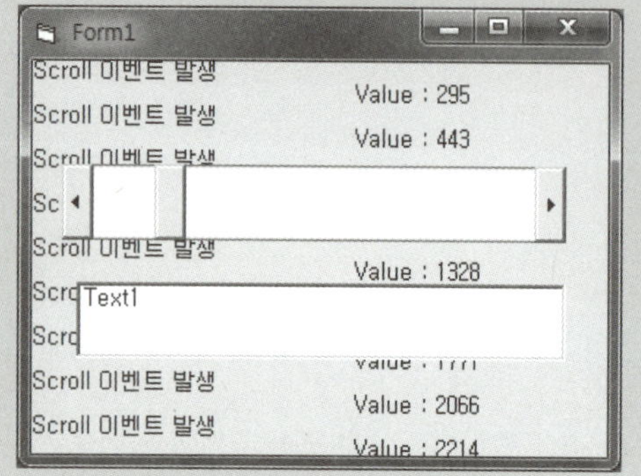

Resize 이벤트

폼이나 그림 상자의 크기가 바뀔 때 발생하는 이벤트로 Resize 이벤트 프로시저를 사용한다.

● **실습하기 (Resize.vbp)**

글상자(Text1)의 크기를 폼의 크기로 설정하고, 글상자에 표시된 글자의 크기를 창의 높이에 맞게 변경해 보자.

− 변경된 속성

컨트롤명	속성명	값
Text1	Text	

① 폼의 크기에 따라 Text 컨트롤의 크기를 자동으로 Resize하기 위해 Text 컨트롤을 폼 창에 디자인한다.

② 글상자(Text1)의 크기를 폼의 크기로 설정하고, 글상자에 표시된 글자의 크기를 창의 높이에 맞게 변경하기 위한 소스 코드를 입력한 후 "Resize.vbp"로 저장한다.

```
Private Sub Form_Resize()
    Text1.Move 0, 0, ScaleWidth, ScaleHeight
    jul = Chr(13) & Chr(10)

    Text1.Text = "〈 글상자 〉" & jul
    Text1.Text = Text1.Text + "비주얼 베이직" & jul
    Text1.Text = Text1.Text + "6.0 프로그래밍"
End Sub
```

③ 예제를 실행함과 동시에 Text 컨트롤의 크기가 폼 창의 크기에 맞게 변경된다.

프로그램을 실행시키면 폼이 표시되면서 자동적으로 Form_Resize( ) 프로시저가 실행되어 '글상자(Text1)의 크기=폼의 크기'로 되고 글상자의 글자 크기도 이에 맞게 조정된다. 이때, 마우스로 글상자 아래 변을 밑으로 끌어 '글상자의 높이'를 크게 변경하고, 글상자의 크기도 '확대된 폼'의 크기로 되고 글상자 안의 글자도 커진다. 핵심 코드는 다음과 같다.

```
Text1.Move 0, 0, ScaleWidth, ScaleHeight
```

위 문장이 실행될 때 초점은 폼(Form1)에 있으므로 ScaleWidth는 Form1. ScaleWidth와 같다. 따라서 이 문장은 Text1 글상자의 크기를 폼 내부 전체의 크기로 한다. Move 메소드의 사용 양식은 다음과 같다.

```
개체 이름.Move 왼쪽위 꼭지점의 x좌표, y좌표, 너비, 높이
```

연습문제

Visual Basic

[퀴즈1] 다음 프로그램을 완성하시오.(저장 파일명 : 움직이는 이미지.frm, 움직이는 이미지.vbp)

● 결과 화면

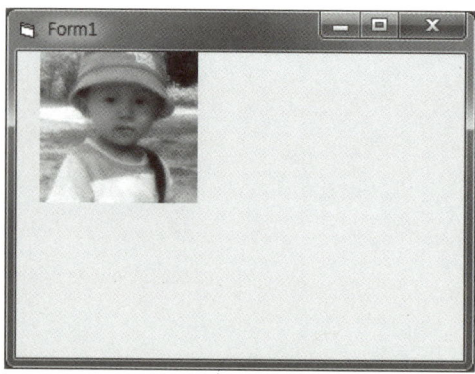

● 조건

- 아래에서 위쪽으로 움직이는 이미지를 만든다.

[퀴즈2] 다음 프로그램을 완성하시오.(저장 파일명 : 스크롤 바.frm, 스크롤 바.vbp)

● 결과 화면

● 조건

- HScroll1에서 가지는 값을 1부터 50까지의 값으로 출력한다.

[퀴즈3] 다음 프로그램을 완성하시오.(저장 파일명 : RGB색상.frm, RGB색상.vbp)

● 결과 화면

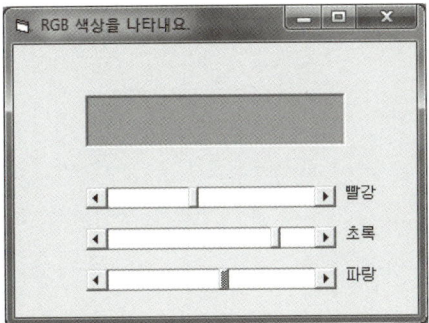

● 조건

- 스크롤바 3개를 이용해 RGB 색상을 표현한다.

- RGB 색은 1부터 255까지의 값을 갖는다.

Chapter 10 윈도우 프로그래밍

1. 멀티미디어 플레이어

멀티미디어는 CD-ROM이나 웹 페이지처럼 동시에 한 개 이상의 표현 매체가 사용된 것을 말한다. 이는 텍스트와 사운드 그리고 동영상 등이 어우러져 사용되는 것을 일컫는 용어이다.

여러 개의 표현 공간, 이미지 또는 동시에 제공되는 상황에서는 스피커 사용 또는 사운드, 이미지 동영상, 그 외에 연기자와 소도구 담당자 등 멀티미디어는 제작 규모나, 청중들과의 상호 교감 및 참여 가능성 등에 있어서 전통적인 동영상 및 영화 등과 분명히 비교될 수 있다.

포함될 수 있는 대화식 요소들로는 음성 명령, 마우스 조작, 텍스트 입력, 터치스크린, 사용자의 비디오 갈무리, 또는 진행 중인 프레젠테이션 참여 등이 있다. 멀티미디어는 단순한 텍스트와 이미지보다 제작이나 표현에 있어 보다 복잡하고, 비용도 비교적 더 드는 경향이 있다. 멀티미디어 표현은 웹, CD-ROM, 그리고 연극 등을 포함하여 여러 가지 상황에서 실행이 가능하다.

이번 단원에서는 음악 CD와 음악 파일, 동영상 파일 등을 연주하고, 보여줄 수 있는 멀티미디어 플레이어를 만들어 볼 것이다. 이때, 비주얼 베이직에서 제공하는 기본 도구만으로는 만들 수 없기 때문에 Microsoft Multimedia Control 6.0(MMControl) 컨트롤을 추가해서 프로그램을 작성한다. 하지만, 이 컨트롤은 윈도우 7에서는 제공되지 않고, 윈도우 XP에서만 실행할 수 있다.

● 실습하기 (Multimedia_Player.vbp)

음악 파일, 음악 CD, 동영상 파일 등을 연주하고, 보여줄 수 있는 멀티미디어 플레이어를 만들어 보자.

– 변경된 속성

컨트롤명	속성명	값
Form1	Caption	Multimedia_Player
Option1	Caption	CD
Option2	Caption	File
Frame1	Caption	파일을 선택해요
CommandButton1	Caption	재생
CommandButton2	Caption	종료

① 속성 테이블과 같이 폼 창에 각 컨트롤을 화면과 같이 디자인한 후 값을 변경한다.

② 멀티미디어 플레이어처럼 프로그램을 동작시키기 위해 MMControl을 추가한다. 이때, 메뉴에서 [프로젝트(P)]→[구성 요소(O)]를 클릭한다.

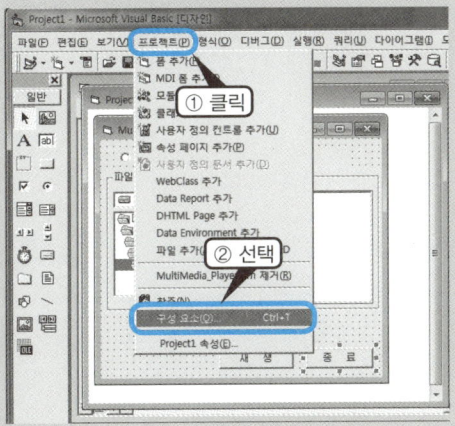

③ 구성 요소 창이 나타나면 [컨트롤] 탭에서 "Microsoft Multimedia Cotrol 6.0"을 선택한 후 [확인] 버튼을 클릭하면 도구 상자에서 MMControl 컨트롤이 추가된 것을 확인할 수 있다.

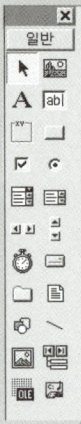

④ 과정 ③의 도구 상자에 추가된 MMControl 컨트롤을 폼 창에 보기 좋게 디자인한다.

⑤ 음악 파일, 음악 CD, 동영상 파일 등을 연주하고, 보여줄 수 있는 멀티미디어 플레이어를 만들기 위한 소스 코드를 입력한 후 "Multimedia_Player.vbp"로 저장한다.

```
Option Explicit

Private Sub Drive1_Change()
    Dir1.Path = Drive1.Drive
End Sub

Private Sub Dir1_Change()
    File1.Path = Dir1.Path
End Sub
```

```
Private Sub Option1_Click()
    MMControl1.Command = "stop"
    MMControl1.DeviceType = "CDaudio"
    MMControl1.Command = "open"
    MMControl1.Command = "play"

    Frame1.Enabled = False

    Command1.Enabled = False

End Sub

Private Sub Option2_Click()
    Frame1.Enabled = True
End Sub

Private Sub Command1_Click()
Dim 파일이름 As String
Dim 확장자 As String

On Error Resume Next
If Right(Dir1.Path, 1) = "\" Then
    파일이름 = Dir1.Path & File1.FileName

Else
    파일이름 = Dir1.Path & "\" & File1.FileName

End If
    확장자 = LCase(Right(파일이름, 3))

Select Case 확장자

    Case "wav"
        MMControl1.Command = "stop"
        MMControl1.DeviceType = "waveaudio"
        MMControl1.FileName = 파일이름
        MMControl1.Command = "close"
        MMControl1.Command = "open"
        MMControl1.Command = "play"

    Case "mid"
        MMControl1.Command = "stop"
        MMControl1.DeviceType = "SEQUENCER"
        MMControl1.FileName = 파일이름
        MMControl1.Command = "close"
        MMControl1.Command = "open"
```

```
                MMControl1.Command = "play"

        Case "avi"
            MMControl1.Command = "stop"
            MMControl1.DeviceType = "avivideo"
            MMControl1.FileName = 파일이름
            MMControl1.Command = "close"
            MMControl1.Command = "open"
            MMControl1.Command = "play"

End Select

If Err Then
    MsgBox "파일이 손상되었습니다.", , "파일 손상"

End If

End Sub

Private Sub Command2_Click()
    End
End Sub

Private Sub File1_Click()
    Command1.Enabled = True
End Sub

Private Sub File1_DblClick()
    Command1_Click
End Sub
```

⑥ 예제를 실행하기 위해 메뉴에서 [실행(R)]→[시작(S)]를 클릭한다.

⑦ "CD" 옵션을 선택하면 화면과 같이 MMControl 컨트롤이 동작되는 것을 확인할 수 있다. 이때, [▶|] 버튼을 클릭하면 CD-ROM에 들어있는 음악 CD를 연주하고, "File" 옵션을 선택하면 동영상이나 음악 파일이 위치한 곳으로 경로를 이동해 파일을 선택한 후 [재생] 버튼을 클릭한다.

핵심 코드는 다음과 같다.

```
Private Sub Dir1_Change()
    File1.Path = Dir1.Path
End Sub
```

디렉토리와 파일을 연결하기 위한 것으로 사용자가 디렉토리를 선택했을 때 여기서 가지는 파일 목록을 보여준다. 이때, Path 속성을 사용한다.

```
Private Sub Option1_Click()
    MMControl1.Command = "stop"
    MMControl1.DeviceType = "CDaudio"
    MMControl1.Command = "open"
    MMControl1.Command = "play"
    
    Frame1.Enabled = False
    Command1.Enabled = False
End Sub
```

"CD" 옵션을 클릭했을 때 실행되는 코드로 MMControl 컨트롤의 Command 속성을 이용해 CD에서 가지는 음악 정보를 열고, 연주하고, 정지하는 기능을 지정할 수 있다. 또한, DeviceType 속성으로 연주하고자 하는 장치의 타입을 설정한다. 마지막으로 Frame1과 Command1 컨트롤의 Enabled 속성에 False라는 값을 할당해서 해당 컨트롤을 폼 창에서 보여주지 않는다.

```
If Right(Dir1.Path, 1) = "\" Then
    파일이름 = Dir1.Path & File1.FileName
```

사용자가 지정한 파일의 맨 우측에서 가지는 값이 '\'와 같을 경우에 실행되는 것으로 Dir1 객체의 Path 속성과 File1 객체의 FileName 속성으로 사용자가 실행하고자 하는 파일에 대한 정보를 알 수 있다.

Right 함수는 문자열의 우측으로부터 지정된 수의 문자를 Variant(String)값으로 반환할 때 사용하는 함수로 사용 형식은 다음과 같다.

```
Right(string, length)
```

여기서 매개 변수 string은 가장 오른쪽에 있는 문자가 반환되는 문자식으로 string에 Null 값이 있으면 Null이 반환한다. 또한, Length 매개 변수는 Variant(Long) 형으로 반환할 문자 수를 지정하는 수식 0이면 길이가 0인 문자열("")이 반환된다. 이때, String 내의 문자 수보다 크거나 같으면 문자열 전부가 반환된다.

```
End If
    확장자 = LCase(Right(파일이름, 3))
```

LCase 함수는 입력된 문자열을 소문자로 변환할 때 사용하는 함수로, 사용 형식은 다음과 같다.

```
LCase(string)
```

string 인수로는 유효한 문자열 식이 사용되고, string에 Null값이 포함되면 Null이 반환된다.

```
Case "wav"
MMControl1.Command = "stop"
MMControl1.DeviceType = "waveaudio"
MMControl1.FileName = 파일이름
MMControl1.Command = "close"
MMControl1.Command = "open"
MMControl1.Command = "play"
```

사용자가 "File" 옵션을 선택했을 때 실행되는 코드로 실행하고자 하는 파일의 확장자가 "wav"일 경우에 사용된다. 이때, MMControl 컨트롤의 Command 속성으로 특정 명령을 수행하고, DeviceType 속성으로 실행하고자 하는 장치의 타입을 설정한다. 마지막으로 FileName 속성을 이용해 실행할 파일의 경로에 대한 정보를 얻는다.

2. 계산기 만들기

프로그래밍 언어에 관계없이 윈도우 기반 예제 프로그램으로 가장 자주 접하게 되는 프로그램은 '계산기 프로그램'이다. 계산기 프로그램을 통하여 컨트롤 배열을 처리하는 기법을 익힌다.

예를들어 1, 2, 3, *, 4를 마우스로 차례대로 누르면 계산기의 위 부분에 123*4가 표시되고 =을 누르면 계산 결과인 492가 표시된다. 두 숫자 사이의 계산만 가능하고 이외의 경우에는 비정상적인 값이 표시된다.

● 실습하기 (Calculator.vbp)

윈도우의 '보조 프로그램'에서 제공하는 계산기를 만들어 보자.

– 변경된 속성

개체	속성	설정 값	비 고
Label 1	Name Appearance BackColor Caption Font : 크기	DispLbl 1-3D (하얀색) (지운다) 12	3차원 모양
Command1 (왼쪽)	Name Font : 크기	DanChuCmd 12	
Command1 (오른쪽)			Command1을 복사하여 컨트롤 배열로 만든다.

① 다음 그림과 같이 폼을 디자인한다.

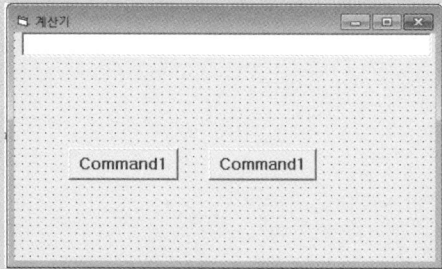

② 사칙 연산을 수행하기 위한 계산기 프로그램의 소스 코드를 입력한 후 "Calculator.vbp"로 저장한다.

```
Option Explicit      '변수를 선언해야만 사용할 수 있게 한다.
Private Sub Form_Load()
    Dim npi, pok, x, y, hng, yul, i

    On Error Resume Next

    npi = ScaleHeight / 5 '버튼의 폭
    pok = ScaleWidth / 4 '버튼의 높이

    For i = 0 To 15
        Load DanChuCmd(i)   'i번째 DanChuCmd가 만들어진다

        DanChuCmd(i).Visible = True 'DanChuCmd(i)를 폼에 표시

        hng = i \ 4 '누른 버튼의 행 번호
        yul = i Mod 4 '누른 버튼의 열 번호

        'hng 행, yul 열에 i 번째 버튼을 표시
        x = pok * yul
        y = npi + npi * hng

        '버튼의 시작위치 폭 높이
        DanChuCmd(i).Move x, y, pok, npi
    Next

    For i = 0 To 9
        DanChuCmd(i).Caption = i
    Next

    DanChuCmd(10).Caption = "."
    DanChuCmd(11).Caption = "="
    DanChuCmd(12).Caption = "+"
```

```
            DanChuCmd(13).Caption = "-"
            DanChuCmd(14).Caption = "*"
            DanChuCmd(15).Caption = "/"
    End Sub

    'Index : 마우스로 누른 버튼(배열 요소)의 번호(색인)

    Private Sub DanChuCmd_Click(Index As Integer)
        Static sik  '정적 변수
        Dim cap

            cap = DanChuCmd(Index).Caption
            If cap = "=" Then
                GeSan sik  '계산을 수행

                sik = "": Exit Sub
            End If
            sik = sik + cap

            DispLbl.Caption = sik  'DispLbl에 sik을 출력
    End Sub

    Sub GeSan(sik)
        Dim ch(4), op, x, y, n, gab, i

        ch(1) = "+": ch(2) = "-"
        ch(3) = "*": ch(4) = "/"

        For i = 1 To 4
            n = InStr(sik, ch(i))  'sik에서 +, -, *, /가 포함되어'있는 위치 -> n

            If n <> 0 Then  'sik에 연산자가 포함되어 있으면
                Exit For
            End If
        Next

        On Error GoTo ErrRtn

        op = Mid(sik, n, 1)  '연산자
        x = Val(Left(sik, n - 1))
        y = Val(Mid(sik, n + 1))

        Select Case op
            Case "+": gab = x + y
```

```
            Case "-": gab = x - y
            Case "*": gab = x * y
            Case "/": gab = x / y
        End Select

        DispLbl.Caption = gab    'DispLbl에 수식의 gab을 출력
        Exit Sub
ErrRtn:
        DispLbl.Caption = "에러"
End Sub
```

③ 계산기 예제를 실행한다.

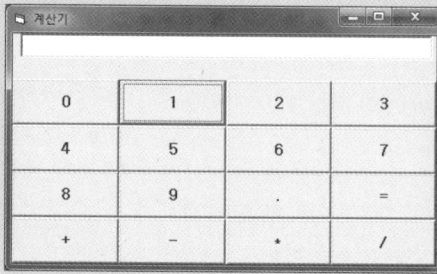

④ 계산기의 버튼을 클릭해 연산식을 입력한다. 이때, 화면과 같이 입력된 연산식은 출력 창에 나타난다.

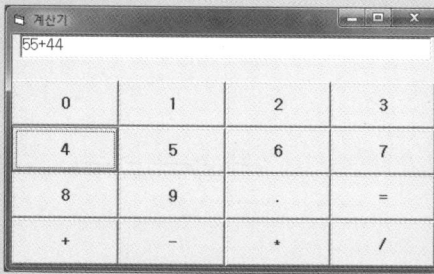

⑤ 과정 ④에서 입력한 연산 결과를 출력한다.

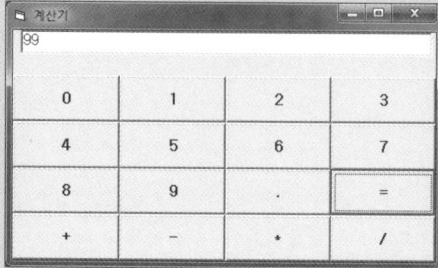

핵심 코드는 다음과 같다.

```
On Error Resume Next
```

프로그램 실행 시 에러가 발생하면 에러를 발생시킨 문장의 다음 문장이 실행되게 한다. 이 다음의 For 루프 내부에서 'Load DanChuCmd(i)'가 실행될 때 i=0, i=1은 폼 작성 시 만들어져 있는 상태이다. Load 문은 지정한 컨트롤(배열 요소)을 새로 만드는데, 해당 컨트롤이 이미 만들어져 있는 경우에는 실행 시 에러 처리된다. 이 문장은 Resume Next 문에 의해 '에러를 발생시킨 곳 다음'으로 즉, 'DanChuCmd(i).Visible=True'로 실행이 옮겨진다.

```
DanChuCmd(i).Visible=True
```

DanChuCmd(i)를 폼에 표시시킨다. 이 문장을 지우면 새로 만들어진 DanChuCmd(i)는 폼에 표시되지 않는다.

```
hng=i ₩ 4
```

₩ 연산자는 정수의 몫만 구한다. 예를 들어 '11 ₩ 4'의 값은 2이다. i는 버튼 번호로 0~15 사이이고, 계산기상의 한 행에는 4개의 버튼을 표시시키므로, 'i ₩ 4'는 i에 대한 행 번호에 해당한다.

```
cap = DanChuCmd(Index).Caption
```

버튼을 클릭한 경우 Index에는 이 버튼의 배열 색인인 2(색인은 0부터 시작)가 전달되고, 이 문장은 'cap = DanChuCmd(2).Caption'이 되어 "2"를 cap에 대입한다.

```
sik="" / Exit Sub
```

'GeSan sik'에 의해 sik의 값을 계산한 후 sik의 값을 공문자열로 한다. sik=" "을 지우면, 예를 들어 이전에 계산한 sik이 3+4라면 다음에 입력한 식(5*6이라 하자)이 3+4 뒤에 이어져 DispLbl에 표시된다(sik="3+45*6"이 된다). 이는 sik은 정적 변수로 선언하였으므로 이 프로시저 실행 시 그 값이 유지되기 때문이다.

```
sik=sik+cap
```

cap은 마우스로 클릭한 버튼의 캡션(0, 1, ⋯, 9, +, -, ⋯)이다. 예를 들어 5, +, 6을 차례대로 클릭했다면 DanChuCmd_Click( ) 프로시저는 모두 3번 실행되고 cap의 값은 차례대로 "5", "+", "6"이 된다. 이 프로시저가 첫 번째 실행될 때에는 sik="5", 두 번째 실행될 때에는 sik="5+", 세 번째 실행될 때에는 sik="5+6"이 된다. sik은 정적 변수로 선언되어 있어 해당 프로시저 실행 시 계속 그 값이 유지되기 때문이다.

```
On Error GoTo ErrRtn
        ⋮
ErrRtn :
        DispLbl.Caption="에러"
End Sub
```

프로그램의 'On Error GoTo ErrRtn' 이후 부분 실행 중 에러가 발생하면 ErrRtn으로 실행이 옮겨져 DispLbl에 "에러"를 출력하고 End Sub에 의해 프로시저의 실행이 끝난다. 예를 들어 Mid(sik, 0, 1), gab=5/0 등이 실행 에러의 대표적인 예이다.

3. 애니메이션 프로그래밍

애니메이션은 이미지에 움직임 효과를 줄 때 사용하는 것으로 눈의 잔상 현상을 이용하여 그림이나 인형 등이 움직이는 것 처럼 조작하는 기법을 의미한다. 비주얼 베이직을 이용해 인터넷에서 다운받은 이미지가 마치 움직이는 것과 같은 효과를 구현한다.

이와 같이 비주얼 베이직과 같은 소프트웨어를 이용해 애니메이션을 구현하면 거칠게 움직임이 표현되지만, 플래시 등과 같은 프로그램을 이용해 섬세한 부분까지 애니메이션 처리를 할 수 있기 때문에 유용하다.

구성요소 추가와 폼 디자인하기

애니메이션 프로그래밍을 하기 위해 사용되는 구성 요소로는 Microsoft Windows Common Control 5.0 컨트롤이 있다. 이외에도 기본 컨트롤에서 제공하는 Timer 컨트롤, Image 컨트롤, ImageList 컨트롤 등이 사용된다.

CHAPTER 10 윈도우 프로그래밍

● 실습하기 (Animation.vbp)

인터넷에서 다운받은 이미지가 마치 움직이는 것과 같이 화면에 보여주기 위한 예제의 구성 요소 추가와 폼 디자인을 하자.

① 인터넷에서 다운 받은 이미지가 마치 움직이는 것과 같이 화면에 보여주기 위한 예제의 구성 요소 추가를 추가한다. 이때, 메뉴에서 [프로젝트(P)] → [구성 요소(O)]를 누른다.

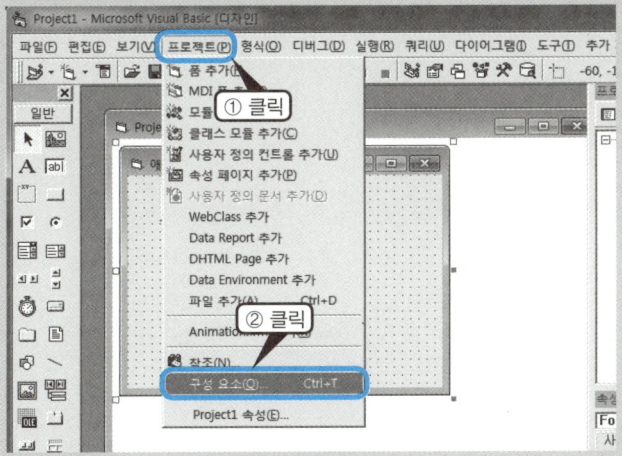

② 구성 요소 창이 나타나면 예제에서 사용할 구성 요소를 선택한다. 여기서는 "Microsoft Windows Common Control 5.0"을 선택한 후 [확인] 버튼을 클릭한다.

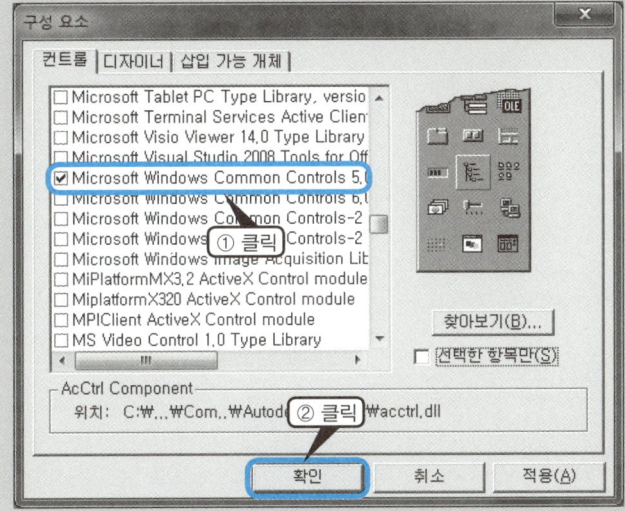

Microsoft Windows Common Control 5.0 컨트롤은 작성하게 될 프로그램에서 사용되는 이미지를 저장하고, 열기 위해 사용되는 공통 컨트롤이다. 이외에도 다양한 기능이 있지만, 예제에서는 이러한 기능만 사용된다.

③ 도구 상자에 예제에서 사용할 Image 컨트롤, ImageList 컨트롤, Timer 컨트롤이 있는지 확인한다. 이때, 과정 ②에서 선택한 구성 요소에 대한 컨트롤 목록이 화면에서 보는 것과 같이 도구 상자에 추가된다.

④ 폼 창에서 이미지가 움직일 때 사용되는 Image 컨트롤과 시간을 처리하는 Timer 컨트롤, 예제에서 사용되는 이미지를 저장하기 위한 ImageList 컨트롤이 사용된다.

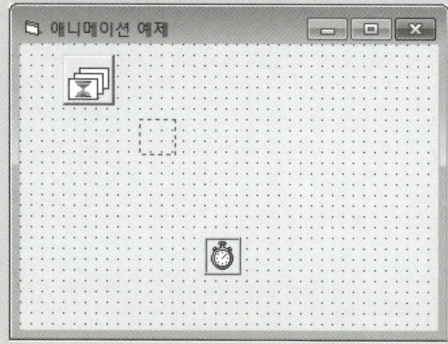

⑤ 예제에서 사용할 이미지 목록을 추가하기 위해 ImageList 컨트롤에서 마우스 오른쪽 버튼을 클릭한다. 이때, 나타난 단축 메뉴에서 [속성(R)]을 선택한다.

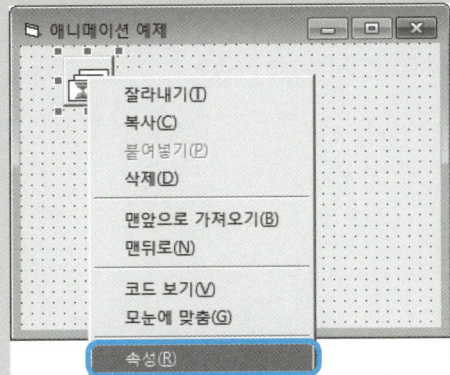

⑥ 속성 페이지 창이 나타나면 화면과 같이 [일반] 탭을 선택한다.

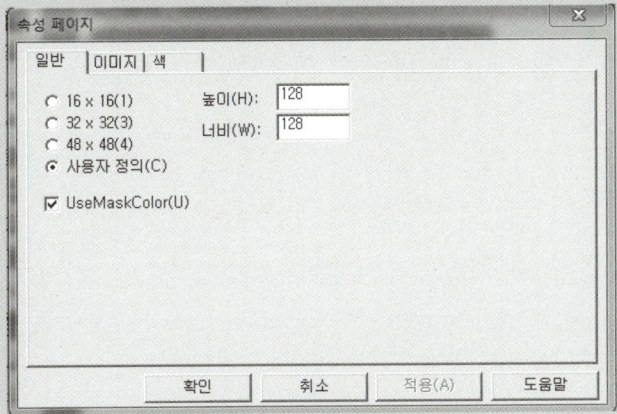

⑦ 애니메이션으로 보여줄 이미지를 추가하기 위해 [이미지] 탭을 선택한 후 [그림 삽입] 버튼을 클릭한다. 그림 선택 창이 나타나면 예제에서 사용할 이미지를 선택한 후 [열기] 버튼을 클릭한다.

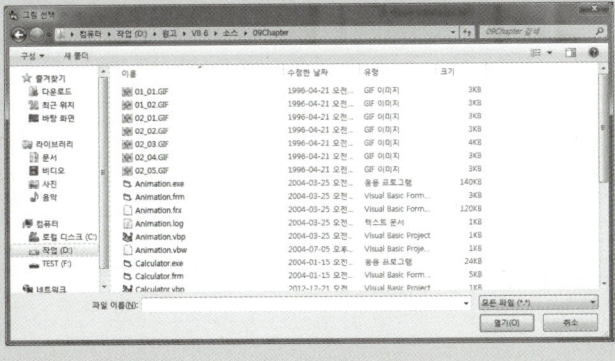

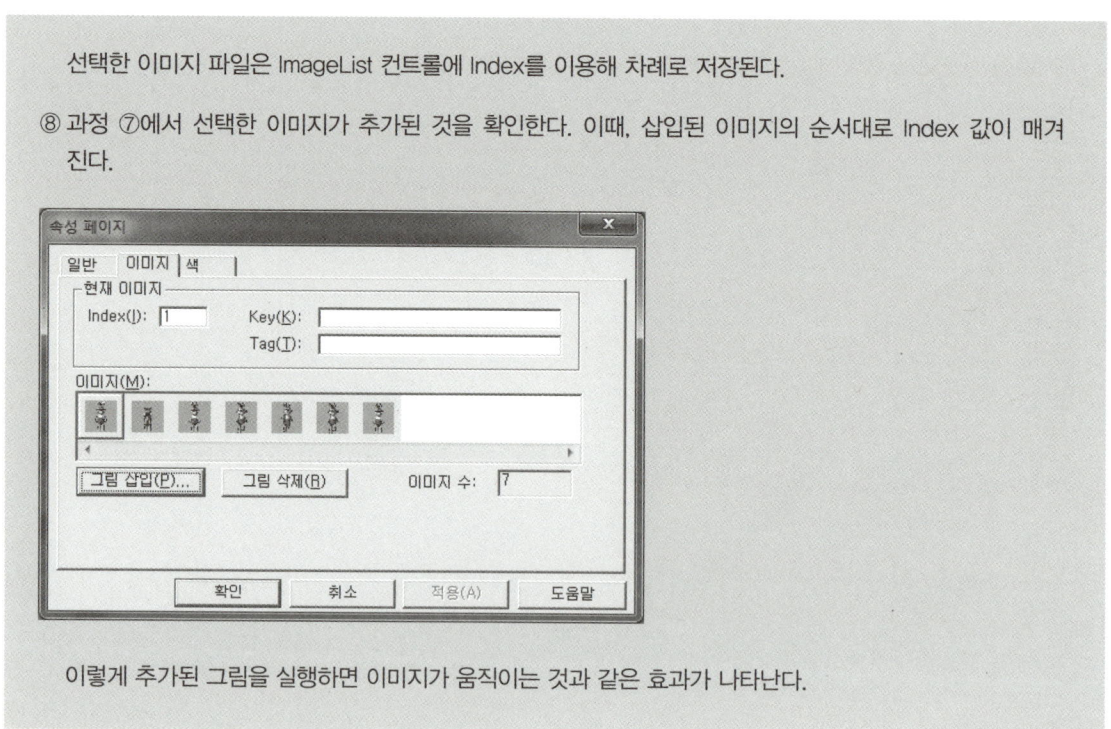

선택한 이미지 파일은 ImageList 컨트롤에 Index를 이용해 차례로 저장된다.

⑧ 과정 ⑦에서 선택한 이미지가 추가된 것을 확인한다. 이때, 삽입된 이미지의 순서대로 Index 값이 매겨진다.

이렇게 추가된 그림을 실행하면 이미지가 움직이는 것과 같은 효과가 나타난다.

애니메이션 프로그래밍

애니메이션은 움직이는 이미지로 정지된 영상이 여러 개 모여서 마치 이미지가 움직이는 것과 같은 효과를 주는 것으로 추가 컨트롤 이외에도 Timer 컨트롤, Image 컨트롤, ImageList 컨트롤 등을 이용한 애니메이션 프로그래밍을 해본다.

각 컨트롤의 기능은 다음과 같다.

컨트롤명	기능
Timer 컨트롤	정지된 영상을 시간이 지남에 따라 각기 다른 파일을 열어서 마치 움직이는 것과 같은 효과를 준다.
Image 컨트롤	폼 창에 보여줄 이미지의 저장소 역할을 한다.
ImageList 컨트롤	폼 창에 보여줄 여러 개의 이미지를 한꺼번에 저장하기 위한 것으로 목록의 형태로 저장한다.

● **실습하기 (Animation.vbp)**

정지된 이미지가 마치 움직이는 것과 같은 애니메이션 효과를 구현해 보자.

① 정지된 이미지가 마치 움직이는 것과 같은 애니메이션 프로그래밍을 하기 위한 소스 코드를 입력한 후 "Animation.vb"로 저장한다.

```
Option Explicit

Private Sub tmrtime_Timer( )
    Static i As Integer
    imghana.Left = imghana.Left - 8
    If imghana.Left < 0 Then imghana.Left = Me.ScaleWidth
    i = i + 1
    If i > 4 Then i = 1
    imghana.Picture = ctlhana.ListImages(i).Picture
End Sub
```

② 정지된 이미지가 마치 움직이는 것과 같은 애니메이션 프로그래밍을 하기 위한 예제를 실행한다.

애니메이션 실행 파일 만들기

애니메이션 프로그래밍을 이용해 정지된 이미지를 움직이도록 하는 예제를 실행 파일로 만들기 위해 메뉴에서 [파일(F)] → [Anmation.exe 만들기(K)]를 클릭한다. 이때, 프로젝트 만들기 창이 나타난다. 여기서 저장 옵션을 설정할 수도 있다.

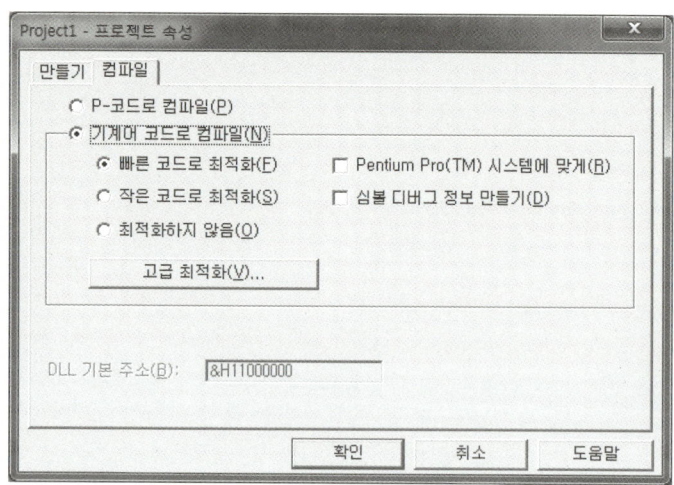

● 실습하기 (Animation.exe)

앞에서 실습한 애니메이션 프로그램의 실행 파일을 만들어 보자.

① 애니메이션 프로그램을 실행 파일로 만들기 위해 메뉴에서 [파일(F)]→[Animation.exe 만들기(K)]를 클릭한다.

CHAPTER 10 윈도우 프로그래밍

② 프로젝트 만들기 창이 나타나면 저장 경로를 화면과 같이 지정하고, 파일명은 "Animation"이라고 입력한 후 [확인] 버튼을 클릭한다.

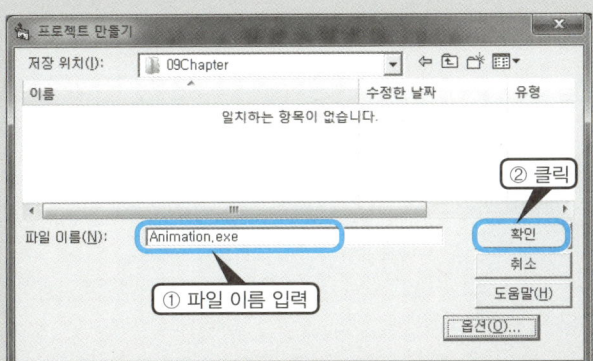

만약 [옵션(O)] 버튼을 클릭하면 화면과 같은 프로젝트 속성 창이 나타난다. 여기서 사용자가 원하는 형태의 옵션을 지정하고, 기본적으로 설정된 값으로 지정한 후 [확인] 버튼을 클릭한다.

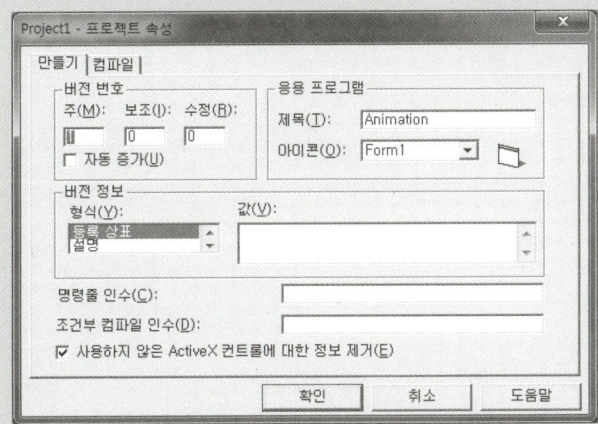

③ 프로그램을 컴파일하면 [내 컴퓨터]를 이용해 애니메이션 프로젝트 파일이 생성된 것을 확인할 수 있다.

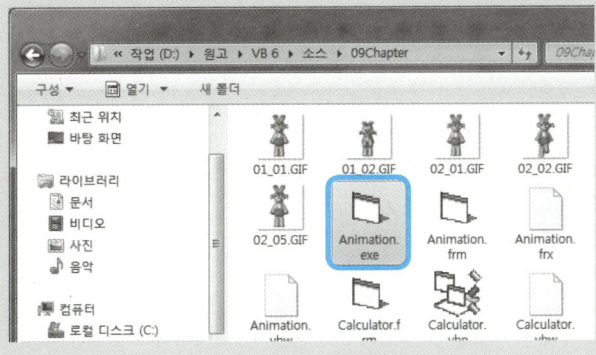

275

4. 하늘에서 눈 내리는 효과 구현하기

이번 단원에서는 하늘에서 마치 눈이 내리는 것과 같은 효과를 만들어 보는 것으로 눈 내리는 바탕 위에 원, 사각형 등을 랜덤으로 디자인할 수 있다. 이는 게임 프로그래밍에서 바탕을 깔고, 그 위에 게임을 진행하는 방식으로 사용할 수 있다. 여기서 만들게 될 눈 내리기 예제의 실행 화면은 아래와 같다.

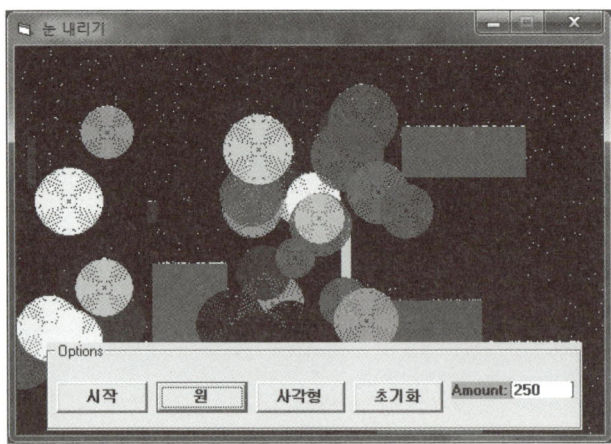

눈 내리기 예제는 게임 프로그래밍하고는 거리가 멀지만, 랜덤으로 도형을 보여주는 기능을 이용해 다음 단원에서 배울 테트리스 프로그램의 블록이 랜덤으로 내려오게 하도록 처리하는 방법을 익힐 수 있을 것이다.

폼 디자인하기

"하늘에서 눈 내리기" 예제를 구현할 때 필요한 폼을 디자인한다.

예제에서 사용되는 컨트롤은 Frame 컨트롤, Command 컨트롤, Label 컨트롤, Text 컨트롤, Image 컨트롤 등이 사용된다.

각 컨트롤의 기능은 다음과 같다.

컨트롤	기능
Frame 컨트롤	예제에서 사용되는 버튼과 값을 처리하기 위한 텍스트 창을 하나로 묶어 보기 좋게 한다.
Command 컨트롤	화면에 원과 사각형을 보여주고, 눈 내리기 기능의 시작과 화면을 초기화한다.
Label 컨트롤	Text 컨트롤의 기능이 어떠한 역할을 하는지 알린다.
Text 컨트롤	화면에서 내리는 눈의 개수를 지정한다.
Image 컨트롤	화면에 보여주게 될 원과 사각형을 그린다.

● 실습하기 (Snow.vbp)

하늘에서 눈이 내리고, 원과 사각형을 화면에 랜덤으로 보여주기 위한 폼을 디자인해 보자.

① 하늘에서 눈이 내리고, 원과 사각형을 화면에 랜덤으로 보여주기 위한 예제의 폼 디자인을 하기 위해 비주얼 베이직을 실행한다. 이때, 화면과 같이 폼 창의 크기를 조절한다.

Height 속성	Width 속성
5310	7230

여기서 사용되는 Height 속성과 Width 속성의 단위는 픽셀(Pixel)이다.

② 예제에서 사용할 폼 창의 배경을 설정하기 위해 Form1 컨트롤의 속성 창에서 BackColor 속성을 선택한 후 바탕색을 검은색으로 변경한다.

③ 과정 ②에서 선택한 색으로 폼 창의 바탕색이 정해진 것을 확인한다. 그런 다음 컨트롤 도구 모음에서 Frame 컨트롤( )을 선택한 후 디자인한다.

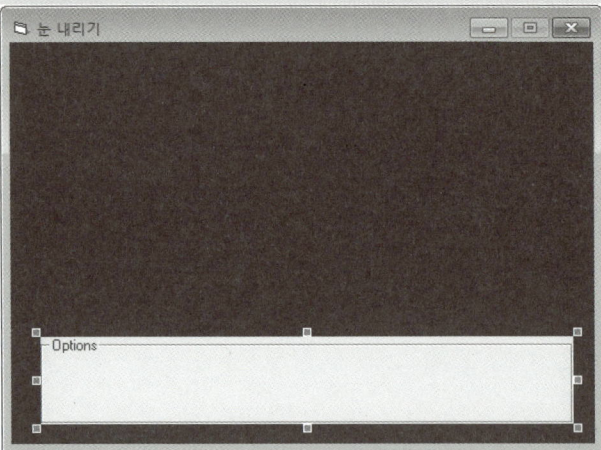

이때, Frame 컨트롤의 기능을 알리기 위해 속성 창에서 Caption 속성을 "Options"로 입력한다.

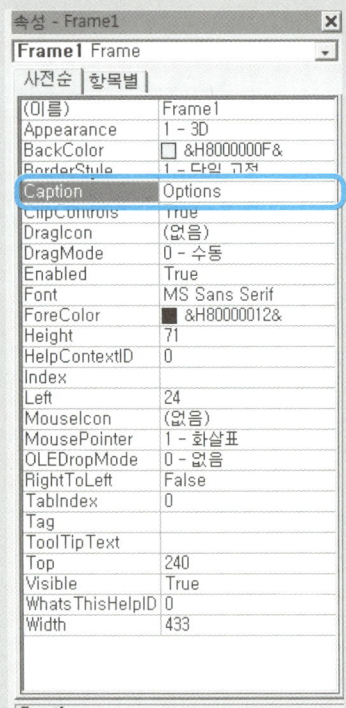

④ 예제의 옵션에서 사용할 Command 컨트롤을 화면과 같이 디자인한 후 Caption 속성을 입력한다.

컨트롤명	값
Command1	시작
Command2	초기화
Command3	사각형
Command4	원

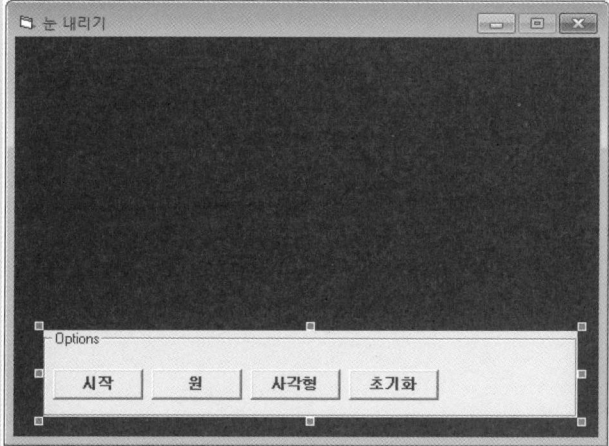

⑤ 오른쪽에 보여주게 될 Text 컨트롤의 기능에 대해 알리기 위한 Label 컨트롤(**A**)을 Frame 컨트롤에 디자인한 후 Label 컨트롤의 Caption 속성값을 "Amount:"라고 입력한다.

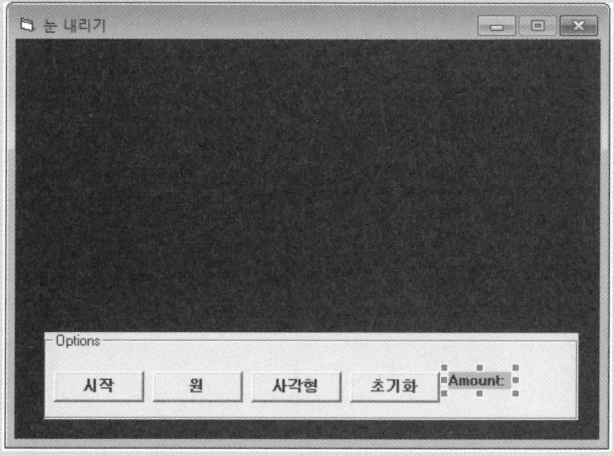

⑦ Text 컨트롤(abl)은 하늘에서 눈이 내리는 값을 처리하기 위한 것으로 Text 속성에 '250'이라고 입력해 초기 값을 설정하고, Text 컨트롤을 보여줄 때 효과를 지정하기 위해 Appeerance 속성을 '0-평면'으로 선택한다.

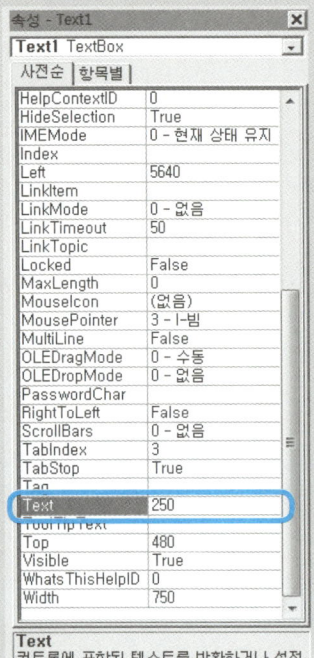 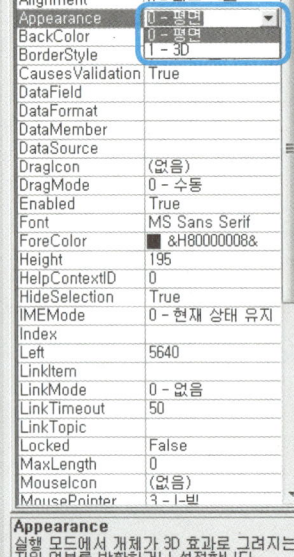

⑧ 예제에서 사용할 원과 사각형을 표현하기 위해 Image 컨트롤( )을 폼 창에 디자인한다.

이렇게 해서 하늘에서 눈이 내리고, 버튼의 클릭에 따라 원과 사각형을 그리기 위한 예제의 폼 디자인을 완성했다.

하늘에서 눈 내리기 프로그래밍

이제 앞에서 디자인한 "하늘에서 눈 내리기" 예제에 맞게 눈 내리는 효과를 구현하기 위한 프로그래밍을 해보자.

● 실습하기 (snow.vbp)

하늘에서 눈 내리는 효과를 소스 코드로 구현해 보자.

① 다음과 같이 소스 코드를 입력한 후 "snow.vbp"로 저장한다.

```
Dim Wind As Integer
Dim PaintNow As Integer
Dim linerx As Integer
Dim linery As Integer

Private Sub Command1_Click()
Randomize Timer

If Val(Text1.Text) > 2000 Then Text1.Text = 2000
If Val(Text1.Text) < 1 Then Text1.Text = 0

numflk = Val(Text1.Text)

ReDim FLK(numflk) As snfk

For i = 1 To numflk
    FLK(i).x = Rnd * Form1.ScaleWidth
    FLK(i).y = -4000
    FLK(i).C = Rnd * 50 + 50
Next i

For REP = 1 To 80
    For i = 1 To numflk
        FLK(i).y = FLK(i).y + FLK(i).C
    Next i
Next REP

Do: DoEvents

CNT = CNT + 1
```

```
Randomize Timer
For i = 1 To numflk

    MVD = 0
    OY = FLK(i).y
    OX = FLK(i).x
    OC = FLK(i).C
    TC = OC
    ty = OY
    TX = OX
    TYH = ty \ 100


TX = TX + Wind
If Point(TX, TYH + 1) <> 0 And ty > 2000 Then

There:
    MVD = 2
If Point(TX - 1, TYH + 1) = 0 Then
        If Point(TX - 1, TYH) = 0 Then TX = TX - 1: MVD = 1
    ElseIf Point(TX + 1, TYH + 1) = 0 Then
        If Point(TX + 1, TYH) = 0 Then TX = TX + 1: MVD = 1
    End If
End If

Here:
    If MVD = 2 Then

        FLK(i).x = Rnd * Form1.ScaleWidth
        FLK(i).y = 100

        GoTo 1
    End If

    ty = ty + TC
    PSet (OX, TYH), 0

    PSet (TX, ty \ 100), QBColor(15)

    FLK(i).x = TX
```

```
        FLK(i).y = ty
1

Next i
Loop
End Sub

Private Sub Command2_Click()
    Form1.Cls
    Image1.Picture = Image2
End Sub

Private Sub Command3_Click()
For ty = 1 To 10
    CIRCOLOR = Int(Rnd(1) * 16)
    cirsz = Int(Rnd(1) * 15) + 15
    circolumn = Int(Rnd(1) * 320)
    cirrow = Int(Rnd(1) * 200) + 50
    CIRCOLUMN2 = Int(Rnd(1) * circolumn + 50) + circolumn - 50
    CIRROW2 = Int(Rnd(1) * cirrow + 50) + cirrow - 50

    For sz = cirsz To 1 Step -1
    Line (circolumn, cirrow)-(CIRCOLUMN2, CIRROW2), QBColor(CIRCOLOR), BF
    Next sz
Next ty
End Sub

Private Sub Command4_Click()
For ty = 1 To 10
    CIRCOLOR = Int(Rnd(1) * 16)
    cirsz = Int(Rnd(1) * 15) + 15
    circolumn = Int(Rnd(1) * 320)
    cirrow = Int(Rnd(1) * 200) + 50

    For sz = cirsz To 1 Step -1
        Circle (circolumn, cirrow), sz, QBColor(CIRCOLOR)
    Next sz
Next ty
End Sub
```

```
Private Sub Form_Load()
    Wind = 0
    ForeColor = RGB(0, 0, 255)
End Sub

Private Sub Form_Resize()
    If Form1.WindowState = 2 Then Form1.WindowState = 0
    If Form1.Height > 5280 Then Form1.Height = 5280
End Sub

Private Sub Form_Unload(Cancel As Integer)
    End
End Sub
```

② 예제에서 사용할 모듈에 대한 소스 코드를 입력한 후 "snow.bas"로 저장한다.

```
DefInt A-Z

Type snfk
    x As Integer
    y As Integer
    C As Integer
    Wind As Integer
End Type
```

소스 코드를 분석해 보자.

```
Randomize Timer
```

하늘에서는 눈을 내리게 하기 위한 Timer를 난수로 발생시킨다. 만약 난수를 발생시키지 않는다면 프로그램을 실행할 때마다 같은 위치에서 눈이 똑같이 내리게 된다.

```
If Val(Text1.Text) > 2000 Then Text1.Text = 2000
If Val(Text1.Text) < 1 Then Text1.Text = 0

numflk = Val(Text1.Text)
```

Text1 컨트롤에 입력한 값이 2000보다 큰 값이 입력되면 2000이라고 값을 정하고, 1 이하의 값이 입력되었다면 0이라는 값을 지정한다. 즉, 눈을 내리기 하는 값의 최대값과 최소값을 설정하는 것이다. 그런 다음 Val 함수로 입력받은 숫자의 문자열 값을 정수형으로 변환한 후 왼쪽의 numflk 변수로 할당한다.

```
ReDim FLK(numflk) As snfk
```

ReDim 문은 프로시저 수준에서 사용하여 동적 배열 변수를 선언하고, 저장 공간을 할당하거나 다시 할당한다. 즉, 하늘에서 눈이 내리는 것과 같은 효과 처리를 할 때 사용된다.

```
For i = 1 To numflk
    FLK(i).x = Rnd * Form1.ScaleWidth
    FLK(i).y = -4000
    FLK(i).C = Rnd * 50 + 50
Next i
```

하늘에서 눈이 내리는 것과 같은 효과를 보여줄 때의 위치와 속도를 초기화한다.

```
If Point(TX, TYH + 1) <> 0 And ty > 2000 Then
```

하늘에서 눈이 내리는 것과 같은 효과를 줄 때의 현재 위치를 채우는 것은 픽셀로 0부터 2000사이의 값을 이용한다.

```
PSet (OX, TYH), 0 'Erase the old flake
```

PSet 함수로 폼 창에 점을 그릴 때 사용한다. 하지만, 여기서는 이전에 그려진 점은 삭제 처리한다.

> **Tip** **PSet 메소드**
>
> 개체 상에서 점을 지정된 위치에 지정된 색(선택적)으로 설정하고, 사용 형식은 다음과 같다.
>
> ```
> object.PSet [Step](x, y), [color]
> ```
>
> (x, y)는 설정할 점의 수평(X축)과 수직(Y축) 좌표를 가리키는 Single 값이며 RGB 함수나 QBColor 함수를 통하여 지정된 색을 설정할 수 있다. 만약 생략된다면 현재 ForeColor 속성 설정이 적용된다. Step의 경우 현재 그래픽 위치에 대한 상대 좌표를 나타낸다. 폼의 중앙에 점을 찍는 코드는 다음과 같다.
>
> ```
> PSet[Width / 2, Height / 2]
> ```

```
PSet (TX, ty \ 100), QBColor(15)
```

QBColor 함수는 비주얼 베이직에서 제공하는 색상 함수로 사용되는 인자값은 다음과 같다.

```
Black : 0      Gray : 8
Blue : 1       Light Blue : 9
Green : 2      Light Green : 10
Cyan : 3       Light Cyan : 11
Red : 4        Light Red : 12
Magenta : 5    Light Magenta : 13
Yellow : 6     Light Yellow : 14
White : 7      Light White : 15
```

하늘에서 눈 내리기 실행하기

[시작] 버튼을 클릭했을 때 하늘에서 눈이 내리는 것과 같이 애니메이션을 실행하고, [원]과 [사각형] 버튼을 클릭하면 폼 창에 미리 정의한 형태의 원과 사각형을 그린다. 또한, 텍스트 창에 입력한 값에 따라 눈이 내리는 밀도를 지정할 수 있다.

● 실습하기 (Snow.vbp)

앞에서 구현한 프로그램을 실행해 보자.

① 하늘에서 눈이 내리는 예제를 실행하기 위해 비주얼 베이직 화면에서 [실행] 키를 마우스로 클릭한다. 이 때, 다음과 같은 실행 초기 화면이 나타난다.

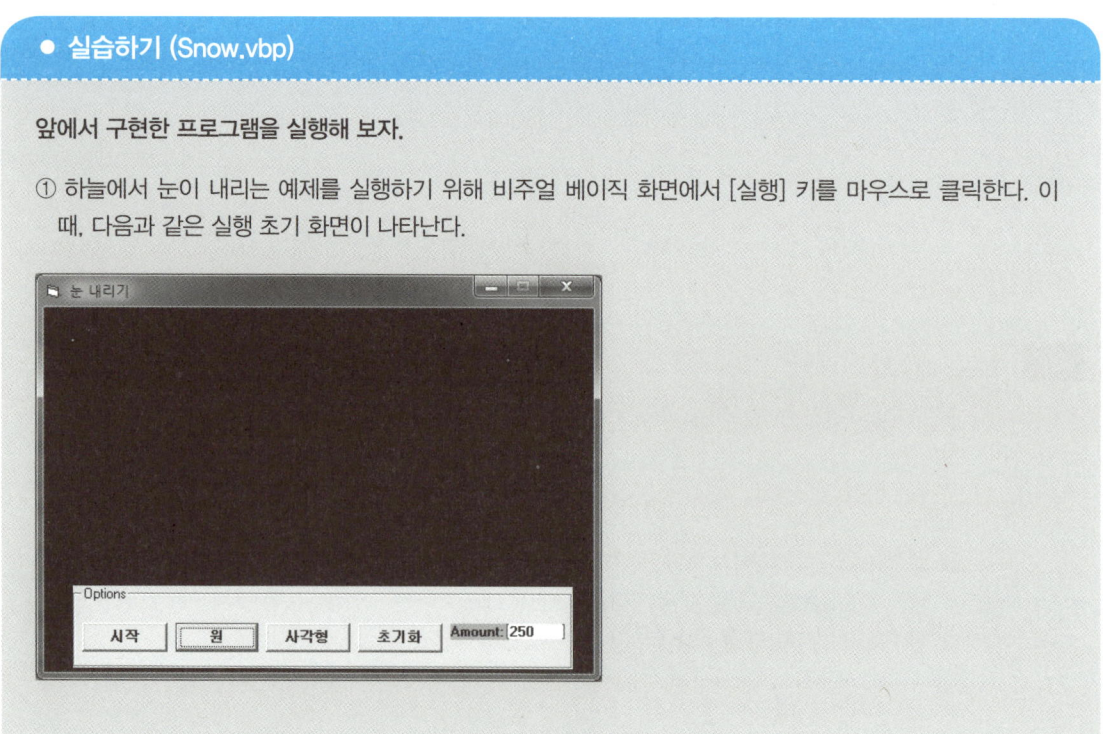

② [원] 버튼을 클릭하면 미리 정의한 다양한 색과 크기로 원이 그려진다.

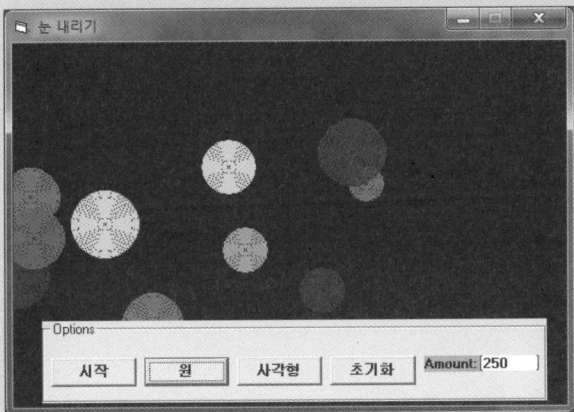

③ [사각형] 버튼을 클릭하면 미리 정의한 다양한 색과 크기로 원이 그려진다.

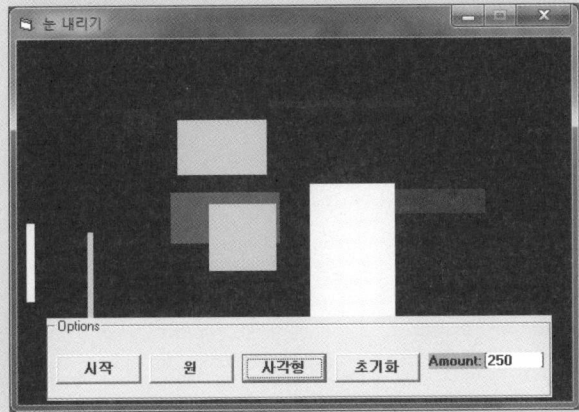

④ [초기화] 버튼을 클릭하면 배경 화면에서 눈이 내리는 것을 제외한 원과 사각형을 삭제한다.

⑤ 텍스트 창에 입력한 값에 따라 화면에 눈이 내리는 밀도가 달라진다.

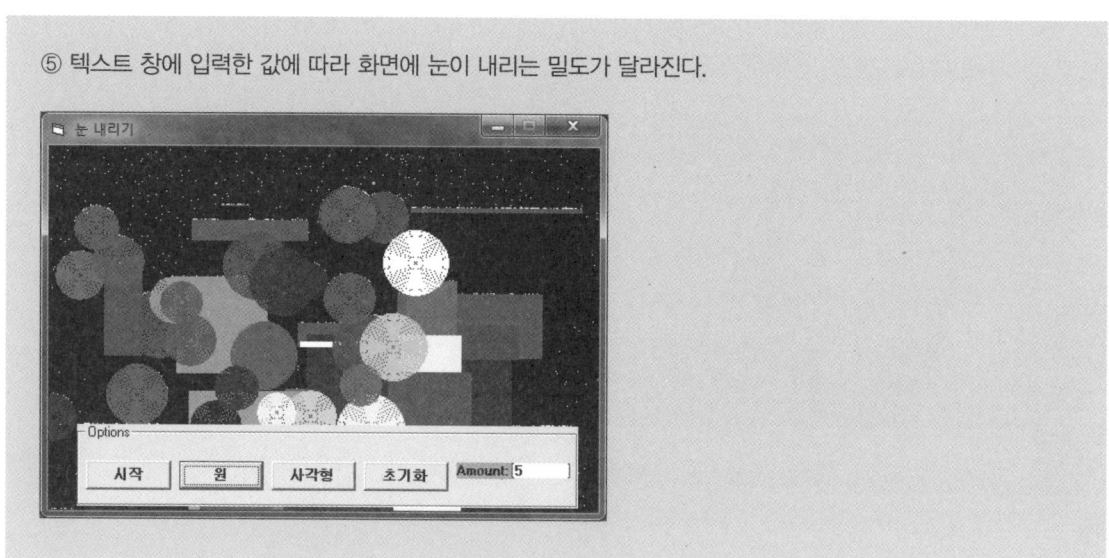

연습문제

[퀴즈1] 다음 프로그램을 완성하시오.(저장 파일명 : 알람시계.frm, 알람시계.vbp)

● 결과 화면

● 조건

　－ 알람시계를 만들어 본다.

　－ [알람 설정] 버튼을 클릭하면 스크롤 바에서 설정한 값 만큼 알람을 설정한다.

[퀴즈2] 다음 프로그램을 완성하시오.(저장 파일명 : 계산기.frm, 계산기.vbp)

● 결과 화면

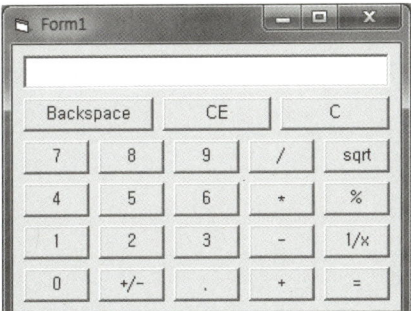

● 조건

　－ 보조프로그램의 계산기와 비슷한 기능을 구현한다.

Chapter 11 테트리스 게임 만들기

1. 테트리스 이야기

테트리스는 주판과 같이 간단한 형태를 띄고 있지만, 복잡한 기능이 있는 게임으로서 기하학적 모양의 사각형의 블록을 이용해 즐기는 게임이다. 다양한 모양의 블록을 이용하여 하나의 선을 만들어야 하며 선이 완성되면 그 선은 사라지게 된다. 처음엔 천천히 진행되지만 갈수록 블록이 내려오는 속도는 빨라지며 더 이상 쌓을 수 없을 때까지 내려온다.

테트리스는 단순화된 디자인으로 인해 다른 유명 게임처럼 여러 나라에서 아류작들을 양산했다. 테트리스의 엄청난 히트 이후 모든 게임 회사들은 이 러시아의 대작과 상대하기 위해 준비하는 듯 보였지만, 거의 비슷한 아류작만 대거 등장하게 되는 결과를 낳았다.

테트리스의 영향을 받아 세가가 발매한 여러 모양의 블록 대신 색이 다른 보석들이 등장하는 컬럼스(Columns)는 테트리스 만한 성공은 거두지 못했지만 세가는 또 다른 테트리스의 스타일의 게임인 뿌요뿌요(Puyo Puyo)를 발매했다.

아타리도 다른 색의 블록이 등장하는 클락스(Klax)를 발매해 이 조류에 합세했으며 타이토도 버스트 어 무브(Bust A Move, 퍼즐 버블 버블)를 발매하는데 이 게임들은 테트리스가 없었다면 등장조차 하지 못했을 것이다. 무엇보다 캡콤의 슈퍼 퍼즐 파이터 II 터보(Super Puzzle Fighter II Turbo)는 테트리스의 가장 많은 영향을 받은 게임이다.

테트리스의 인상적인 점을 들자면 게임 산업 이외의 분야에 널리 전파됐다는 것이다. 시계, 계산기, PDA를 비롯해 자바와 쇼크웨이브를 기반으로 한 버전이 인터넷 곳곳에 퍼졌다. 또한 다른 인상적인 테트리스는 브라운 대학의 학생들이 컴퓨터와 조명을 이용하여 도서관 건물 전체를 하나의 거대한 테트리스 게임으로 만든 것이다.

2. 테트리스 프로그래밍 기초

이번에 구현하게 될 테트리스는 복잡한 프로그래밍 기법을 사용하지 않기 때문에 따라서 만드는데 특별히 어려움은 없을 것이다. 단지 비주얼 베이직의 배열에 대해 익히고, 한 줄을 맞추었을 때 클리어(Clear)가 되면서 점수로 계산을 해주는 것이 중요하다.

이번에 구현할 테트리스 게임은 다음 화면에서 보는 것과 같이 화면 디자인은 좋지 않을 것이다. 하지만, 기능적인 측면에서 테트리스의 기본 기능에 대해 충실하고 있다.

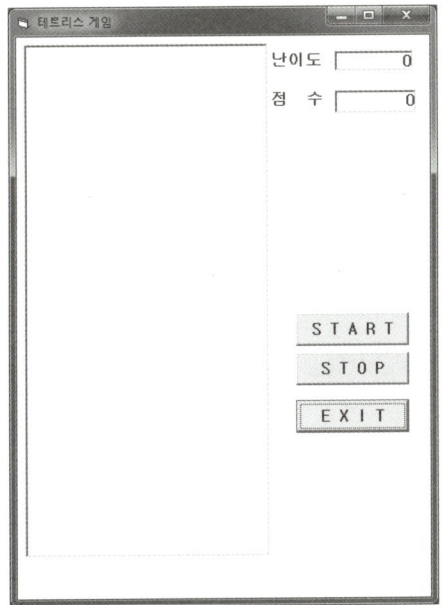

테트리스 게임은 조그마한 블록들의 조합으로 게임을 즐기게 된다. 여기서 다루게될 테트리스 게임은 가로 9칸, 세로 20칸의 화면으로 디자인한다. 화면은 PictureBox 컨트롤을 이용해서 만든다.

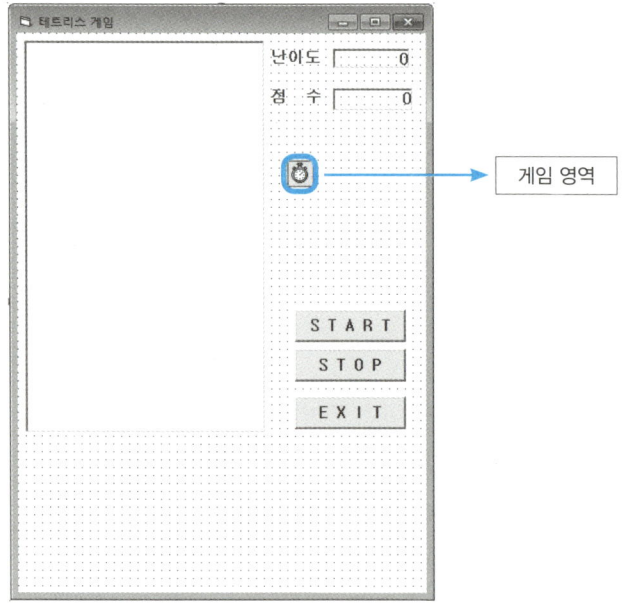

테트리스 게임 화면의 크기를 설정한 후 블록의 크기는 크게 중요하지 않지만, 적당한 블록의 크기는 게임을 하는데 있어서 시각적인 효과를 줄 수 있다. 테트리스 게임에서 사용하고자 하는 블록의 크기는 넓이는 25×9=225픽셀의 크기로 설정해 주며, 높이는 25×20=500픽셀의 크기로 블록을 지정한다.

이렇게 만들게 될 테트리스 게임은 정말 기초적인 기능만 구현하고, 부가적인 기능에 대해서는 구현하지 않았다. 만약 많은 기능을 구현하고자 한다면 현재 시간이나 날짜 등을 표현할 수도 있고, 게임을 진행하는 중에 사운드를 추가할 수도 있다.

3. 테트리스 프로그래밍과 배열

테트리스 게임을 만들 때 가장 중요한 것을 배열을 얼마나 잘 사용하는가에 있다. 테트리스 게임을 만들고자 할 때 배열을 사용해서 만들 수도 있지만 직접 좌표 하나하나 변수를 선언해서 만들어 줄 수도 있다. 변수를 일일이 선언해 주는 방법은 좀 무리가 따를 것이다.

데이터의 TYPE과 SIZE가 같은 하나의 집단을 변수를 사용해서 표현해 주는 데이터 구조를 배열(array)이라 한다. 배열을 구성하는 하나하나의 요소를 Element라고 하며, 배열은 첨자를 이용해서 각각의 배열 요소들을 제어할 수 있다.

테트리스 게임에서 폼이 로드하면서 색과 블록의 모양을 초기화 해준 것이다. 색깔이라는 변수를 사용해서 RGB COLOR를 선언하고, 모양이라는 변수를 사용해서 블록 각각의 변화에 대해서 변수로 선언한다.

```
Dim sak(7) As Long
Dim moyang(19) As Variant
```

위와 같이 sak 변수에 7이라는 숫자와 moyang라는 변수에 19라고 적어준 이유는 테트리스 게임의 블록을 그려줄 때 필요한 색의 수와 블록이 회전하면서 모양이 변하는 19가지를 지정할 수 있다.

sak 변수로 테트리스 게임에서 사용되는 색상을 표현할 때 메모리 공간에서 연속된 공간을 할당받는다. 여기서 변수 색깔에 대해서 살펴보도록 하자. 변수 색깔은 아래의 표와 같이 메모리 공간을 할당받게 된다.

sak(0)	sak(1)	sak(2)	sak(3)	sak(4)	sak(5)	sak(6)

메모리 상에서 연속된 공간을 할당받기 때문에 주소를 계산하고자 하는데 편리한 점이 있다. 여기서 변수 색깔은 Long 형으로 메모리 공간을 할당한다.

4. 테트리스 게임 폼 디자인하기

비주얼 베이직으로 작성하게 될 테트리스 게임은 다른 게임 프로그래밍에 비해 단순한 폼 디자인을 가지고 있다. 또한, 추가 컨트롤 없이 기본 컨트롤만 가지고도 게임을 즐길 수 있다. 따라서 처음 게임을 제작하고자 하는 독자들에게는 더 없이 좋은 예제가 될 것이다.

● **실습하기 (snow.vbp)**

테트리스 게임 프로그램의 폼을 디자인해 보자.

① 현재 즐기고 있는 게임이 테트리스 게임이라는 것을 알리기 위해 제목 표시줄에 게임의 제목을 보여준다. 이때, Form1 컨트롤의 Caption 속성에 "테트리스 게임"이라고 입력한다.

② 테트리스 게임에서 사용되는 폼의 배경색을 설정하기 위해 BackColor 속성을 흰색으로 설정한다.

> **Tip AutoRedraw 속성**
>
> AutoRedraw 속성은 비트맵으로 지속적으로 그려질 지에 대해서 설정해 준다. 여기서는 테트리스의 화면이 커짐과 작아짐에 따라서 자동으로 크기가 조절된다. 만약 이와 같은 속성이 없다면 프로그래머가 하나하나 실행하고 코드를 살펴보면서 사이즈를 맞추었을 것이다.

③ 테트리스 게임에서 사용되는 블록을 맞추는 부분으로 Picture 컨트롤을 사용한다. 이때, 컨트롤의 배경색을 설정하기 위해 BackColor 속성을 화면과 같이 흰색으로 설정한다.

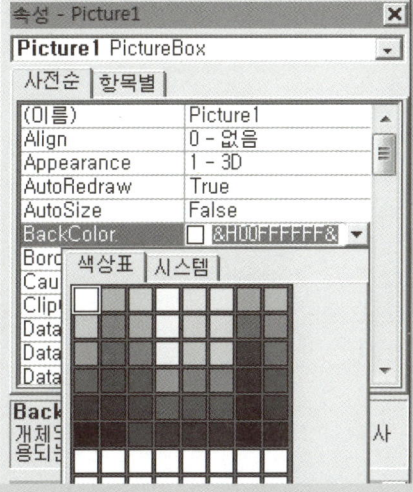

PictureBox 컨트롤은 그래픽에 대한 이미지를 나타내 주는 컨트롤로서 객체 안에 그림을 삽입해 주기 위한 컨트롤이다. PictureBox에서 사용할 수 있는 그래픽 확장자는 다음과 같다.

확장자	기능
BMP	윈도우 비트맵 파일
DIB	윈도우 비트맵 파일
WMF	윈도우 메타 파일
EMF	윈도우 메타 파일
ICO	아이콘 파일
CUR	커서 파일
GIF	Compuserve Graphic File
JPG	JPEG 압축 파일

④ Label1 컨트롤은 우측의 난이도를 보여주기 위한 캡션을 설정하기 위해 Caption 속성에 "난이도"라고 입력한다.

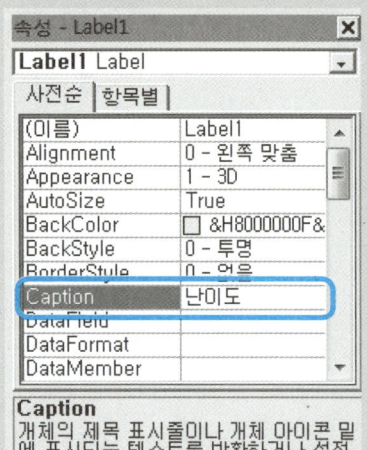

⑤ 테트리스 게임의 난이도를 보여주기 위한 Label2 컨트롤의 속성을 설정하기 위해 화면과 같이 속성 창을 이용한다. 여기서는 난이도에 보여주기 위한 자리수가 커도 컨트롤의 크기가 조절되지 않도록 하기 위해 AutoSize 속성을 "False"로 설정한다.

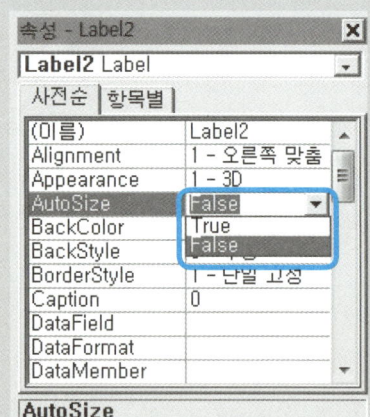

CHAPTER 11 테트리스 게임 만들기

⑥ Label2 컨트롤의 테두리 유형을 고정시키기 위해 BorderStyle 속성을 "1-단일고정"으로 지정한다.

⑦ Label3 컨트롤은 우측의 점수를 보여주기 위한 캡션을 설정하기 위해 Caption 속성에 "점 수"라고 입력한다.

> **Tip** **BackStyle 속성**
>
> BackStyle 속성에는 '0-투명'으로 할 경에는 화면에 흡수된 것처럼 나타나는 반면에 '1-투명하지 않음'으로 할 경우에는 자신의 컨트롤이 가지고 있는 배경색을 가지게 된다. 테트리스 게임에서는 BackStyle 속성을 '0-투명'으로 해서 Form1의 배경에 흡수가 된 것처럼 나타난다.

⑧ 테트리스 게임의 점수를 보여주기 위한 Label4 컨트롤의 속성을 설정하기 위해 화면과 같이 속성 창을 이용한다. 여기서는 점수에 보여주기 위한 자리수가 커도 컨트롤의 크기가 조절되지 않도록 하기 위해 AutoSize 속성을 "False"로 설정한다.

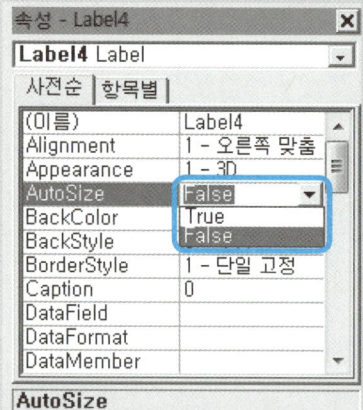

> **Tip** **AutoSize 속성**
>
> AutoSize 속성은 Label의 크기에 맞게끔 Label 컨트롤의 크기를 변경해 주는 기능을 한다. AutoSize = True라고 설정해주면 글자의 크기에 따라 변경되고, AutoSize = False라고 설정해 주면 영역 설정한 것과 글자의 크기가 따로 설정된다.

⑨ Label4 컨트롤의 테두리 유형을 고정시키기 위해 BorderStyle 속성을 "1-단일고정"으로 지정한다.

⑩ 테트리스 게임에서 게임을 즐기는 도중에 블록의 내려오는 속도 등을 조절하기 위해 Timer 컨트롤을 사용한다. 이때, Interval 속성을 0으로 초기화한다.

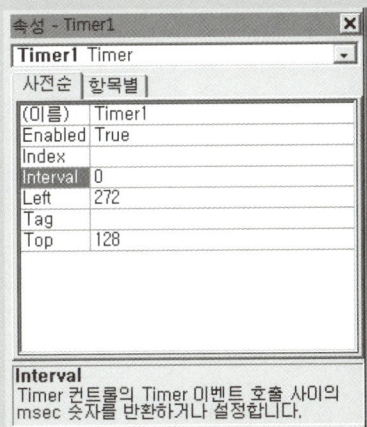

테트리스 게임에서 Timer 컨트롤을 사용해서 블록이 내려오는 속도를 지정하기 위한 코드이다.

```
Timer1.Interval = 0
Timer1.Interval = jugi
```

"Timer1.Interval = 0"는 테트리스 게임을 종료할 때 사용되는 코드로 게임을 시작하기 전에도 사용된다. 또한, "Timer1.Interval = jugi"는 Timer1 컨트롤의 Interval을 주기라는 변수에 따라서 변할 수 있도록 만든다.

> **Tip** **Interval 속성**
>
> Interval 속성은 타이머의 인터럽트 간격을 지정한다. 단위는 milliseconds로 디폴트로 0으로 지정되어 있다. 여기서 타이머의 인터럽트 간격은 1 ~ 65,535 사이에서 숫자를 지정해 줄 수 있다. 타이머의 ON 및 OFF 상태는 Enable에 의해서 설정을 해줄 수 있다. 여기서 Interval을 1000으로 설정해 주면 1초를 의미한다.

⑪ Command1 컨트롤은 테트리스 게임을 시작할 수 있도록 초기화하기 위한 컨트롤로 Caption 속성에 "START"라고 입력한다.

⑫ Command2 컨트롤은 테트리스 게임을 진행하는 도중에 잠시 멈출 때 사용하는 컨트롤로 Caption 속성에 "STOP"라고 입력한다.

⑬ Command3 컨트롤은 테트리스 게임을 종료할 때 사용하는 컨트롤로 Caption 속성에 "START"라고 입력한다.

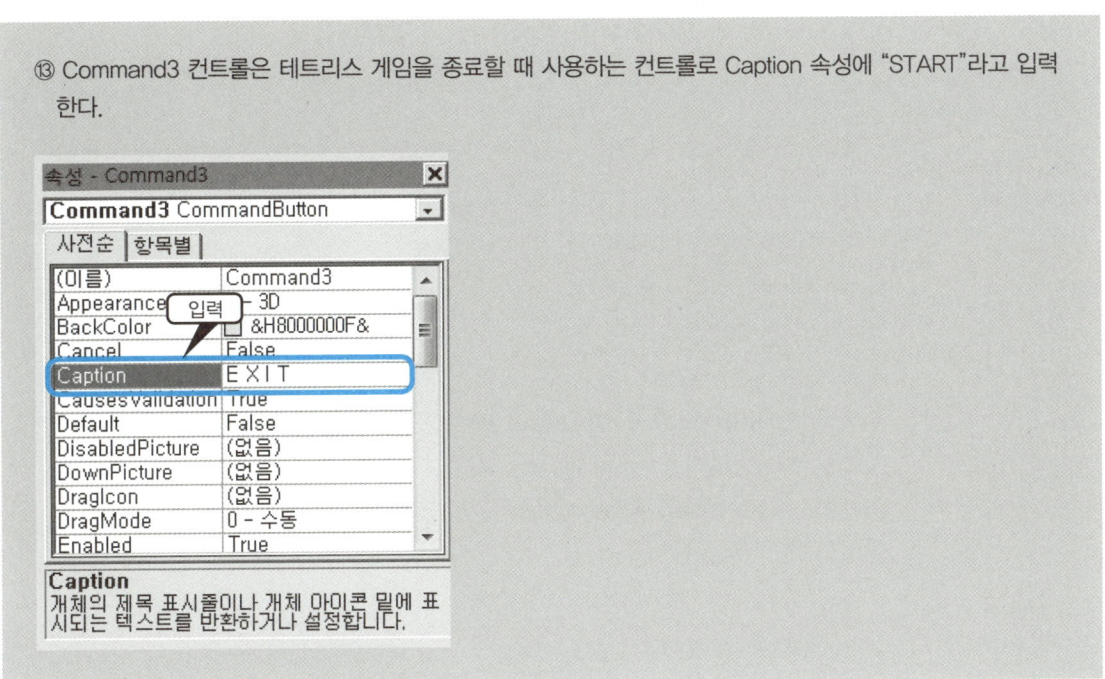

5. 테트리스 게임의 변수 선언하기

모든 프로그램을 작성할 때 알고리즘을 분석하는 것이 중요하다. 알고리즘을 분석하지 않고 단순히 코딩을 하고자 한다면 코딩에 대한 이해는 할 수 있을지는 몰라도 다음에 그것을 가지고 활용해 다른 프로그램을 만들기는 힘들 것이다.

비주얼 베이직에서 변수를 선언할 때 두 가지 방법이 있다.

1) 전역 변수

전역 변수는 프로그램이 처음 시작해서 끝날 때까지 계속 사용되는 것으로 처음 시작 값과 끝날 때의 값이 달라질 수도 있다.

2) 지역 변수

해당 프로시저 내에서만 사용되는 것으로 다른 프로시저에서는 전혀 다른 형태의 값으로 사용될 수도 있다. 하지만, 하나의 프로그램 내에서는 같은 형태의 변수를 사용하지 않는 것이다.

테트리스 게임에서 사용되는 전역 변수의 종류와 기능은 다음과 같다.

변수	의미
sak(7)	블록의 색상을 배열로 지정한다.
moyang(19)	블록의 각각의 모양에 대한 배열로 지정하고, 한 블록에 대해서도 회전하는 모양도 지정한다.
rotate	테트리스 블록의 회전할 때 모양을 가진다.
x_line	테트리스 블록의 X축 값을 가진다.
y_line	테트리스 블록의 Y축 값을 가진다.
jumsu	점수를 계산해서 저장한다.
jugi	Timer 컨트롤의 Interval 속성을 설정하고, 변화한다.
x_line_erase	블록의 X축에서 지우고자 할 때 필요하다.
y_line_erase	블록의 Y축에서 지우고자 할 때 필요하다.
position	Picture1의 Point 값을 가진다.
result	테트리스를 종료할지를 받아준다.
x_line_block	X축의 블록을 그려줄 때 위치 값을 가진다.
y_line_block	Y축의 블록을 그려줄 때 위치 값을 가진다.
i	0부터 6까지의 수가 2씩 증가하는 값을 가진다.
j	0부터 7까지의 수가 반복되는 값을 가진다.
k	한 줄이 채워졌는지 아닌지를 판별한다.

Tip 일반부 선언이란?

모든 프로시저에서 공통적으로 사용되는 것들을 하나로 묶어서 좀더 보기 쉽게 만들어서 선언하기 위한 것으로 변수를 선언하는데 있어서 전역 변수로 지정하는 방법과 지역 변수를 지정하는 방법 두 가지가 있다. 두 가지의 변수 선언 방법은 서로 장단점이 있다.

우선, 전역 변수는 일반부 선언과 같이 프로그램의 맨 처음에 부분에 사용하고자 하는 변수들을 선언해 주어서 프로그램을 작성하면서 일일이 신경 쓸 필요가 없는 장점이 있는 반면에 변수가 계속해서 메모리 상에 있는 문제점이 있다. 이와는 반대로 지역 변수는 프로그램에서 프로시저마다 필요한 변수를 선언하는 불편함이 있는 반면에 한 프로시저에서 변수를 사용하고 버리면 된다.

6. 테트리스 게임 코딩하기

테트리스 게임의 기본 규칙으로 사용되는 블록 맞추기에 대한 코딩을 한다. 게임을 시작하면 랜덤으로 블록으로 보여주고, 한 줄 이상의 블록을 맞출 때마다 가산점으로 점수를 계산한다. 또한, 일정한 점수 이상이나 블록을 맞추게 되면 난이도를 증가시키면서 속도를 조절할 수 있다.

테트리스 게임을 초기화 해주는 작업은 Form이 Load되면서 작성해 주는 것이 일반적인 경우이다.

테트리스 게임에서 사용되는 블록을 지정하는 방법은 다음과 같다.

(-2, -2)	(-1, -2)	(0, -2)	(1, -2)	(2, -2)
(-2, -1)	(-1, -1)	(0, -1)	(1, -1)	(2, -1)
(-2, 0)	(-1, 0)	기준(0, 0)	(1, 0)	(2, 0)
(-2, 1)	(-1, 1)	(0, 1)	(1, 1)	(2, 1)
(-2, 2)	(-1, 2)	(0, 2)	(1, 2)	(2, 2)

각 셀 하나 하나가 블록이라고 생각하고, 하나의 블록을 놓고 두 자리씩 끊어서 다음의 코딩을 이해하면 될 것이다. 비주얼 베이직은 프로시저 단위로 프로그램을 수행하기 때문에 하나의 프로시저에서 코딩이 잘못되었을 경우에는 에러가 발생하게 된다. 여기서 프로그램 전체를 수정할 필요는 없다. 단지 에러가 발생한 프로시저만을 수정해 주면 된다.

● 실습하기 (Tetris.vbp)

테트리스 게임의 블록을 맞춰 보자.

① 테트리스 게임의 블록을 맞추기 위한 소스 코드를 입력한 후 "Tetris.vbp"로 저장한다.

```
Option Explicit
Dim sak(7) As Long
Dim moyang(19) As Variant
Dim rotate As Byte, select1 As Byte
Dim x_line As Integer, y_line As Integer
Dim jumsu As Integer
Dim jugi As Integer
Dim x_line_erase As Integer, y_line_erase As Integer
Dim imsi As Single, imsi1 As Single, imsi2 As Single
Dim x As Integer, y As Integer
Dim position As Long
```

```
Dim result As Integer
Dim x_line_block As Integer, y_line_block As Integer
Dim i As Byte, j As Byte, k As Boolean

' 테트리스 게임을 시작한다.
Private Sub Command1_Click()
    Command1.Tool쉬어가기Text = "테트리스 시작"
    Picture1.Cls
    jumsu = 0
    jugi = 1000
    블록시작
    Picture1.SetFocus
End Sub

' 진행중인 테트리스 게임을 멈춘다.
Private Sub Command2_Click()
    Command2.Tool쉬어가기Text = "테트리스 멈춤"
    Timer1.Interval = 0
    moyang지우기
End Sub

' 테트리스 게임을 종료한다.
Private Sub Command3_Click()
    Command3.Tool쉬어가기Text = "게임 종료!!"
    result = MsgBox("테트리스를 종료할까?", vbYesNo + vbQuestion, "종 료")

    If result = vbYes Then End
End Sub

' 프로그램이 실행됨과 동시에 폼을 초기화한다.
Private Sub Form_Load()
    Randomize

    Picture1.Width = 25 * 9 + 20
    Picture1.Height = 25 * 20 + 17

    sak(0) = RGB(255, 0, 0)
    sak(1) = RGB(0, 255, 0)
    sak(2) = RGB(0, 0, 255)
    sak(3) = RGB(255, 255, 0)
    sak(4) = RGB(0, 255, 255)
```

```
        sak(5) = RGB(255, 0, 255)
        sak(6) = RGB(128, 128, 128)

        moyang(0) = Array(-1, 0, 0, 0, 1, 0, 2, 0)
        moyang(1) = Array(0, -2, 0, -1, 0, 0, 0, 1)
        moyang(2) = Array(0, 0, -1, 0, 1, 0, 0, -1)
        moyang(3) = Array(0, 0, 0, -1, 0, 1, 1, 0)
        moyang(4) = Array(0, 0, -1, 0, 1, 0, 0, 1)
        moyang(5) = Array(0, 0, -1, 0, 0, -1, 0, 1)
        moyang(6) = Array(-1, -1, -1, 0, -1, 1, 0, 1)
        moyang(7) = Array(-1, 0, -1, -1, 0, -1, 1, -1)
        moyang(8) = Array(0, -1, 1, -1, 1, 0, 1, 1)
        moyang(9) = Array(1, 0, 1, 1, 0, 1, -1, 1)
        moyang(10) = Array(1, -1, 1, 0, 1, 1, 0, 1)
        moyang(11) = Array(-1, 0, -1, 1, 0, 1, 1, 1)
        moyang(12) = Array(0, -1, -1, -1, -1, 0, -1, 1)
        moyang(13) = Array(-1, -1, 0, -1, 1, -1, 1, 0)
        moyang(14) = Array(0, -1, 0, 0, 1, 0, 1, 1)
        moyang(15) = Array(0, 0, 1, 0, 0, 1, -1, 1)
        moyang(16) = Array(0, 0, 1, 0, 1, -1, 0, 1)
        moyang(17) = Array(0, 0, -1, 0, 0, 1, 1, 1)
        moyang(18) = Array(0, 0, 1, 0, 1, -1, 0, -1)

End Sub

' 블록의 모양을 처리한다.
Private Sub moyang그리기(x As Integer, y As Integer)
    For i = 0 To 6 Step 2
      x_line_block = x + (30 * moyang(rotate)(i))
      y_line_block = y + (30 * moyang(rotate)(i + 1))
      블록그리기 x_line_block, y_line_block
    Next i
End Sub

' 블록의 모양을 화면에 보여주고, 한줄 이상을 맞췄을 경우 점수 계산과 맞춘 줄을 지운다.
Private Sub 블록시작( )
    한줄깨기

    Timer1.Interval = jugi
    jugi = jugi - 5
    select1 = Int(Rnd(jugi) * 7)
```

```
        Select Case select1
            Case 0: rotate = 0
            Case 1: rotate = 2
            Case 2: rotate = 6
            Case 3: rotate = 10
            Case 4: rotate = 14
            Case 5: rotate = 16
            Case 6: rotate = 18
        End Select

        x_line = 30 * 4
        y_line = 0

        If moyang보기(x_line, y_line) = False Then
            게임종료
        Else
            moyang그리기 x_line, y_line
            Label4.Caption = jumsu
        End If
End Sub

' 게임에서 사용할 블록의 모양을 그린다.
Private Sub 블록그리기(x As Integer, y As Integer)
        Picture1.Line (x + 26, y)-(x, y), RGB(255, 255, 128)

        Picture1.Line -Step(0, 26), RGB(255, 128, 255)
        Picture1.Line -Step(26, 0), RGB(128, 255, 255)
        Picture1.Line -Step(0, -25), RGB(128, 128, 0)

        Picture1.Line (x + 1, y + 1)-Step(26, 26), sak(select1), BF
End Sub

' 게임에서 사용할 블록의 모양을 지운다.
Private Sub moyang지우기()
        For i = 0 To 6 Step 2
          x_line_erase = x_line + (30 * moyang(rotate)(i))
          y_line_erase = y_line + (30 * moyang(rotate)(i + 1))
          Picture1.Line (x_line_erase, y_line_erase)-(x_line_erase + 29, y_line_erase + 29), Picture1.BackColor, BF
        Next i
End Sub
```

```vb
' 키보드를 이용해 블록의 모양을 변경한다.
Private Sub Picture1_KeyDown(KeyCode As Integer, Shift As Integer)

    moyang지우기

    Select Case KeyCode
      Case vbKeyRight
            If moyang보기(x_line + 30, y_line) Then x_line = x_line + 30

      Case vbKeyLeft
            If moyang보기(x_line - 30, y_line) Then x_line = x_line - 30

      Case vbKeyDown
            Timer1_Timer

      Case vbKeyUp
            imsi = rotate
            rotate = rotate + 1

      Select Case rotate
            Case 2: rotate = 0
            Case 6: rotate = 2
            Case 10: rotate = 6
            Case 14: rotate = 10
            Case 16: rotate = 14
            Case 18: rotate = 16
            Case 19: rotate = 18
      End Select

      If moyang보기(x_line, y_line) = False Then rotate = imsi
    End Select

    moyang그리기 x_line, y_line

End Sub

' 게임에서 사용되는 블록을 화면에 보여준다.
Private Sub Timer1_Timer()
    moyang지우기

    y_line = y_line + 30
```

```
        If moyang보기(x_line, y_line) = False Then
            y_line = y_line - 30
            moyang그리기 x_line, y_line
            블록시작
        End If

        moyang그리기 x_line, y_line
End Sub

' 게임에서 사용할 블록의 모양을 보여준다.
Private Function moyang보기(x As Integer, y As Integer) As Boolean
    For i = 0 To 6 Step 2
        x_line_erase = x + (30 * moyang(rotate)(i))
        y_line_erase = y + (30 * moyang(rotate)(i + 1))

        If y_line_erase < 0 Then GoTo aaa

        If x_line_erase > Picture1.ScaleWidth Or x_line_erase < 0 _
            Or y_line_erase > Picture1.ScaleHeight _
            Or Picture1.Point(x_line_erase + 9, y_line_erase + 9) <> Pic
            ture1.BackColor Then
            moyang보기 = False

        Exit Function
        End If

aaa:
    Next i
        moyang보기 = True

End Function

' 한 줄 이상의 블록을 맞췄을 경우 해당 블록을 지운다.
Private Sub 한줄깨기( )

    For i = 0 To 16
        k = True

        For j = 0 To 7
            If Picture1.Point(j * 30, i * 30) = Picture1.BackColor Then k =
```

```
            False
        Next j

        If k Then
              블록이동 (i - 1)
        End If
    Next i

End Sub

' 키보드를 사용해 블록의 위치를 이동한다.
Private Sub 블록이동(bm As Byte)
    For imsi1 = 0 To 8
      For imsi2 = bm To 0 Step -1
      x = imsi1 * 30
      y = imsi2 * 30
      position = Picture1.Point(x + 9, y + 9)

      If position = Picture1.BackColor Then
            Picture1.Line (x, y + 30)-Step(29, 29), position, BF
      Else

      Picture1.Line (x + 29, y + 30)-(x, y + 30), RGB(255, 255, 128)
      Picture1.Line -Step(0, 29), RGB(255, 128, 255)
      Picture1.Line -Step(29, 0), RGB(128, 255, 255)
      Picture1.Line -Step(0, -28), RGB(128, 128, 0)
      Picture1.Line (x + 1, y + 31)-Step(27, 27), position, BF
      End If

      Next imsi2
    Next imsi1

    jumsu = jumsu + 30
    Label2.Caption = Int(jumsu / 300)
End Sub

' 테트리스 게임을 종료한다.
Private Sub 게임종료( )
    Timer1.Interval = 0
    MsgBox "테트리스 게임을 종료해요!!", , "테트리스 게임"
End Sub
```

핵심 코드는 다음과 같다.

```
Private Sub Command3_Click()
    Command3.Tool쉬어가기Text = "게임 종료!!"
    result = MsgBox("테트리스를 종료할까?", vbYesNo + vbQuestion, "종 료")

    If result = vbYes Then End
End Sub
```

[EXIT] 버튼에 마우스 커서를 올려놓으면 "게임 종료!!"라는 툴팁을 보여주고, 프로그램을 메모리에서 삭제한다. 또한, result라는 변수에 MsgBox 함수의 내용을 저장해서 메시지 박스로 둘 중에 하나를 선택할 수 있도록 한다.

테트리스 게임을 종료하기 전에 한번 더 정말로 종료를 할 건지 선택할 수 있도록 만들어 주었다. 여기서 [예(Y)] 버튼을 선택했다면 정말로 테트리스 게임을 종료하고, [아니오(N)] 버튼을 선택했다면 테트리스 게임을 다시 할 수 있다.

```
Randomize
```

시스템 상에서 난수를 발생할 수 있도록 해주는 난수 생성기를 항상 초기화한다. 그렇기 때문에 프로그램을 실행할 때마다 처음에 실행하는 블록의 모양이 변한다.

```
"Picture1.Width = 25 * 9 + 20"
"Picture1.Height = 25 * 20 + 17"
```

PictureBox 컨트롤의 넓이와 길이를 지정해 주기 위해서 필요하다. Picture1 컨트롤의 Width속성에서 "25 × 9 + 20"과 같이 나타내 준 것은 25픽셀로 9칸의 폭을 지정해 준 것이다. 여기서 뒤에 20은 게임을 하는 도중에 화면과 블록을 보기 좋게 해주기 위해서 20으로 지정해 주었다.

만약 숫자를 적게 입력해 주면 블록이 마치 안에 들어간 것과 같이 나타나게 되고, 크게 입력해 주면 화면의 테두리 부분에서 떨어지게 되어서 좀 어색한 테트리스 게임이 된다. Height 속성은 "25×20 + 17"과 같이 나타낸 것은 25픽셀로 20줄의 높이를 지정해 준 것이다. 여기서 뒤에 17이라고 지정해 준 것은 Width 속성에서 20을 준 것과 마찬가지이다. 그러므로 테트리스를 하는 게임의 화면 영역은 20×9의 크기가 된다.

```
sak(0) = RGB(255, 0, 0)
sak(1) = RGB(0, 255, 0)
sak(2) = RGB(0, 0, 255)
sak(3) = RGB(255, 255, 0)
sak(4) = RGB(0, 255, 255)
sak(5) = RGB(255, 0, 255)
sak(6) = RGB(128, 128, 128)
```

sak 변수에 각각 배열로 선언한 것에 대해서 색상을 미리 설정해 준 것으로 여기서의 색깔은 테트리스 게임을 하고자 할 때 블록에 대한 색상이다. 색을 변경하고자 싶다면 임의로 RGB 색을 변경해도 된다.

여기서 색깔이라는 변수의 배열을 7개로 잡은 이유는 블록의 모양이 전부 7가지이기 때문이다. 블록의 모양에 따라서 각각의 색상을 지정해 주었다. 여기서 RGB는 Red(빨간색), Green(녹색), Blue(파란색)의 약자로 0부터 255까지의 숫자를 혼합해서 사용한다.

```
moyang(0) = Array(-1, 0, 0, 0, 1, 0, 2, 0)
moyang(1) = Array(0, -2, 0, -1, 0, 0, 0, 1)
moyang(2) = Array(0, 0, -1, 0, 1, 0, 0, -1)
moyang(3) = Array(0, 0, 0, -1, 0, 1, 1, 0)
moyang(4) = Array(0, 0, -1, 0, 1, 0, 0, 1)
moyang(5) = Array(0, 0, -1, 0, 0, -1, 0, 1)
moyang(6) = Array(-1, -1, -1, 0, -1, 1, 0, 1)
moyang(7) = Array(-1, 0, -1, -1, 0, -1, 1, -1)
moyang(8) = Array(0, -1, 1, -1, 1, 0, 1, 1)
moyang(9) = Array(1, 0, 1, 1, 0, 1, -1, 1)
moyang(10) = Array(1, -1, 1, 0, 1, 1, 0, 1)
moyang(11) = Array(-1, 0, -1, 1, 0, 1, 1, 1)
moyang(12) = Array(0, -1, -1, -1, -1, 0, -1, 1)
moyang(13) = Array(-1, -1, 0, -1, 1, -1, 1, 0)
moyang(14) = Array(0, -1, 0, 0, 1, 0, 1, 1)
moyang(15) = Array(0, 0, 1, 0, 0, 1, -1, 1)
moyang(16) = Array(0, 0, 1, 0, 1, -1, 0, 1)
moyang(17) = Array(0, 0, -1, 0, 0, 1, 1, 1)
moyang(18) = Array(0, 0, 1, 0, 1, -1, 0, -1)
```

블록의 모양을 선언할 때 사용하는 것으로 좌표의 형태로 블록의 모양을 임의로 정해 moyang(0)부터

moyang(18)까지 모든 블록의 모양을 선언한다. moyang 변수의 배열을 19가지로 잡아준 이유는 블록의 모양이 전부 19가지이기 때문이다. 블록이 7가지라고 한 것은 블록의 모양이 7가지이고, 각 블록마다 회전했을 경우를 고려해주면 해주었으면 19가지가 되기 때문이다.

```
Command1.Tool쉬어가기Text = "테트리스 시작"
```

Command1 컨트롤 위에 마우스 포인트를 약 1초 정도 올려놓으면 "테트리스 시작"이라는 글자가 나타난다.

```
"Picture1.Cls"
```

Picture1 컨트롤을 깨끗하게 만들 때 사용하는 코드로 여기서 사용되는 Cls 메소드는 실행 모드에서 Form이나 PictureBox에서 생성되는 그래픽과 텍스트를 지워주는 역할을 한다.

```
jumsu = 0
jugi = 1000
블록시작
```

jumsu라는 변수는 0으로, jugi 변수는 800으로 초기화한다. 그런 다음 "블록시작"이라는 프로시저를 호출하도록 만들어 준다. 여기서 사용자 정의 프로시저는 어떤 곳에서도 호출할 수 있다.

```
Picture1.SetFocus
```

[START] 버튼을 클릭함과 동시에 Focus를 Picture1 컨트롤로 넘겨서 게임을 할 수 있도록 한다. 만약 이 부분을 생략하고 Focus가 Command2나 Command3 부분에 있다면 편리하게 게임을 할 수 없을 것이다.

```
"Timer1.Interval = jugi"
```

Timer1 컨트롤의 Interval 속성을 변수 "jugi"와 같다고 만들어 블록이 내려오는 속도를 조절한다.

```
select1 = Int(Rnd(jugi) * 7)
```

Rnd 함수를 이용해 난수를 발생시키고, select1 변수에 난수가 발생한 값을 저장한다.

> **Tip   Rnd 함수**
>
> 난수를 포함하는 Single 값을 반환해 주며, 시스템에서 난수를 발생할 수 있도록 해주는 함수이다. Rnd 함수는 1보다 작은 값을 갖지만 0보다는 크거나 같다. Rnd 함수를 호출하기 전에 시스템 시계가 부여한 난수 생성기를 초기화하려면 Randomize 문장에 인수를 사용하지 않으면 된다. Rnd 함수의 사용 형식은 다음과 같다.
>
> - Int((상한 값 − 하한 값 + 1) * Rnd + 하한 값)
>
> 상한 값(upper bound)이란 범위 내의 최고 값이며, 하한 값(lower bound)이란 범위 내의 최저 값을 뜻한다. 난수열을 발생시키려면, 숫자 인수를 보유한 Randomize를 사용하기 전에 즉시 음(−)의 인수를 가진 Rnd를 호출한다. 또한, number 부분에 동일한 값을 가진 Randomize를 사용하게 되면 앞서의 수열을 반복하지 않는다.

```
Select Case select1
    Case 0: rotate = 0
    Case 1: rotate = 2
    Case 2: rotate = 6
    Case 3: rotate = 10
    Case 4: rotate = 14
    Case 5: rotate = 16
    Case 6: rotate = 18
End Select
```

여러 개의 항목 중에서 하나를 선택할 수 있는 구문으로 블록을 선택하고자 할 때 사용한다. 여기서 rotate 변수는 테트리스에서 키보드의 방향키를 이용해 블록을 회전시킬 때의 값을 가진다.

```
Label4.Caption = jumsu
```

Label4 컨트롤의 Caption 속성에 "jumsu"라는 변수를 넣어준다. 그런 다음 Label4 컨트롤에서 점수를 계산한 값을 넣어준다.

```
"If Picture1.Point(j * 30, i * 30) = Picture1.BackColor Then k = False"
```

Picture1의 컨트롤의 Point 속성이 0부터 210사이에서 30의 배수로 Picture1 컨트롤의 BackColor 속성과 같다면 변수 k는 False로 지정한다.

테트리스 게임에서 한 줄을 빈 공간이 없이 채웠을 경우에 필요한 부분으로 한 줄 이상을 채웠을 경우에 호출이 되는 프로시저이다. 만약 한 줄의 블록을 깼다면 점수가 계산이 되야 할 것이다.

```
Select Case KeyCode
    Case vbKeyRight
```

```
            If moyang보기(x_line + 30, y_line) Then x_line = x_line + 30

    Case vbKeyLeft
            If moyang보기(x_line - 30, y_line) Then x_line = x_line - 30

    Case vbKeyDown
            Timer1_Timer

    Case vbKeyUp
            imsi = rotate
            rotate = rotate + 1

    Select Case rotate
            Case 2: rotate = 0
            Case 6: rotate = 2
            Case 10: rotate = 6
            Case 14: rotate = 10
            Case 16: rotate = 14
            Case 18: rotate = 16
            Case 19: rotate = 18
    End Select
```

테트리스 게임을 할 수 있도록 키보드의 버튼을 지정해 주는 역할을 한다. 키보드를 클릭하는 이벤트에서는 KeyDown 이벤트와 KeyPress 이벤트가 있다. 이 두 가지 이벤트의 차이점은 KeyDown 이벤트는 토글키를 사용할 수 있으나 KeyPress 이벤트는 사용할 수 없다. 이는 이벤트의 각각의 매개변수 부분을 확인해 보면 알 수 있을 것이다.

> **Tip 토글키란?**
>
> 토글키는 기능키라고도 하며 [Num Lock], [Caps Lock], [Scroll Lock] 등과 같은 키를 말한다. [Num Lock], [Caps Lock], [Scroll Lock] 등의 키와 함께 사용해서 동작을 할 수 있도록 해주는 기능을 한다.

비주얼 베이직에서 키보드를 제어하는 키 코드 상수를 이용해서 키보드의 키를 제어할 수 있다. 단순히 키 코드 상수에서 vbKeyRight를 눌렀을 경우에는 "If moyang보기(x_line + 30, y_line) Then x_line = x_line + 30"을 수행한다. 한번 키를 눌렀을 경우에 얼마 만큼 X축과 Y축으로의 이동하는 지를 계산해 준다. 이와 같이 vbKeyLeft, vbKeyDown, vbKeyUp도 마찬가지이다.

> **Tip** 키 코드(KeyCode) 상수

비주얼 베이직에서 지원하는 키 코드 값이 다양하다. 이와 같은 코드를 이용해서 키보드를 직접 제어할 수 있다.

상수	값	기능
vbKeyLButton	1	마우스 왼쪽 버튼
vbKeyRButton	2	마우스 오른쪽 버튼
vbKeyCancel	3	CANCEL 키
vbKeyMButton	4	마우스 가운데 버튼
vbKeyBack	8	BACKSPACE 키
vbKeyTab	9	TAB 키
vbKeyClear	12	CLEAR 키
vbKeyReturn	13	ENTER 키
vbKeyShift	16	SHIFT 키
vbKeyControl	17	CTRL 키
vbKeyMenu	18	MENU 키
vbKeyPause	19	PAUSE 키
vbKeyCapital	20	CAPS LOCK 키
vbKeyEscape	27	ESC 키
vbKeySpace	32	SPACEBAR 키
vbKeyPageUp	33	PAGE UP 키
vbKeyPageDown	34	PAGE DOWN 키
vbKeyEnd	35	END 키
vbKeyHome	36	HOME 키
vbKeyLeft	37	왼쪽 화살표 키
vbKeyUp	38	위 화살표 키
vbKeyRight	39	오른쪽 화살표 키
vbKeyDown	40	아래 화살표 키
vbKeySelect	41	SELECT 키
vbKeyPrint	42	PRINT SCREEN 키
vbKeyExecute	43	EXECUTE 키

Tip

vbKeySnapshot	44	SNAPSHOT 키
vbKeyInsert	45	INS 키
vbKeyDelete	46	DEL 키
vbKeyHelp	47	HELP 키
vbKeyNumlock	144	NUM LOCK 키

KeyA에서 KeyZ는 해당 ASCII 코드 값은 다음과 같다.

상수	값	기능
vbKeyA	65	A 키
vbKeyB	66	B 키
vbKeyC	67	C 키
vbKeyD	68	D 키
vbKeyE	69	E 키
vbKeyF	70	F 키
vbKeyG	71	G 키
vbKeyH	72	H 키
vbKeyI	73	I 키
vbKeyJ	74	J 키
vbKeyK	75	K 키
vbKeyL	76	L 키
vbKeyM	77	M 키
vbKeyN	78	N 키
vbKeyO	79	O 키
vbKeyP	80	P 키
vbKeyQ	81	Q 키
vbKeyR	82	R 키
vbKeyS	83	S 키
vbKeyT	84	T 키
vbKeyU	85	U 키
vbKeyV	86	V 키
vbKeyW	87	W 키

> **Tip**
>
> | 상수 | 값 | 기능 |
> |---|---|---|
> | vbKeyX | 88 | X 키 |
> | vbKeyY | 89 | Y 키 |
> | vbKeyZ | 90 | Z 키 |
>
> Key0에서 Key9는 해당 ASCII 코드 값과 같다.
>
> | 상수 | 값 | 기능 |
> |---|---|---|
> | vbKey0 | 48 | 0 키 |
> | vbKey1 | 49 | 1 키 |
> | vbKey2 | 50 | 2 키 |
> | vbKey3 | 51 | 3 키 |
> | vbKey4 | 52 | 4 키 |
> | vbKey5 | 53 | 5 키 |
> | vbKey6 | 54 | 6 키 |
> | vbKey7 | 55 | 7 키 |
> | vbKey8 | 56 | 8 키 |
> | VbKey9 | 57 | 9 키 |
>
> 숫자 키 패드의 키 값은 다음과 같다.
>
> | 상수 | 값 | 기능 |
> |---|---|---|
> | vbKeyNumpad0 | 96 | 0 키 |
> | vbKeyNumpad1 | 97 | 1 키 |
> | vbKeyNumpad2 | 98 | 2 키 |
> | vbKeyNumpad3 | 99 | 3 키 |
> | vbKeyNumpad4 | 100 | 4 키 |
> | vbKeyNumpad5 | 101 | 5 키 |
> | vbKeyNumpad6 | 102 | 6 키 |
> | vbKeyNumpad7 | 103 | 7 키 |
> | vbKeyNumpad8 | 104 | 8 키 |
> | vbKeyNumpad9 | 105 | 9 키 |
> | vbKeyMultiply | 106 | 부호 조작(*) 키 |
> | vbKeyAdd | 107 | PLUS SIGN(+) 키 |

> **Tip**
>
> | | | |
> |---|---|---|
> | vbKeySeparator | 108 | ENTER(키패드) 키 |
> | vbKeySubtract | 109 | MINUS SIGN(−) 키 |
> | vbKeyDecimal | 110 | DECIMAL POINT 키 |
> | vbKeyDevide | 111 | 부호 나눔(/) 키 |

비주얼 베이직에서 사용되는 기능 키는 다음과 같다.

상수	값	기능
vbKeyF1	112	F1 키
vbKeyF2	113	F2 키
vbKeyF3	114	F3 키
vbKeyF4	115	F4 키
vbKeyF5	116	F5 키
vbKeyF6	117	F6 키
vbKeyF7	118	F7 키
vbKeyF8	119	F8 키
vbKeyF9	120	F9 키
vbKeyF10	121	F10 키
vbKeyF11	122	F11 키
vbKeyF12	123	F12 키
vbKeyF13	124	F13 키
vbKeyF14	125	F14 키
vbKeyF15	126	F15 키
vbKeyF16	127	F16 키

```
For i = 0 To 6 Step 2
```

i라는 변수를 4번 반복해서 실행한다. 이는 블록이 화면에서 모양이 변경이 되면서 내려올 때 계속해서 테트리스의 모양을 변경해 주는 역할을 한다. X축과 Y축으로 나누어서 블록의 모양을 그려준다.

```
x_line_block = x + (30 * moyang(rotate)(i))
y_line_block = y + (30 * moyang(rotate)(i + 1))
```

rotate라는 변수는 블록이 회전하는 형태인 19가지를 모두 설정한 값을 가지고 있다.

```
Picture1.Line (x + 26, y)-(x, y), RGB(255, 255, 128)
```

는 Picture1 컨트롤에 줄과 사각형을 그려 주고자 할 때 사용한다. Line 메소드의 형식은 다음과 같다.

```
object.Line [Step] (x1, 1) [Step] (x2, y2), [color], [B][F]
```

```
    If y_line_erase < 0 Then GoTo aaa

    If x_line_erase > Picture1.ScaleWidth Or x_line_erase < 0 _
        Or y_line_erase > Picture1.ScaleHeight _
        Or Picture1.Point(x_line_erase + 9, y_line_erase + 9) ◇
            Picture1.BackColor Then
        moyang보기 = False

        Exit Function
    End If
```

If 문의 조건에 따라서 여러 가지 경우에 대해서 설정해 주었다. 만약에 양쪽 벽을 벗어났을 경우에는 모양보기 프로시저의 값을 False로 지정한다. 이 프로시저는 앞의 테트리스의 블록 모양을 그리기 위한 프로시저 부분과 비슷한 구조를 가지고 있다. 단지 블록의 모양을 그려주는 반면에 테트리스 블록의 모양을 그린 것을 보여주기 위한 프로시저에서는 단지 블록이 있는지 없는지를 판별하기 때문이다. 이 프로시저에서는 단순히 블록이 떨어지는 모습만을 볼 수 있고, 키보드를 방향을 설정해 주는 것은 앞부분 방향키 지정하기 프로시저에서 해준다.

```
    For i = 0 To 6 Step 2
        x_line_erase = x_line + (30 * moyang(rotate)(i))
        y_line_erase = y_line + (30 * moyang(rotate)(i + 1))
        Picture1.Line (x_line_erase, y_line_erase)-(x_line_erase + 29,
        y_line_erase + 29), Picture1.BackColor, BF
    Next i
```

이전에 그려주었던 X축과 Y축의 좌표를 지워준다. 방금 전에 모양을 그려주었던 좌표의 블록 모양을 지워주기 위해서 필요하다.

```
jumsu = jumsu + 30
```

jumsu라는 변수에 30점씩 추가하도록 만들어 주었다. 여기서 한 줄을 Clear 시킬 때마다 테트리스의 블록을 맞춘 점수가 추가된다.

테트리스 게임의 블록을 왼쪽이나 오른쪽으로 이동할 때 위치를 설정해 주는 역할을 한다. 여기서는 X축과 Y축의 위치 값을 따로 설정해 주었다. 점수 계산할 수 있도록 만들고, 계산한 점수를 가지고 다시 난이도를 설정한다. 하지만, 미흡한 점은 난이도가 올라감에 따라서 속도를 높여주는 부분이 빠져 있다.

```
Label2.Caption = Int(jumsu / 300)
```

Label2 컨트롤의 Caption을 변경해 주는 것으로 난이도를 설정하고, jumsu라는 변수를 300으로 나누어서 바꾼다.

```
If moyang보기(x_line, y_line) = False Then
    y_line = y_line - 30
    moyang그리기 x_line, y_line
    블록시작
End If
```

Timer1 컨트롤의 Interval을 지정해 준 것에 대해서 블록이 아래로 떨어지는 속도를 지정하고, 블록을 더 이상 움직일 수 있는지 없는지에 대해서 판별한다. 그런 다음 더 이상 앞으로 이동이 불가능할 때 사용하고, 블록의 모양을 그려준다. 만약 더 이상 앞으로 이동이 불가능할 때 '블록시작'이라는 사용자 정의 프로시저를 호출한다. 이때, Timer1의 Interval 속성을 작게 해준다면 정말 빠르게 블록이 내려오게 될 것이다.

```
Timer1.Interval = 0
```

테트리스 게임이 끝났을 경우에 끝났다는 메시지를 보여주기 위해서 만들어 주었다. 하지만, 꼭 필요한 부분은 아니다. 단지, 타이머를 잠시 멈추게 해준다. 그런 다음에 MsgBox 함수를 이용해서 메시지 창을 보여준다.

7. 테트리스 게임 실행하기

앞 과정들을 통해서 테트리스 게임에 대한 요구 분석과 폼 디자인, 코딩을 마쳤다. 여기서는 지금까지 작성한 테트리스 게임이 제대로 실행되는지 확인하고, 디버깅을 한다. 그런 다음 제대로 테트리스 게임이 동작되면 실행 파일을 만들어 배포하면 된다.

● 실습하기 (Tetris.vbp)

테트리스 게임을 실행하자.

① 작성한 예제를 실행해서 확인하기 위해 메뉴에서 [실행(R)]→[시작(S)]를 클릭한다.

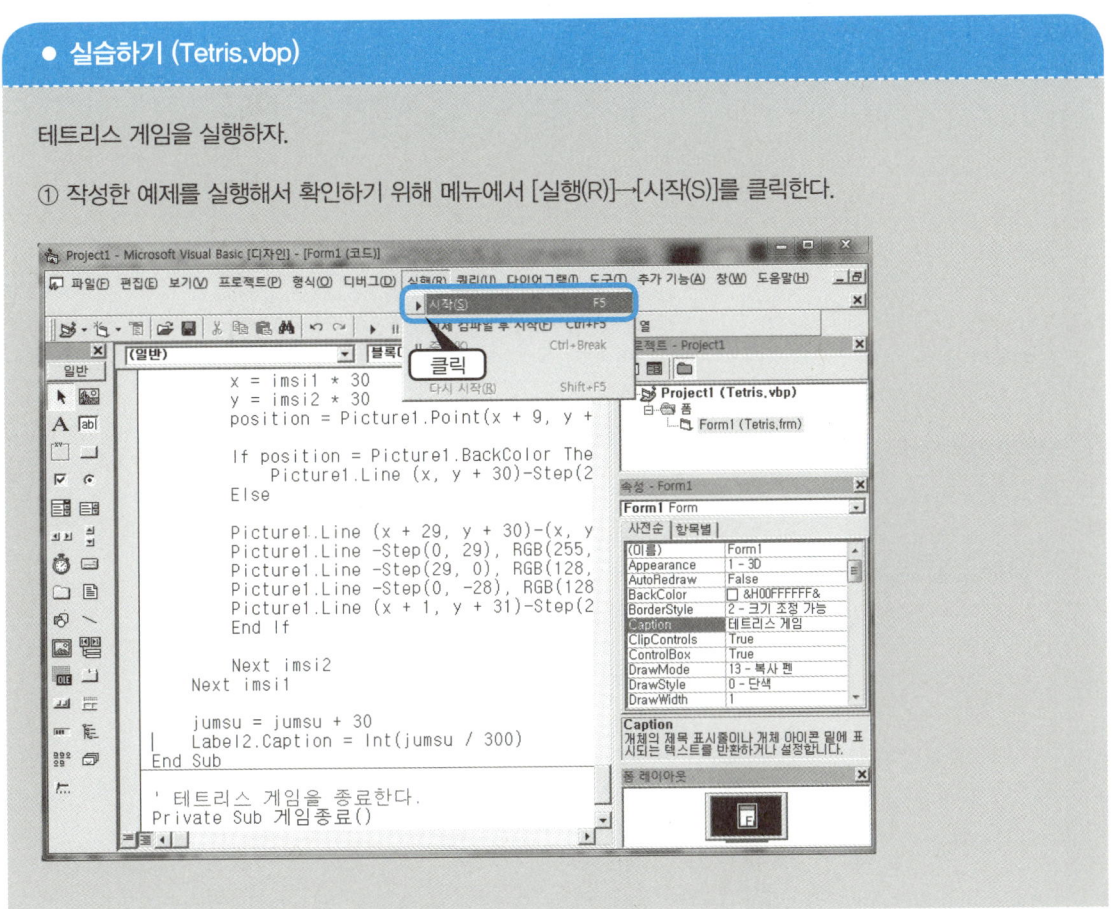

② 테트리스 게임의 실행 초기 화면이 나타난다.

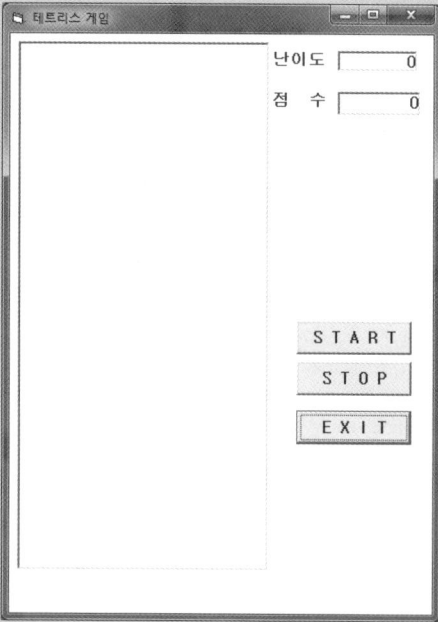

③ 테트리스 게임을 시작해서 즐기고 있는 화면이 나타난다.

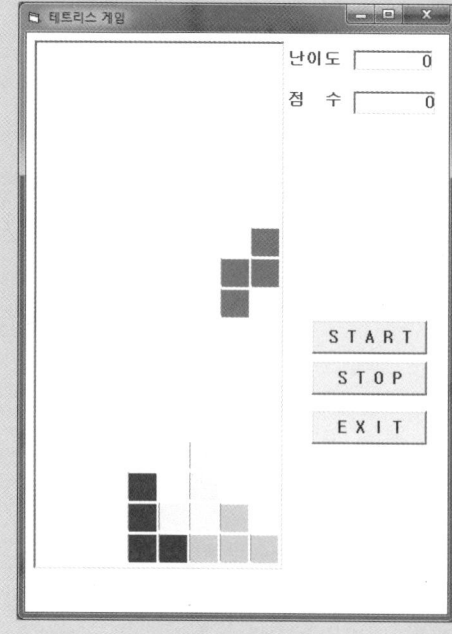

CHAPTER 11 테트리스 게임 만들기

④ 테트리스 게임을 종료하기 위해 [EXIT] 버튼을 클릭했다면 화면과 같이 "테트리스를 종료할까?"라는 메시지를 보여준다. 여기서 [예(Y)] 버튼을 클릭하면 프로그램을 종료하고, [아니오(N)] 버튼을 클릭하면 프로그램을 종료하지 않고 다시 이전 화면으로 돌아간다.

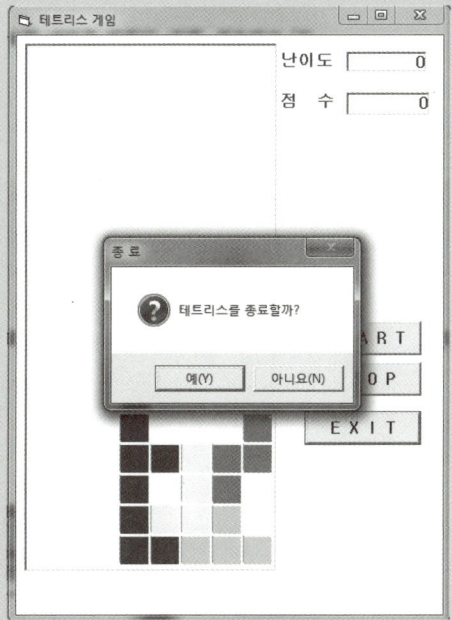

⑤ 실행했을 때 에러가 없다면 작성한 프로그램을 실행 파일로 만든다. 이때, 메뉴에서 [파일(F)]→[Tetris.exe 만들기(K)]를 클릭한다.

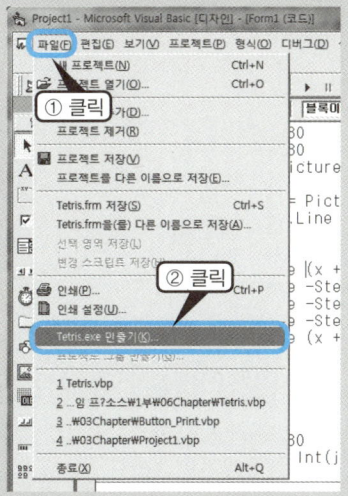

⑥ 프로젝트 만들기 창이 나타나면 저장 위치를 지정하고, 파일명을 화면과 같이 "Tetris"라고 입력한 후 [확인] 버튼을 클릭한다.

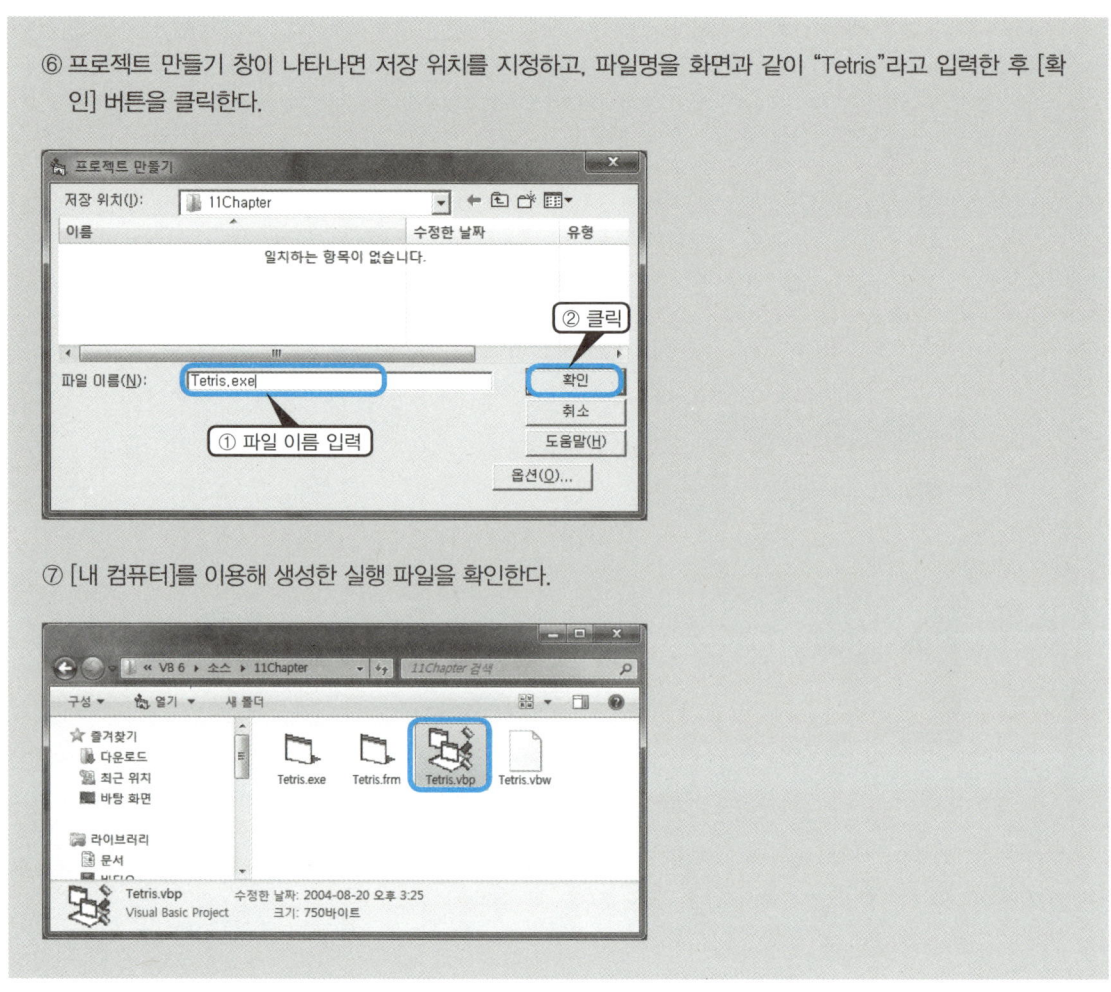

⑦ [내 컴퓨터]를 이용해 생성한 실행 파일을 확인한다.

이렇게 비주얼 베이직을 이용해 직접 테트리스 게임을 만들어 보았다. 하지만, 약간은 허접하다는 느낌이 들 것이다. 이렇게 만들어 본 게임에 사운드 추가나 다음 블록 보여주기, 최고 점수 저장 등의 기능을 추가할 수 있다면 더 없이 좋을 것이다. 여기서 좀 더 나아간다면 네트워크 게임으로 만들어 보는 것도 좋을 것이다.

연습문제

[퀴즈1] 다음 프로그램을 완성하시오.(저장 파일명 : 슬롯머신.frm, 슬롯머신.vbp)

● 결과 화면

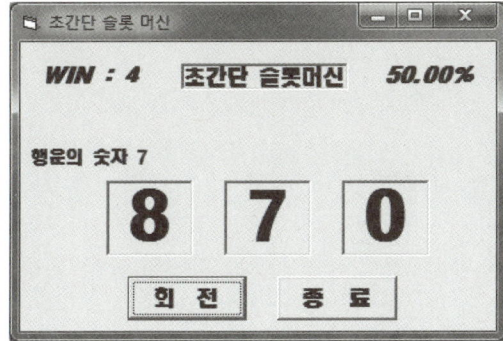

● 조건

– 간단한 형태의 슬롯머신을 만들어 행운의 숫자 7이 나오면 이기는 프로그램을 작성한다.

[퀴즈2] 다음 프로그램을 완성하시오.(저장 파일명 : 날짜제한.frm, 날짜제한.vbp)

● 결과 화면

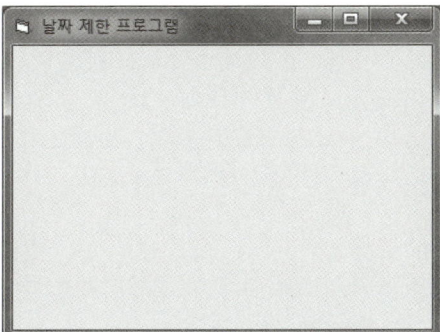

● 조건

– 작성한 프로그램을 30일 동안의 날짜 제한을 둬서 프로그램을 만든다.

Chapter 12 파일 처리

1. 파일 처리 이해하기

파일 처리는 파일을 데이터 레코드 단위로 검색, 수정, 삭제, 삽입하는 것으로 파일의 사용 형태, 처리, 다수의 트랜잭션을 일괄적으로 처리한다. 이때, 대화식 처리와 각각의 트랜잭션을 하나씩 개별적으로 처리할 수 있다.

순차 파일(SAM : Sequential Access Method)은 파일을 생성할 때 레코드가 연속적, 순차적으로 기록되어, 나중에 판독하는 경우 순차적으로 접근하는 형식을 취한다. 이때의 순서는 레코드내의 특정 항목을 키(Key)로 하여 정렬된 상태를 말한다. 즉, 순차 파일은 대화식 처리보다는 일괄 처리 방식에서 많이 사용된다.

순차 파일의 장점

순차 파일의 장점은 레코드가 정렬되어 있어 정렬된 키 값을 처리할 경우 처리 속도가 빠르고, 입출력 매체의 제한이 없으며, 저장 효율이 좋다.

순차 파일의 단점

순차 파일의 단점으로는 레코드의 추가, 삭제, 변경 시 파일 전체의 복사 작업이 병행되어야 한다. 즉, 특정 레코드 검색 시 효율이 나쁘고, 대화식 처리보다 일괄 처리에 적합한 방법이다.

순차 파일의 생성, 검색, 갱신

순차 파일을 생성하려면 사용자가 원하는 순서대로 저장매체에 레코드를 수록하는 과정과 수록 과정에서 입력 자료 값의 이상 유무를 확인한다.

또한, 순차 파일을 검색하려면 레코드의 순서에 따라 연속적으로 검색하고, 파일을 생성할 때 레코드는 파일에 수록한 순서대로 저장된다. 검색 작업 시 출력량이 많으면 보고서의 형식을 취하고, 적으면 조회의 형식을 취한다. 따라서 모든 레코드에 전부 접근하는 작업에 있어 매우 효율적이다.

마지막으로 순차 파일을 갱신할 때 기본 파일을 순차 파일로 구성한 경우와 조직체의 운영상에 모든 사항은 항상 변한다. 이와 같은 변화를 적절하게 반영하기 위해서 때에 따라 갱신(대화식 처리)한다. 이 방식은 대화식 처리에 많은 비용이 든다.

색인 순차 파일

색인 순차 파일은 저장된 순서에 따라 접근하거나, 작성된 색인을 사용하여 직접 접근하는 방법이 모두 사용되는 파일 처리 방식으로 색인 순차 파일의 구성과 자료 파일에 대한 포인터를 가진 색인 파일(index file)로 구성한다. 이는 일괄 처리와 대화식 처리에 모두 사용할 수 있다.

> **Tip** 파일의 구성에 따른 분류
>
> **1) 정적 색인(Static Index)**
> 레코드의 삽입, 삭제에 따라 색인의 내용은 변하나 파일 구조는 변경되지 않고, 삽입될 레코드를 저장할 공간이 없으면 overflow 구역을 사용한다. 이는 하드웨어의 구조와 특성을 고려하여 색인을 설계하므로 접근 시간과 기억 공간을 절약할 수 있다. 또한, 색인 부분과 자료 부분이 별개의 파일로 분리하여 구성한다.
>
> **2) 동적 색인(Dynamic Index)**
> 색인이나 데이터 파일은 블록으로 구성되고, 각 블록은 여분의 공간이 있다. 만약 블록이 가득 차면 동적으로 분리되고, 일정수의 레코드를 유지하지 못하는 블록은 병합된다. 이때, 색인은 트리 구조 형식이며 하드웨어와 독립적으로 설계하므로 기억장치에 제한을 받지 않는다. 즉, 색인 부분과 자료 부분이 별개의 파일로 분리하여 구성된다.

2. 파일 입출력 명령과 함수

파일 입출력은 다음과 같은 방식으로 처리한다.

   1) 파일을 연다(Open).

   2) 파일에서 자료를 읽어(Input 또는 Line Input) 처리를 수행하거나 처리를 수행한 후 파일에 자료를 출력(Print).

   3) 파일을 닫는다(Close).

이제 파일 입출력과 관련된 명령어와 기능들을 간단히 살펴보도록 하자.

Open 문

Open 문으로 파일을 열기 위한 사용 형식은 다음과 같다.

```
Open 파일명 For Input As #n
```

"파일명"은 앞에 반드시 파일이 수록된 것으로 수록될 디렉토리의 경로를 붙여야 한다. 이 구문을 사용하면 '입력상태'로 파일을 생성하여 열고 파일 번호 n을 부여한다.

파일을 출력하기 위한 사용 형식은 다음과 같다.

```
Open 파일명 For Output As #n
```

위의 경우, 파일을 '출력상태'로 열고 파일 번호 n을 부여한다.

파일에 내용을 추가하기 위한 사용 형식은 다음과 같다.

```
Open 파일명 For Append As #n
```

파일을 '추가 출력 상태'로 연다.

파일명을 지정할 때에는 앞에 반드시 파일이 수록되어 있는 디렉토리(폴더)의 경로를 붙여야 한다. 그렇지 않으면 비주얼 베이직 프로그램이 설치되어 있는 디렉토리에서 파일을 찾거나 생성한다.

Print 문

Print 문은 특정 파일을 출력할 때 사용하는 구문으로 사용 형식은 다음과 같다.

```
Print #n, 자료1, 자료2, 자료3, …
```

이는 n번 파일에 지정한 자료를 출력하고, 출력 방식과 결과는 Print 메소드와 동일하다. 이때, 자료 구분 기호인 콤마(,) 대신 세미콜론(;)를 사용할 수도 있다.

Input 문

Input 문은 값을 읽어 들이기 위한 구문으로 사용 형식은 다음과 같다.

```
Input #n, 변수1, 변수2, …
```

n번 파일에서 각 변수의 값을 읽어 들인다. Input 문을 사용할 때 다음 사항에 유의한다.

1) 파일 자료가 콤마(,)로 구분되어 있으면 콤마를 만날 때까지 변수 값을 읽어들인다.

2) 수치는 콤마나 공란 또는 줄의 끝을 만날 때까지 변수 값으로 읽어들인다.

3) 자료가 콤마로 구분되어 있지 않으면 줄의 끝까지 읽어들인다. 단, 이는 문자열 변수의 경우에만 적용된다. 수치(수치 변수)는 공란을 만나면 읽기를 중단한다.

"Input #1, bs1, bs2"를 실행한 후의 파일 내용과 값은 다음과 같다.

파일 내용	100, HongGD, 3.14	100 HongGD 3.14
bs1의 값	100	100
bs2의 값	"HongGD"	"HongGD 3.14"

이와 같은 사실을 감안하면, 자료 파일을 만들 때에는 각 자료를 콤마로 구분해 주는 것이 바람직하다.

Close 문과 EOF( ) 함수

Close 문은 Open 문으로 연 파일을 닫을 때 사용하는 구문으로 사용 형식은 다음과 같다.

```
Close #n
```

여기서 n번 파일을 닫는다.

EOF( ) 함수는 파일의 끝인지를 판단하기 위한 것으로 사용 형식은 다음과 같다.

```
EOF(n)
```

n번 파일의 '입출력 위치'가 파일의 끝이면 True, 아니면 False를 구한다.

● 실습하기 (File_Process.vbp)

회사의 사원들의 사번, 직급, 수당을 디스크 상의 파일에 출력하자.

− 조건

> 편의상 직급은 1~5사이의 난수, 수당은 10~49 (만원) 사이의 난수를 발생시켜 출력하였으며, 직급이 높을수록 보다 큰 난수의 수당이 발생된다.

① 회사의 사원들의 사번, 직급, 수당을 디스크상의 파일에 출력하기 위한 소스 코드를 입력한 후 "File_Process.vbp"로 저장한다.

```
Const N = 10

Private Sub Form_Activate( )
    Open "\File.DAT" For Output As #1

    '실행 시마다 다른 계열의 난수가 발생되게 한다
    Randomize

    For i = 1 To N
      sbun = i              '사번
      jgub = Int(Rnd( ) * 5) + 1   '직급(1 ~ 5)

      If jgub = 5 Then      '사원이면
           sdng = 0          '수당
      Else
```

```
            sdng = Int(Rnd( ) * 10) + (5 - jgub) * 10    '수당
        End If
        spyo = "," '쉼표

        Print #1, sbun; spyo; Tab(10); jgub; spyo; Tab(20); sdng
    Next

    Close #1

    msg = "파일 출력 끝. 엔터키를 누르면 실행이 끝납니다"
    MsgBox msg, vbOKOnly, "파일 출력"
    End
End Sub
```

② 예제를 실행함과 동시에 MsgBox 창이 나타난다. 이때, 나타난 메시지 창에서 [확인] 버튼을 클릭하면 실행 중이던 프로그램이 종료된다.

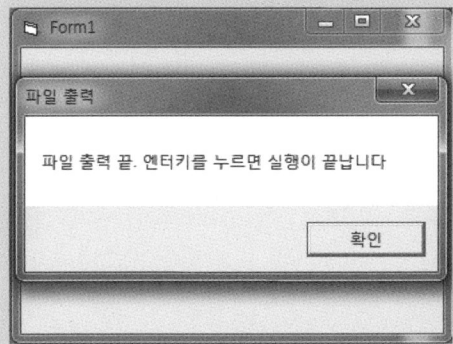

③ [내 컴퓨터]를 이용해 생성한 파일을 확인한다.

④ 메모장을 이용해 과정 ③의 "File.DAT" 파일을 열면 화면과 같은 데이터가 출력된다.

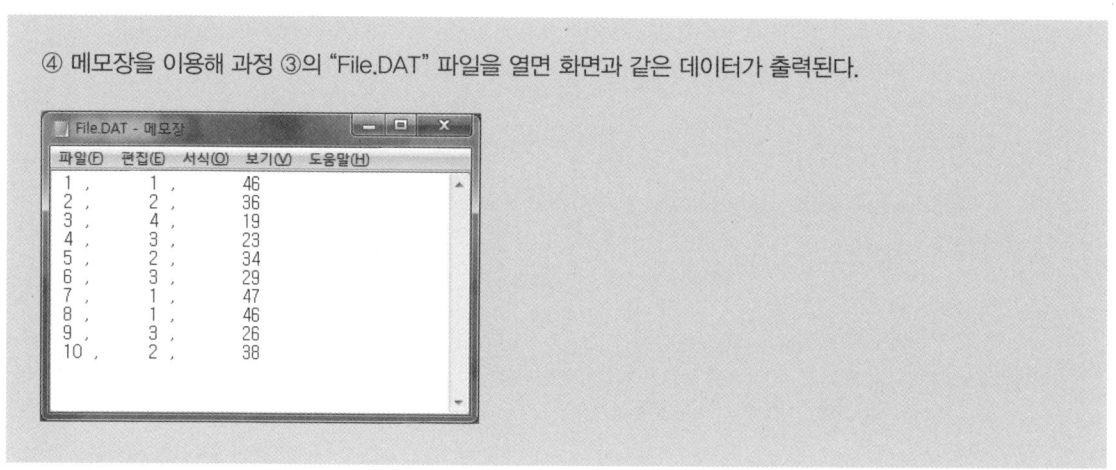

핵심 코드는 다음과 같다.

```
Open "File.DAT" For Output As #1
```

C 드라이브의 루트 폴더에 File.DAT 파일을 생성하여 '출력 상태'로 연다(For Output). 이때 디스크 상에 File.DAT 파일이 존재하면 이 파일은 지워진다.

```
sdng=Int(Rnd( )*10) + (5-jgub)*10
```

jgub=5(사원에 해당)가 아닐 때 실행되는 코드로 1~4 사이일 때 수행된다. 각 항목의 값은 다음과 같다.

```
Int(Rnd( )*10) : 0~9 사이의 난수
 (5-jgub)*10 : 10~40 사이의 난수(jgub은 1~4 사이의 난수)
```

따라서 sdng에는 10~49 사이의 난수가 수록되는데 직급이 높을수록(1 : 부장 2 : 차장 3 : 과장 4 : 대리 5 : 사원이라 가정) 큰 수치의 수당이 sdng에 대입된다.

● 실습하기 (File_Process1.vbp)

앞에서 작성한 File.DAT 파일에서 사번, 직급, 수당을 읽어들여 급여계산서를 폼에 출력하자.

■ 본봉

직책	본봉(만원)
부장	250
차장	190
과장	170
대리	120
사원	85

■ 세율

본봉+수당	세율
100 미만	0%
100~250	5%
250 이상	7%

① 앞에서 작성한 File.DAT 파일에서 사번, 직급, 수당을 읽어들여 급여계산서를 출력하기 위한 소스 코드를 입력한 후 "File_Process1.vbp"로 저장한다.

```
Dim bb(1 To 5), jik(1 To 5)     '본봉 직책

Private Sub Form_Load()
    Form1.BackColor = QBColor(15)     '바탕색 -> 하양
    Form1.FontSize = 12
    Form1.FontName = "궁서체"         '각 숫자/공란의 폭이 모두 동일

    '본봉      직책
    bb(1) = 2500000: jik(1) = "부장"
    bb(2) = 1900000: jik(2) = "차장"
    bb(3) = 1700000: jik(3) = "과장"
    bb(4) = 1200000: jik(4) = "대리"
    bb(5) = 850000: jik(5) = "사원"
End Sub

Private Sub Form_Activate()

    Open "\File.DAT" For Input As #1
    Print "-----------------------------------------------------------------"
    Print "사번 직책   본봉   수당   세금   지급액"
    Print "-----------------------------------------------------------------"
```

```
    '1번 파일의 끝에 도달할 때까지 반복
    Do While Not EOF(1)
      Input #1, sbun, jgub, sdang    '사번 직급 수당

      bbong = bb(jgub)   '본봉
      sdang = sdang * bbong * 0.01   '수당
      bb_sd = bbong + sdang          '본봉+수당

      Select Case bb_sd
        Case Is >= 250: seyul = 0.07
        Case Is >= 100: seyul = 0.05
        Case Else: seyul = 0
      End Select

      segum = bb_sd * seyul   '세금
      jgaek = bb_sd - segum   '지급액

      bbhab = bbhab + bbong      '본봉합
      sdhab = sdhab + sdang      '수당합
      sghab = sghab + segum      '세금합
      jghab = bbhab + sdhab      '지급액합

      Print Format(sbun, "@@@@"); Tab(8);   '사번
      Print jik(jgub);    '직책
      Print Format(Format(bbong, "#,#"),"@@@@@@@@@@@"); '본봉
      Print Format(Format(sdang, "#,0"), "@@@@@@@@@@"); '수당
      Print Format(Format(segum, "#,0"), "@@@@@@@@@@"); '세금
      Print Format(Format(jgaek, "#,#"),"@@@@@@@@@@@") '지급액
    Loop
    Close #1      '지워도 된다(For Input으로 Open하였으므로)

    Print "----------------------------------------------------------"
    Print "합계"; Tab(12);
    Print Format(Format(bbhab, "#,#"), "@@@@@@@@@@@");

    Print Format(Format(sdhab, "#,#"), "@@@@@@@@@@");
    Print Format(Format(sghab, "#,#"), "@@@@@@@@@@");
    Print Format(Format(jghab, "#,#"), "@@@@@@@@@@@")
    Print "----------------------------------------------------------"
End Sub
```

② File.DAT 파일의 사번, 직급, 수당을 읽어들여 급여계산서를 출력한다.

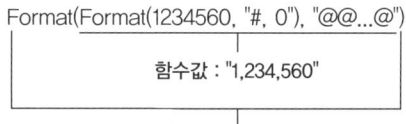

핵심 코드는 다음과 같다.

```
Print Format(Format(sdang, "#,0"), "@@@@@@@@@@@")
```

sdang=1234560인 경우에 Format(Format(...), "@@...") 함수가 구하는 값은 다음과 같다.

Format(Format(1234560, "#, 0"), "@@...@")
         |
   함수값 : "1,234,560"

         |
함수값 : "1,234,560"(문자열의 길이는 11)

이 문장은 각 수당을 상하로 오른쪽에 자리를 맞추어 출력한다.

3. 순차 파일 프로그래밍

순차 파일을 이용해 파일을 처리하는 방법에 대해 알아보자.

파일 열기

순차 파일 방식으로 파일을 열기 위한 사용 형식은 다음과 같다.

```
Open 파일명 For [Input | Output | append] As 파일번호 [Len = 버퍼크기]
```

파일 번호는 파일 구분 식별자(1~255) 이고, 사용 예는 다음과 같다.

```
Dim ifileNum As Integer
iFileNum = FreeFile

Open "MyFile.FIL" For Output As iFileNum
```

여기서 FreeFile는 현재 사용할 수 있는 번호를 의미한다.

파일 닫기

Open 문으로 파일을 열었다면 Close 문으로 해당 파일을 닫아야 한다. 비주얼 베이직에서 연 파일을 닫기 위한 사용 형식은 다음과 같다.

```
Close 파일번호
```

순차 파일 읽기

순차 파일로 파일을 읽어들이기 위해서는 Line 문을 사용하고, 사용 형식은 다음과 같다.

```
Line Input # 파일번호, 변수명
```

한번에 한줄을 읽기 위한 사용 예는 다음과 같다.

```
Dim strNextLine As String
Line Input #iFileNum, strNextLine
```

계속 이어져 있는 숫자나 문자열 읽어들일 때의 사용 형식은 다음과 같다.

```
Input # 파일번호, 변수명1, 변수명2, ...
```

사용 예는 다음과 같다.

```
Dim strNextLine As String
Input #iFileNum, strName, strStreet, strCity, strZip
```

많은 양의 데이터를 한번에 읽어와서 한번에 변수에 복사하기 위한 사용 형식은 다음과 같다.

```
Input (number, [#]filenumber)
```

여기서 사용되는 매개 변수 number는 읽어들일 문자 개수를 의미하고, filenumber 변수는 열려진 파일 번호를 의미한다.

사용 예는 다음과 같다.

```
strFromFile = Input(LOF(iFleleNum), iFileNum)
Text1.Text = StrConv(strFromFile, vbUniCode)
```

순차 파일 쓰기

Print 문은 계속 이어져 있는 숫자나 문자열 읽어들일 때 사용하는 것으로 사용 형식은 다음과 같다.

```
Print # 파일 번호, [데이터 저장소]
```

Write 문으로 순차 파일을 쓰기 위한 사용 형식은 다음과 같다.

```
Write # 파일번호, 변수명1, 변수명2, ...
```

많이 나열된 변수의 내용을 한번에 저장하기 위한 사용 형식은 다음과 같다.

```
Write #iFileNum, strName, strStreet, strCity, strZip
```

● 실습하기 (Sequence_File.vbp)

순차 파일로 파일을 생성한 후, 생성한 파일에 데이터를 추가하고 삭제해 보자.

– 변경된 속성

컨트롤명	속성명	값
Form1	Caption	Sequence File
Label1	BorderStyle	1–단일 고정
Command1	Caption	CREATE
Command2	Caption	ADD
Command3	Caption	PRINT
Command4	Caption	EXIT

① 순차 파일로 파일을 생성하고, 생성한 파일에 데이터를 추가, 삭제하기 위한 프로그램의 폼을 완성한다.

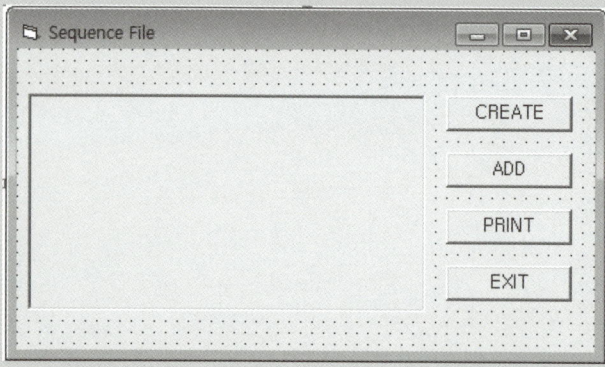

② 순차 파일로 파일을 생성하고, 생성한 파일에 데이터를 추가, 삭제하기 위한 소스 코드를 입력한 후 "Sequence_File.vbp"로 저장한다.

```
Private Sub Command1_Click()

Open "student.txt" For Output As #1

    u$ = InputBox("학교를 입력해요!!", "학교 입력")
    s$ = InputBox("전공을 입력해요!!", "전공 입력")
    n$ = InputBox("이름을 입력해요!!", "이름 입력")

    Print #1, u$; " "; s$; " "; n$
    Label1.Caption = u$ & s$ & " " & n$

    Close #1
```

```
End Sub

Private Sub Command2_Click()
Open "student.txt" For Append As #1

    u$ = InputBox("학교를 입력해요!!", "학교 입력")
    s$ = InputBox("전공을 입력해요!!", "전공 입력")
    n$ = InputBox("이름을 입력해요!!", "이름 입력")

    Print #1, u$; " "; s$; " "; n$
    Label1.Caption = u$ & s$ & " " & n$
    Close #1
End Sub

Private Sub Command3_Click()
Open "student.txt" For Input As #1

    Do While Not EOF(1)
      Input #1, r$
      t$ = t$ & r$ & Chr(10)
    Loop
      Label1.Caption = t$

    Close #1
End Sub

Private Sub Command4_Click()
    End
End Sub
```

③ [실행] 키를 눌러 예제를 실행한다.

④ [CREATE] 버튼을 클릭해 순차 파일에서 사용할 파일을 생성하고, [ADD] 버튼을 클릭해 학교, 전공, 이름에 대한 정보를 차례로 입력한 후 [확인] 버튼을 클릭한다.

⑤ [PRINT] 버튼을 클릭하면 InputBox 창에서 입력한 데이터를 출력한다.

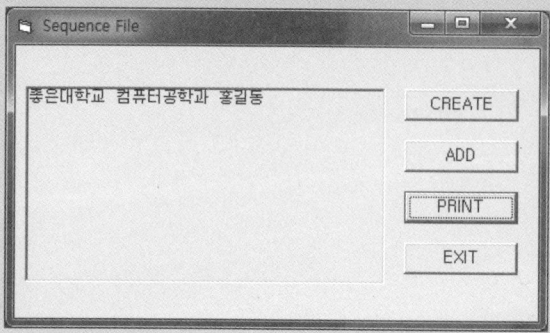

⑥ [내 컴퓨터]를 이용해 순차 파일을 생성하고, 데이터가 입력되었는지 확인한다.

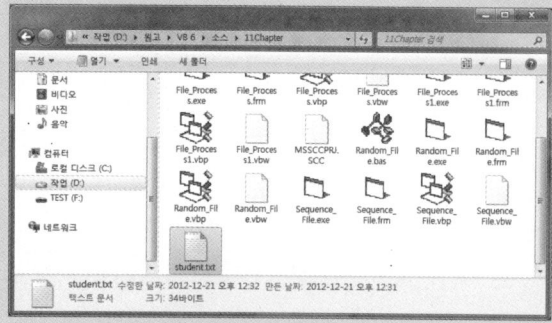

⑦ 메모장을 이용해 "student.txt" 파일을 열어 입력된 데이터를 확인한다.

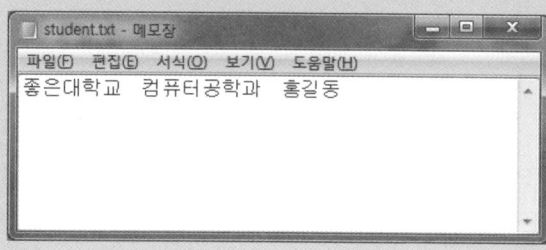

이번에는 순차 파일 처리 방식을 사용하여 윈도우의 대표적인 프로그램인 메모장 프로그램을 만들어 보도록 하자.

● 실습하기 (Editor.vbp)

순차 파일 처리 방식으로 메모장 프로그램을 작성해 보자.

- 변경된 속성

컨트롤명	속성명	값
Form1	Caption	Editor
Text1	Caption	
Form2	Caption	CREATE
Command2	Caption	ADD
Command3	Caption	PRINT
Command4	Caption	EXIT

① 메모장 프로그램에서 사용할 메뉴를 만들기 위해 비주얼 베이직의 메뉴에서 [도구(T)]→[메뉴 편집기(M)]을 클릭한다. 메뉴 편집기 창에서 화면과 같이 메모장 프로그램에서 사용할 메뉴를 만든다. 화살표 버튼을 이용해 상위 메뉴와 하위 메뉴를 이동할 수 있다. 또한, [삽입] 버튼을 클릭해 새로운 메뉴를 추가한다.

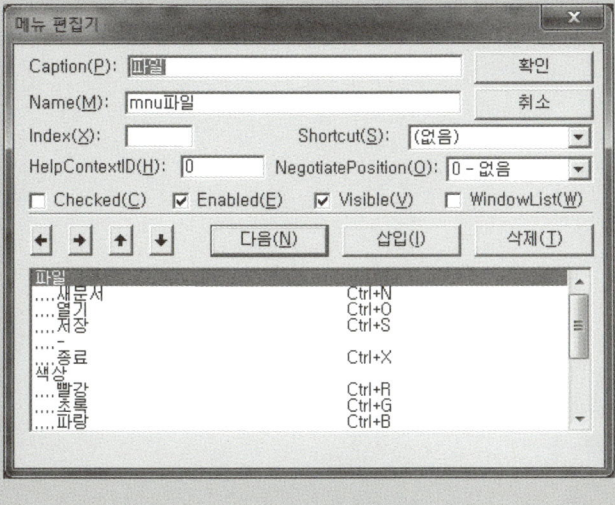

② 메모장 프로그램에서 사용할 메뉴는 다음과 같다.

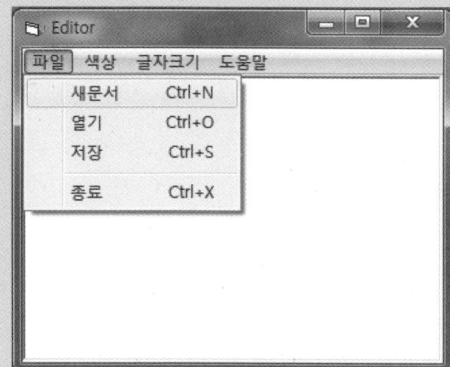

③ 메모장 프로그램에서 사용할 폼 디자인을 완성한다.

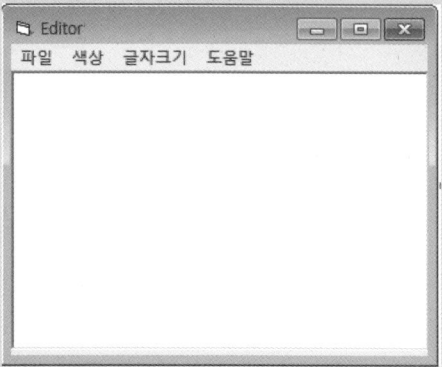

④ 순차 파일 처리 방식으로 메모장을 만들기 위한 소스 코드를 입력한 후 "Editor.vbp"로 저장한다.

– Editor1.frm

```
Option Explicit
Public filen As String

Private Sub Form_Resize()

    If Me.ScaleWidth < 30 Then Exit Sub
    If Me.ScaleHeight < 30 Then Exit Sub

    Text1.Width = Me.ScaleWidth - 20
    Text1.Height = Me.ScaleHeight - 20

End Sub
```

```
Private Sub mnu12포인트_Click()
    Text1.FontSize = 12
End Sub

Private Sub mnu16포인트_Click()
    Text1.FontSize = 16
End Sub

Private Sub mnu20포인트_Click()
    Text1.FontSize = 20
End Sub

Private Sub mnu새문서_Click()
    Text1.Text = ""
    Text1.SetFocus
End Sub

Private Sub mnu열기_Click()

Dim 문자열 As String, 문자라인 As String

Form2.Show 1
Form2.Caption = "파일 열기"

If filen <> "" Then
    Open filen For Input As #1
    
    Do While Not EOF(1)
      Line Input #1, 문자라인
      문자열 = 문자열 & 문자라인 & Chr(&HD) & Chr(&HA)
      DoEvents
    Loop
    Close #1
    Text1.Text = 문자열
End If

End Sub

Private Sub mnu저장_Click()

Form2.Caption = "파일 저장"
Form2.Show 1
```

```
If filen <> "" Then
    Open filen For Output As #1
        Print #1, Text1.Text
    Close #1
End If

End Sub

Private Sub mnu종료_Click()
    Dim result As Integer

    result = MsgBox("메모장을 종료합니다!", vbYesNo, "EXIT")
    If result = vbYes Then End

End Sub

Private Sub mnu빨강_Click()
Text1.ForeColor = QBColor(4)
End Sub

Private Sub mnu초록_Click()
Text1.ForeColor = QBColor(2)
End Sub

Private Sub mnu파랑_Click()
    Text1.ForeColor = QBColor(1)
End Sub

Private Sub mnuEditor_Click()
    MsgBox ("Editor Programming!!")
End Sub
```

— Editor2.frm

```
Option Explicit
Public filen As String

Private Sub Drive1_Change()
    Dir1.Path = Drive1.Drive
End Sub
```

```
Private Sub Dir1_Change()
    File1.Path = Dir1.Path
End Sub

Private Sub File1_Click()

If Right(File1.Path, 1) = "\" Then
    Text1.Text = File1.Path & File1.FileName

Else
    Text1.Text = File1.Path & "\" & File1.FileName

End If

End Sub

Private Sub Command1_Click()
    Form1.filen = Text1.Text
    Me.Hide
End Sub

Private Sub Command2_Click()
    Form1.filen = ""
    Me.Hide
End Sub
```

⑤ 메모장 프로그램을 실행한다.

⑥ 이전에 작성했던 텍스트 파일을 열기 위해 메뉴에서 [파일]→[열기]를 선택한다. 또는 단축키 Ctrl + O 를 누른다. 파일 열기 창이 나타나면 텍스트 파일을 선택한 후 [확인] 버튼을 클릭한다.

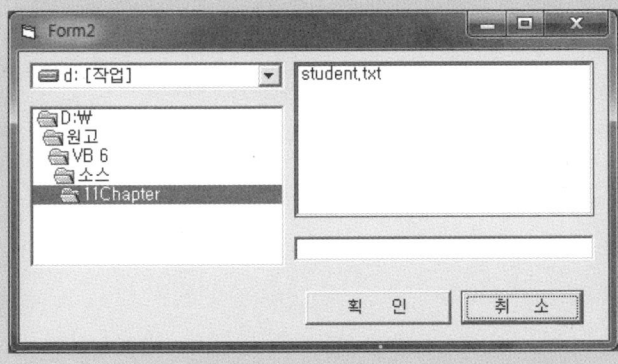

⑦ 메모장 프로그램에 과정 ⑥에서 선택한 파일을 연다.

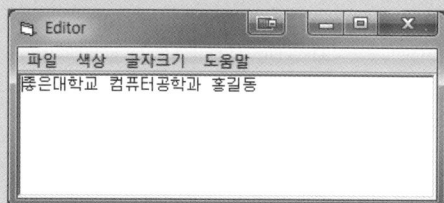

⑧ 텍스트 창에 나타난 글자의 색을 바꾸고자 한다면 메뉴에서 [색상]→[파랑], [글자 크기]→[20 포인트]를 클릭한다.

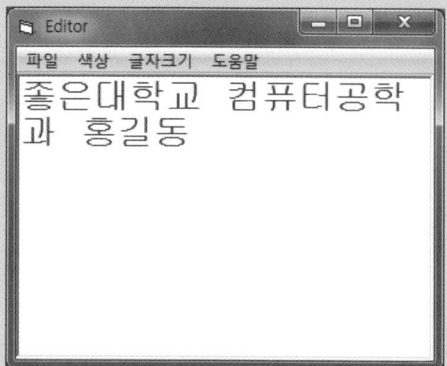

⑨ 메모장 프로그램에 대한 도움말을 보고자 하는 사용자가 있다면 메뉴에서 [도움말]→[Editor]를 클릭한다.

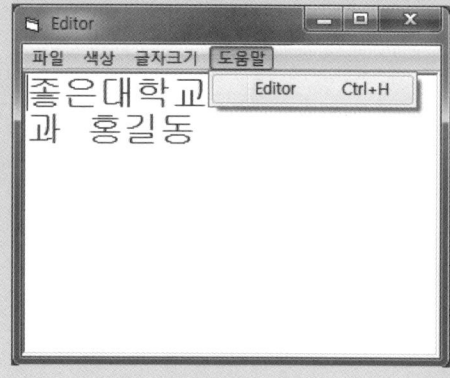

⑩ 과정 ⑨와 같이 메뉴를 선택하면 작성한 메모장 프로그램에 대한 메시지를 보여준다.

⑪ 메모장 프로그램을 종료하려면 메뉴에서 [파일]→[종료]를 클릭한다.

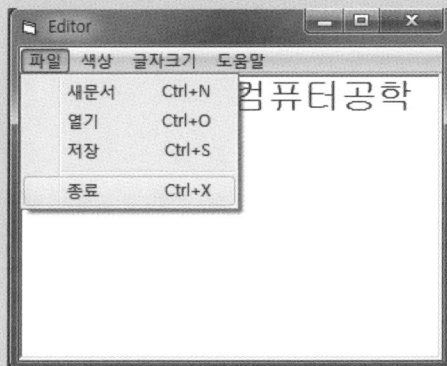

⑫ 과정 ⑪과 같이 프로그램을 종료하기 위해 메뉴에서 [파일]→[종료]를 클릭하면 실제로 프로그램을 종료할지를 묻는 창이 나타난다. 여기서 [예(Y)] 버튼을 클릭하면 메모장 프로그램을 종료하고, [아니오(N)] 버튼을 클릭하면 프로그램을 종료하지 않고, 이전 화면으로 이동한다.

4. 랜덤 파일 처리 프로그래밍

랜덤 파일(Random File)은 데이터베이스와 같이 같은 크기의 레코드로 구성되며 각 레코드들은 여러 가지 자료형을 가지고 있는 필드의 모임으로 비주얼 베이직에서는 레코드를 사용자 정의형(user-defined type)으로 간주한다. 따라서 랜덤 파일을 사용하기 위해서는 레코드의 자료형의 선언과 그 자료형을 사용하는 변수를 선언한다.

레코드 자료형 선언하기

랜덤 파일은 사용하기 전에 그 파일을 사용하는 프로그램의 성격에 적합하도록 레코드에 포함된 필드들을 선언한다. 이 선언문은 새로운 모듈을 만들고 그 모듈의 일반 선언부에서 작성하고, 사용 형식은 다음과 같다.

```
Type 레코드 이름
    필드명 As 형 선언자
    ..........
End Type
```

랜덤 파일 열기

랜덤 파일을 열기 위한 사용 형식은 다음과 같다.

```
Open [경로] 파일명 [For Random] As 파일번호 Len=레코드 길이
```

For Random은 생략해도 되고, 레코드의 길이보다 큰 데이터를 읽거나 쓰게 되면 오류가 발생한다.

랜덤 파일의 입출력

랜덤 파일의 데이터 입출력은 Get 명령과 Put 명령을 사용하고, 레코드의 내용을 변수에 저장할 때에는 Get, 변수의 내용을 레코드를 통하여 파일에 저장할 때는 Put을 사용한다. 랜덤 파일의 입출력을 하기 위한 사용 형식은 다음과 같다.

```
Put [Get] 파일 번호, 위치값, 레코드 변수 이름
```

위치 값은 변수에 복사하거나 기록할 레코드의 번호로 전체 레코드 개수보다 큰 값을 지정해야 한다.

랜덤 파일 삭제

새로운 임시 파일을 생성하고, 삭제할 레코드를 제외한 원본 파일의 모든 레코드를 임시 파일로 옮긴다. 그런 다음 원본 파일을 Kill 명령으로 삭제하고, name 명령으로 임시 파일을 원본 파일 이름으로 바꾼다.

● 실습하기 (Random_File.vbp)

랜덤 파일 처리 방식으로 데이터를 추가하고, 저장, 이동해 보자.

- 변경된 속성

컨트롤명	속성명	값
Form1	Caption	Random File
Label1	AutoSize	True
	Caption	레코드 번호
Label2	AutoSize	True
	Caption	학교
Label3	AutoSize	True
	Caption	과
Label4	AutoSize	True
	Caption	이름
Label1	Caption	이전
Label2	Caption	다음
Label3	Caption	저장
Label4	Caption	추가
Label5	Caption	종료

① 랜덤 파일 처리 방식으로 데이터를 추가하고, 저장, 이동하기 위한 폼 디자인을 완성한다.

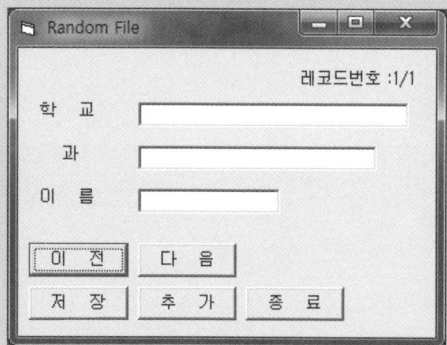

② 랜덤 파일 처리 방식으로 데이터를 추가하고, 저장, 이동하기 위한 소스 코드를 작성한다.

- Random_File.frm

```
Dim 학교명 As 학생관리
Dim 현재레코드 As Long
Dim 마지막레코드 As Long

Private Sub Command1_Click()
    If 현재레코드 = 1 Then
        MsgBox "처음이래요.", 48, "확인"
    Else
        현재레코드 = 현재레코드 - 1
        Label1.Caption = "레코드번호 :" & 현재레코드 & "/" & 마지막레코드
        Get #1, 현재레코드, 학교명
        Text1 = 학교명.학교
        Text2 = 학교명.과
        Text3 = 학교명.이름

    End If
End Sub

Private Sub Command2_Click()

If 현재레코드 = 마지막레코드 Then
    MsgBox "레코드의 끝이래요.", 48, "확인"

    Else
```

```
            현재레코드 = 현재레코드 + 1
            Label1.Caption = "레코드번호 : " & 현재레코드 & "/" & 마지막레코드
            Get #1, 현재레코드, 학교명
            Text1 = 학교명.학교
            Text2 = 학교명.과
            Text3 = 학교명.이름

        End If
End Sub

Private Sub Command3_Click()
    학교명.학교 = Text1
    학교명.과 = Text2
    학교명.이름 = Text3

    Put #1, 현재레코드, 학교명
End Sub

Private Sub Command4_Click()
    현재레코드 = 마지막레코드 + 1
    마지막레코드 = 마지막레코드 + 1

    Text1.Text = ""
    Text2.Text = ""
    Text3.Text = ""

    Label1.Caption = "레코드번호 : " & 현재레코드 & "/" & 마지막레코드
End Sub

Private Sub Command5_Click()
    Close #1
    End
End Sub

Private Sub Form_Load()

    Open "학생관리.dat" For Random As #1 Len = Len(학교명)

    현재레코드 = 1
    마지막레코드 = FileLen("학생관리.dat") / Len(학교명)
```

```
        If 마지막레코드 = 0 Then
            마지막레코드 = 1
        End If

        Label1.Caption = "레코드번호 : " & 현재레코드 & "/" & 마지막레코드

        Get #1, 현재레코드, 학교명
        Text1.Text = 학교명.학교
        Text2.Text = 학교명.과
        Text3.Text = 학교명.이름
End Sub
```

― Random_File.bas

```
Type 학생관리
    학교 As String * 30
    과 As String * 20
    이름 As String * 10
End Type
```

③ 예제를 실행하기 위해 [실행] 키를 누르고, [추가] 버튼을 클릭해 랜덤 파일 처리에서 사용할 새로운 데이터를 추가하고, [저장] 버튼을 클릭해 입력된 데이터를 저장한다. 이때, 여러 개의 데이터를 입력한 후 [이전] 버튼과 [다음] 버튼을 클릭해 입력된 데이터를 이동한다.

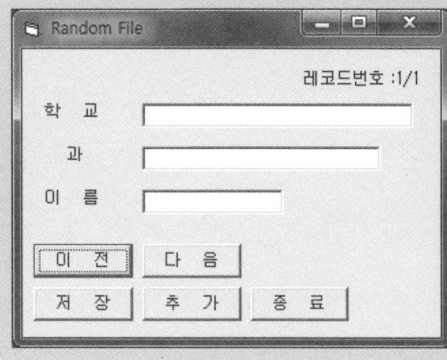

④ [내 컴퓨터]를 이용해 입력된 데이터가 저장된 것을 확인한다.

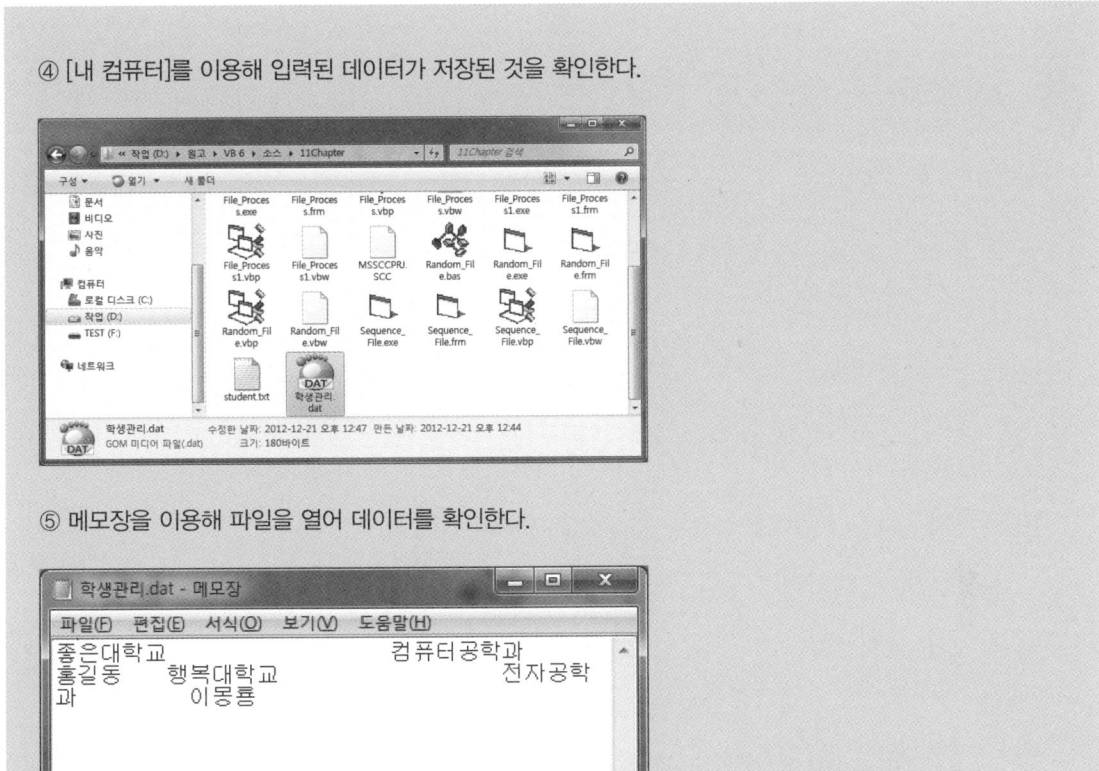

⑤ 메모장을 이용해 파일을 열어 데이터를 확인한다.

연습문제

[문제 1] FreeFile 함수는?

　가. 열려있는 파일을 모두 사용가능하게 한다.

　나. 파일 번호를 반환한다.

　다. 파일을 삭제한다.

　라. 새로운 파일을 생성한다.

[문제 2] 파일로부터 스트링 또는 수치를 읽어 변수에 할당하는 문장은?

　가. Input　　　　　　　나. Input #

　다. Line Input #　　　라. Input LIne #

[문제 3] 랜덤 파일의 읽기 명령은?

　가. Read　　　　　　　나. Write

　다. Get　　　　　　　　라. Input

A

AutoRedraw	193
AutoRedraw 속성	137, 139, 295
AutoSize 속성	298

B

BackStyle 속성	297
Boolean 형(논리형)	081
BorderStyle 속성	072

C

Call by Value	146
Cancel 속성	208
Caption 속성	022
Circle 메소드	216
Close 문	330, 336
ComboBox 컨트롤	056
Command 컨트롤	277
Cos(x)	186
CurDir 함수	169

D

Default 속성	208
DirListBox 컨트롤	069
Double 형	081
Double 형(실수형)	081
Do Until ... Loop 문	116
Do While ... Loop 문	110
DragDown 이벤트	239
DragOver 이벤트	239
DrawMode 속성	213
DriveListBox 컨트롤	069

E

Element	292
Enabled 속성	050, 208
End 문	120
EOF( ) 함수	190, 330
Error 함수	196
Err 함수	196
Exit 문	119

F

FileListBox 컨트롤	069
FileName 속성	069
Font 속성	022
Form_Activate( ) 프로시저	149
Format 함수	151
Format( ) 함수	198
Form_Click( ) 프로시저	136
Form_Load( ) 프로시저	137, 139
Form_MouseDown( ) 프로시저	237
Form_MouseUp( ) 프로시저	237
For ... Next 문	107
Frame 컨트롤	277
FreeFile	336

G

Global 변수	084
Global 변수(전역 변수)	081

H

Hex() 함수	184

I

If ... Then ... Else ... End If 문	100
If ... Then 문	098
Image 컨트롤	072, 277
InputBox 함수	152
Input 문	329
Input( ) 함수	170
InStr( ) 함수	188
Integer 형	080
Interval 속성	065, 299
Int() 함수	183

K

KeyAscii	244

KeyCode	244	Open 문	336
KeyDown 이벤트	242, 314	Option Explicit 문	148
KeyPress 이벤트	240, 314	Option 컨트롤	053
KeyUp 이벤트	242		
Kill 명령	349	**P**	

L

		Path 속성	069, 261
		PictureBox 컨트롤	041
Label 컨트롤	044, 277	Picture 속성	072
LCase 함수	262	Print Spc( )	164
Length 매개 변수	262	Print 메소드	033, 154, 163
Like 연산자	093	Print 문	329, 337
Line Input 수행문	169	Private 프로시저/함수	134
Line 메소드	219	PSet 메소드	221, 285
Line 문	336	Public 프로시저/함수	135
Line 컨트롤	072		
ListBox 컨트롤	058	**Q**	
ListIndex 속성	058		
List(i) 속성	056, 058	QBColor 함수	286
LoadPicture( ) 함수	053, 072	QBColor( ) 함수	191
Load 문	267		
LOF( ) 함수	190	**R**	
Long 형	080		
		ReDim 문	124
M		RemoveItem 메소드	062
		Resize 이벤트	252
main( ) 프로시저	139	Resume Next	122
Mod	107	Resume Next 문	182, 267
Mod 연산자	089	RGB( ) 함수	193
MouseDown	234	Right 함수	262
MouseMove	234	Rnd 함수	124, 185, 313
MouseUp	234		
Move 메소드	053, 226	**S**	
MsgBox 함수	154		
		SAM	326
N		SavePicture 수행문	054
		ScaleMode 속성	041, 224
name 명령	349	Scale 메소드	223
Name 속성	025	Scroll 이벤트	250
		Select … Case 문	103
O		Sequential Access Method	326
		Set 문	054
OLE 컨트롤	073	Shape 컨트롤	071
On Error GoTo 문	122	Single	081

Single 형	081
Sin(x)	186
Sorted 속성	058
Spc( )	137
Static 변수(정적 변수)	085
Static 프로시저/함수	135
String 형(문자열)	081

T

Tab( )	137, 164
TabIndex 속성	209
TabStop 속성	209
Tan(x)	186
TextBox 컨트롤	046
TextHeight 메소드	224
TextWidth 메소드	224
Text 속성	056
Text 컨트롤	277
Timer 컨트롤	065

V

Variant 형	087
Variant 형(가변형)	081
Visible 속성	208

W

While ... Wend 문	118
Write 문	337

ㄱ

개체(Object)	162
그래픽 메소드	216
기호 상수(Symbolic Constant)	077

ㄴ

날짜/시간 함수	197
논리 연산자	094

ㄷ

다차원 배열	127
도구(T)	017
도구 상자(Toolbox)	040
도움말(H)	017
동적 색인(Dynamic Index)	327
디렉토리 관련 함수	167
디버그(D)	017
디폴트 속성(default properties)	019
디폴트 프로젝트	019

ㄹ

랜덤 입출력	177
랜덤 파일(Random File)	348
랜덤 파일 모드	179
레이블	020

ㅁ

마우스 드래그	235
마우스 이벤트(Mouse Event)	234
멀티미디어	256
메뉴 바(Menu Bar)	016
메소드	162
메소드(Method)	216
문(Statement)	162
문자열 처리 함수	187

ㅂ

배열(array)	292
배열(Array)	122
배열 요소(Array element)	122
변수(Variable)	079
보기(V)	016
비교 연산자	092

ㅅ

사용자 정의 프로시저	142
사용자 정의 프로시저(User-Defined Procedure)	134
사용자 정의 함수	148

산술 연산자	088
상수(Constant)	076
색인 순차 파일	327
서식(O)	017
속성(Property)	204
속성 상자(Property Box)	041
속성 창(Property Window)	019
수학 함수	183
수행문	162
순차 추가 출력	175
순차 출력	172
순차 파일	326
실인자와 가인자	143
실행(R)	017

ㅇ

애니메이션	268
에러 관련 함수	195
연산자(Operator)	087
이벤트 프로시저(Event Procedure)	134

ㅈ

자료형(Data Type)	087
전역 변수	301
정적 색인(Static Index)	327
지역 변수	301

ㅊ

창(W)	017
추가 기능(A)	017

ㅋ

커맨드 버튼(command button)	024
커스텀 컨트롤(custom control)	019
키보드 이벤트(Keyboard Event)	240

ㅌ

토글키	314
툴 바(Tool Bar)	017
툴 박스(Tool Box)	018

ㅍ

파일(F)	016
파일 관련 함수	190
편집(E)	016
폼 창(Form Window)	018
프로그램의 실행	023
프로시저	162
프로시저(Procedure)	134
프로젝트(P)	017
프로젝트 창(Project Window)	019

ㅎ

함수(Function)	183

**쉬워도 너무 쉬운
비주얼 베이직 프로그래밍**

1판 1쇄 발행 2013년 2월 27일
1판 2쇄 발행 2015년 8월 10일

저　자　노창배, 한정아, 강현선, 문송철, 나원식
발 행 인　김길수
발 행 처　(주)영진닷컴
주　소　서울시 금천구 가산디지털1로 24 대륭테크노타운 13차 10층 (우)153-803

등　록　2007. 4. 27. 제16-4189호

ⓒ2013., 2015. (주)영진닷컴

ISBN 978-89-314-4362-2

* 본 도서의 내용 문의는 duckbaby75@daum.net(저자 이메일)으로 해주시기 바랍니다.

http://www.youngjin.com